终明之世，文臣用兵制胜，未有如守仁者。

——《明史》

可谓震霆启寐，烈耀破迷，自孔孟以来，未有若此深切著明者也。

——明 黄宗羲

阳明先生创良知之说，为暗室一炬。

——明 张岱

阳明先生以道德之事功，为三百年一人。

——清 魏禧

王文成公为明第一流人物，立德、立功、立言，皆居绝顶。

——清 王士禛

维新以前所公认为造时势之豪杰，若中江藤树，若熊泽藩山，若大盐后素，若吉田松阴，若西乡南洲，皆以王学后辈，至今彼军人社会中，尤以王学为一种之信仰。夫日本军人之价值，既已为世界所共推矣，而岂知其一点之精神教育，实我子王子赐之也。我辈今日求精神教育，舍此更有何物。抛却自家无尽藏，沿门托钵效贫儿，哀哉！

——梁启超

我邦阳明学之特色，在其有活动的事业家，乃至维新诸豪杰震天动地之伟业，殆无一不由于王学所赐予。"

——日本 高濑武次郎

一颗心的诗史

王阳明大传

安之忠 林锋 著

当代世界出版社

图书在版编目（CIP）数据

一颗心的史诗：王阳明大传 / 安之忠，林锋著. —北京：当代世界出版社，2018.4
　ISBN 978-7-5090-1372-4

Ⅰ.①—… Ⅱ.①安… ②林… Ⅲ.①王守仁（1472—1528）—传记 Ⅳ.①B248.2

中国版本图书馆CIP数据核字（2018）第065358号

书　　名：	一颗心的史诗：王阳明大传
出版发行：	当代世界出版社
地　　址：	北京市复兴路4号（100860）
网　　址：	http：//www.worldpress.org.cn
编务电话：	（010）83908456
发行电话：	（010）83908409
	（010）83908455
	（010）83908377
	（010）83908423（邮购）
	（010）83908410（传真）
经　　销：	全国新华书店
印　　刷：	北京盛彩捷印刷有限公司
开　　本：	710毫米×1000毫米　1/16
印　　张：	22
字　　数：	335千字
版　　次：	2018年4月第1版
印　　次：	2018年4月第1次
书　　号：	ISBN 978-7-5090-1372-4
定　　价：	49.80元

如发现印装质量问题，请与承印厂联系调换。
版权所有，翻印必究；未经许可，不得转载！

自 序

与王阳明"谈心"

凡去过贵州修文"阳明洞"的人,无不会发出一种感慨:在这么一个偏僻之地,在这么一个不大不小的"小洞天"(王阳明给山洞起的名字),居然会产生那么辉耀千古的"心学"。

很多人都知道王阳明悟道在贵州,然而他究竟藉何机缘而悟道?又确切无疑地悟了什么"道"?却仁者见仁,智者见智。笔者以为,能够在这样的蛮荒之地,在洞天野岭中逍遥自在,不但不以为苦,反以为乐,写下那么多的诗、文,并且结交朋友,收了那么多的学生,这样的人一定是一位智者,一位真正的悟道者。

本书从王阳明被逐出北京开始写起,京师被杖、杭州逃生、别父入黔……,命运如惊涛骇浪,将他一下子抛到了最边缘之处。然而,正因为身处边缘,却获得了一种从未有过的轻松、自由,生命的束缚一经挣脱,精彩随之而来。

贵州是一个山地省,尤其以喀斯特地貌而闻名于世。在一个个数不清的地下洞穴中,每天的清晨与黄昏,清、浊两股气流,都在天地间作着交换,而置身其中的人,格外感觉强烈。王阳明一到这里,生命的灵性忽然被唤醒了,向外部世界探索的一切道路都被堵死,他转而向内探索,于是发现了一个全新的、充满乐趣的世界,他越走越远……

事实上,王阳明对"心"的体悟和发现,并不是第一人。在这之前,先贤圣哲已经有无数先行者。南宋哲学家陆九渊就提出了一个石破天惊的观点："吾心即宇宙"。强调直入本心，人在宇宙中的主体性，是陆九渊的一大贡献，也为王阳明指明了方向。但王阳明的探索之路并非一帆风顺。陆九渊指明了方向，却没有指出一条现实中的道路。王阳明要将这条道路实实在在地"走出来"，就不能多番尝试：出佛入道，出道入佛，兼精儒学，其一生中，经历过三次大的变化，最后才归于正宗。

王阳明的"功夫"，不尚空谈，而主张在事功上磨炼。因此，他又并不只是在学堂里空谈，更注重在现实生活中去亲历亲行，即"知行合一"。

与王阳明"谈心"，你会发现，原来我们每个人都拥有一个光明圆满、自在欢乐的生命。而这个生命之所以有时会被我们忽略，会在这个尘世中感到困惑、伤感、挫折……就是因为我们有太多的欲望，蒙蔽了心灵的光辉。要战胜这些欲望，就必须勤加修行，将自己的本心解放出来。而这并非流于言语，必须实行苦修。

今天的世界，是一个欲望膨胀的世界。每个人都在承受着"得不到"与"将失去"的欲望煎熬。我们要这个，要那个，不知不觉，每个人都滑向欲望的"奴隶"。

只有拂去尘埃，擦亮明镜，我们才知道自己真正要什么，才知道"人"是什么。

与王阳明"谈心"，你会发现，原来一切的圣贤、哲人，距离我们并不遥远。"人人皆是圣贤"，我们任何一个普通人，只要能战胜自己的欲望，哪怕只战胜一个微不足道的欲望，就离"圣贤"近了一步。

和今天的大多年轻人开口闭口"我要成为亿万富豪"，和上百万人去争着考公务员不同，王阳明在当时的社会大势中，选择了逆流而上，他没有随波逐流，而是不肯妥协，始终坚持自己从小定下的"成圣成贤"的梦想。这不能不令今天很多人较之惭愧。人贵有志，然而志有大小之分，有高尚与卑下之分，希望更多的人立大志，立高志，像王阳明一样，去追求一个光辉灿烂的理想，为自己的生命赋予一个五彩缤纷的意义。

与王阳明"谈心",你还会发现,一个人能有多大能力,做多大事情,并不取决于外部环境,而只在于你内心的改变。正如我们今天常听到的一句话:"如果不能改变世界,那就改变你自己。"一切的变化,其实都从我们内心最细微的变化开始。我们很多年轻人,习惯于满腹牢骚,怨天尤人。如果读了王阳明,相信你将会懂得:命运就攥在自己手里,只有你才是"主人翁",才能决定你将拥有一个怎样的人生!

王阳明是一个奇迹般的存在。他是一个成道者,他走过的道路,也是无数圣贤走过的道路。他距离今天已经过去了五百多年,可他的思想依然影响着一代又一代后来人。《明史》评价他:"终明之世,文臣用兵制胜,未有如守仁者。"他的同乡、后辈黄宗羲称他"可谓震霆启寐,烈耀破迷,自孔孟以来,未有若此深切著明者也"。开一代史学、文学新风的张岱称:"阳明先生创良知之说,为暗室一炬。"后来的学者也说:"阳明先生以道德之事功,为三百年一人。""王文成公为明第一流人物,立德、立功、立言,皆居绝顶。"在日本,王阳明同样拥有巨大的影响力。日本现代海军之父的东乡平八郎,在随身携带的一颗印章上刻着七个字:"一生低首拜阳明"。学者高濑武次郎在《日本之阳明学》中说:"我邦阳明学之特色,在其有活动的事业家,乃至维新诸豪杰震天动地之伟业,殆无一不由于王学所赐予。"

王阳明令人赞许,但他却一定不希望我们这些后来人对他"顶礼膜拜",毕竟,他已经用自己的全部人生实践,告诉了我们一个道理:只要和他一样,勇于去聆听内心的声音,并在现实世界中奋力开拓,时时进取,那么,我们就会和他一样成为一个顶天立地、大写的"人"!

目录

上部 龙场悟道

第一章 劫后余生	002
第二章 龙场结庐	018
第三章 潜心玩易	031
第四章 洞中参禅	049
第五章 雪夜悟道	065
第六章 君子何陋	077
第七章 灵博之会	093
第八章 龙冈论学	110
第九章 瘗旅悲歌	128
第十章 知行合一	143

下部　我心光明

第十一章　虎溪传道 —— 164

第十二章　庐陵理政 —— 194

第十三章　京师重逢 —— 215

第十四章　第一等事 —— 228

第十五章　龙潭乐处 —— 244

第十六章　江西事功 —— 258

第十七章　宁藩之乱 —— 279

第十八章　致良知教 —— 293

第十九章　弦歌诵读 —— 312

第二十章　天泉证道 —— 323

后记 —— 339

【上部】

龙场悟道

第一章

劫后余生

王阳明并不是真的醉了，但"醉"却是他这些天进入贵州境内以来一直萦绕在心头的感觉。

斯时斯地，斯情斯景，没有人会不被这浓烈而甘醇的翠绿之酒，这天地山川的自然美酒所灌"醉"。

时节正是初春。入眼所至，到处是一丛一丛的绿，一片一片的绿，向远处望去，一座座的小山，宛如辽阔海洋中星星点点的浪头，千绿万绿，交织在一起，汇集成荡漾万顷的碧波绿海。

万绿丛中，缠绵轻柔的风儿无声无息地吹开着花朵：大朵大朵的鲜艳花朵，尽情绽露生命的芳姿，初吐芳华，却没有丝毫的矫揉造作，更没有人们看惯了的羞涩和娇弱。一切都袒露无遗，以真本色示人。蜂来蝶往，也都那么自然而然。

山坡上是野性而纯真的山花，山谷里是汩汩流淌的河水。那水也不知道是从什么样的山泉里流出来，不是人们习惯了意义上的河水，居然都是蓝的。仿佛有高妙的画家不小心在山中作画，将蓝色的颜料倾入了水中。于是一条条的河水变成了蓝色的玉带，沿着山涧，蜿蜒伸向远方。

骑马行走，在那样的年代是再自然不过的事情。可在这里，骑马反而成为最不协调的一件事情。

最好的行走方式是在一条小船上，或者就在一排随便捆扎起来的竹排上。一个身着当地多彩服装的土人，在前面给你慢悠悠地撑着竹篙。

人在画中走，船在水中游。

而单单是寂寞地行走，同样也不能尽兴。总有一些说不出来的意象在眼前闪动，这时候，从心底，就会有某个旋律在跳动，有时候就会从喉咙中直冲出来。于是，可能是一连串的"吆喝"，也可能是没有任何意义的音节。通常这声音会在对岸传来回响，而更多的则是听到从远处传来的歌声。

那歌声是从河中的小船上，从岸边的竹林里，从山坡上的茶园中传出来的，含意不详，但都一样地优美动听。

几千年来，几百年来，这片土地上的人们就是这样生活着。他们从来不知道外面有怎样一个世界，也不想知道。

他们当然也不介意自己平静的生活被外人打扰。只不过所有的打扰都是暂时的，一切都会复归宁静。

像王阳明这样外地来的人，他们虽然见得不多，不过他们并不会过多地去问他外面的情况。

他们也只有在被问起的时候，才说一些当地的事情。可惜语言半通不通，交流也就失去了意义。

更多的时候是沉默。当地人默默地划着船，偶尔喊上几嗓子。王阳明等人则或倚或躺，默默地想着各自的心事。

"北京那边，现在怎么样呢？"

不知道为什么，面对这么如诗如画的景色，王阳明的思绪却飘到了遥远的北方……

他们是去年的这个时节从北京离开的。那时候，北京正是黄沙漫天，又冷又硬的风如鞭子一样抽过来，无数细小的沙粒撞击在人的脸上，连唇齿间也灌满了，整个天空都是一片迷蒙的黄色。走在路上、外面固然不消说，就是躲在家里，那沙土从窗户的缝隙里钻进来，案上、地上很快铺上了厚厚的一层。如果赶上肆虐的年月，一夜的狂风刮下来，早晨醒来掀开被子，简直发现自己要被埋在黄沙下面。

这就是北京的春天，令人烦恼而无奈的春天。虽然王阳明从十一岁开始，就跟随父亲入京，在那里长到十七岁；后来从二十五岁到三十五岁，十年间又有七八年之久淹留北京，应该说对于北京的生活很熟悉了。但是，北方这种要命的天气和北京所独有的春季风沙，却还是令他难以适应。

而更令王阳明难以适应的，是北京那种天子脚下的官场浊气和大明王朝至于今日的沉沉暮气。北京以其在中国地理环境中的要害位置，自建城以来便是兵家必争之地。尤其自辽、金以来，北京始终被从北方崛起的少数民族作为南控中原、以争天下的屏障。至于到了蒙古人手里，北京的战略地位更为凸显，经过忽必烈时期无数聪明智慧之士的建筑施工，一跃而成为名震天下的大都。后来元朝覆灭，朱元璋崛起，有意鄙视夷族而选择了建都金陵，但他的儿子朱棣立即就意识到，这在战略上是行不通的。不久，朱棣就重新选择北京，并且再次对北京进行了扩建和重修，从此北京作为政治、经济和文化中心就确立下来，延续至今。

一座城市自有一座城市的性格，经过辽、金、元三个朝代的更替，北京无形中已经被铸造出了一种奇怪的性格：一方面是极度的自我膨胀，因为这里是天子驻地，在这里的人们存在便似乎只有一个理由：为皇帝的存在而存在。从南到北，从东到西，形形色色的人们差不多都是为皇帝提供服务的。他们为自己能够和至高无上的皇帝有这么近的亲密距离而沾沾自喜，即使走在大街上一个不起眼的挑夫，一个引车卖浆的小贩，一个赶车的把式，都可以讲出一段皇亲国戚的趣闻轶事，令从外面来到这个城市的人们肃然起敬，而北京人则从这里面获得了某种满足感，那种优越是写在脸上、目光里，洋溢在言语之间的；但另一方面，因为长期的做奴才，做顺民，他们在得意和炫耀自余，也常常本能地流露出那种虚张声势的空虚。除了可以满足口舌之欲的所谓谈资，他们其实又并没有从中获得多少实际上的好处。但以生活水平而论，北京的百姓并不比江南的百姓富庶，甚至大部分过着仅能满足温饱的惨淡日子。而更令他们觉得自惭形秽的，就是他们在文化水平上远远低于那些从南方来的读书人。每到大考之年，看着大街小巷上熙熙攘攘走动的江南士人，听着他们操着奇怪的语言，在一个个临街的酒店或者茶肆里高谈阔论诗书文章，圣人教导，北京的百姓便会产生一种自卑，继而变成一种厌恶或者藐视："有什么了不起，考上了状元，还不是和我们一样做皇帝的奴才！"这么一想，立刻便觉得自己高大起来，"倍儿"有了面子，于是去灌了廉价而浓烈的白酒，又去专心致志于庙堂上下、宫闱内外的一些闲闻轶事、艳趣野史了。

这就是北京，王阳明断断续续在这里生活了十几年，却始终不能融入这种"京味儿"文化。不是他不懂得这里面的种种玄妙和细微之处，而是他始终不能理解：为什么这里的人们，对于家国大事和天下安危，可以那么毫不在乎，可以终日放在嘴边上信口由之，评头论足，却并不肯去做一些实在的事情：书是不肯认真去读的，因为下不了那苦功夫；官也是不肯认真去做的，因为再怎么做也是皇帝的奴才。他们似乎只是茫然地活着，混混沌沌地做个小老百姓，在平庸和琐碎中了此一生。也许他们见得太多，也许他们看得太透，总之在北京这个地方待久了，再有激情、有抱负的人也很快被他们熏染，乃至同化：渐渐对什么事情都抱着一种无所谓的心态，提不起什么兴趣来。即便改朝换代这样的大事，一阵骚乱过后，也不过依旧循着原来的老路：做皇帝的依旧端坐在高高的金銮殿上，做奴才的依旧围绕着这个一成不变的中心去忙这忙那。他们只要知道有一个皇帝，其他的一概漠不关心。

可是王阳明却不是这样一个甘于随波逐流的人。他从小就有着明确的理想和抱负：要成为一个惊天动地的人物，也就是说，他要做一个伟人。至于做一个什么样的伟人，他直到现在还在探索之中。比如他曾经要立志做将军，甚至还梦中得到过东汉那位"马革裹尸"的马伏波将军传授；他后来又立志要当一名圣贤，要做颜回、孟子一类的圣贤；又后来，他潜心学道，要做晋朝的许逊一类的天师。不管哪一类梦想，他都认真地去为之付出过，奋斗过。他的理想又是那么高远，连他的父亲高中状元，在世人眼中是一等一的荣耀了，他却毫不稀罕。

就是这么一个一心垂名青史、书之竹帛的王阳明，在北京的十多年岁月里却没有能够找到自己施展才华的地方。北京当然是一座大城市，比他的家乡浙江余姚要大得多了，可是他却常常油然而生归乡之情。他怀念那里的青山绿水，怀念人在山水天地间那种逍遥自在和无拘无束。他的家族又是生性亲近自然的：从他的远祖"秘湖渔隐"一直到高祖"遁石翁"、曾祖"槐里子"、祖父"竹轩先生"……从名号就可以知道，一个个无不是亲近自然而远避俗世的清静闲士，隐逸高人。这种情结在家族里一脉相传，流淌在每一个子孙的血脉

上部 龙场悟道

里。只有他的父亲"龙山先生"受状元声名之累,奔走朝廷,因此被王阳明看不起也就是很自然的了。

在父亲的逼迫下,王阳明读了几年书,终于考取了进士。但在仕途上混迹了几年之后,他很快厌倦了这种言不由衷的虚伪生活。正好,当时旧皇驾崩,新皇登基,伴随新皇帝上来的大太监刘瑾专权,结成党朋"八虎",横行朝中。很多官员因为看不惯他们的作为,纷纷上本,请皇帝立即诛杀"八虎"。结果那些本子都落到了刘瑾之手,于是那些官员自然而然都遭了陷害。而王阳明在明知不会有好结果的情况下,毅然决然地上书为这些官员喊冤,请求皇帝主持公道,以正视听。结果也被刘瑾记恨,给予杖责,下监十余天后,假借圣旨做出了判决——

谪往贵州龙场驿,做驿丞!

对于这个结果,王阳明早有思想准备。作为一个朝廷官员,他已经为自己赢得了"正直"的声名,对自己的政治生涯、对父亲和家族都算有了一个交代。现在他终于可以名正言顺地"逃离"北京,去过逍遥山水的日子了。

他从一开始就没有把贬谪到遥远的贵州放在心上,只是那四十杖将他的屁股打得鲜血直流,其疼痛为平生首次经历。

事实上,他根本没有想到真的到贵州去。离开北京以后,他就盘算着到什么地方去隐遁山林,从此一心一意专心修炼自己的神仙道行。

这么一路想,一路到了杭州。在杭州因为天气炎热,杖伤又发作了,结果一病两个月。

但即使这样,他还是察觉到,一路上尾随自己的人并没有离去。那两个人无疑是刘瑾派来的,这也是刘瑾的惯用手段:先找个罪名将你驱逐出北京,然后在路上派人将你结果,死无对证。从一个被人轻视的太监到成为权倾朝野的"八虎之首",刘瑾深知自己能有今天得来不易,所以对于任何敢于反对他的人,他都非欲杀之而后快,不允许任何人挑战他的权威,撼动他的地位。

王阳明知道,自己面临着生死大劫。不过他在杭州交友甚多,常有慕名登门来向他请教学问的弟子,心想刘瑾派来的人也不敢在光天化日之下动手,只要自己小心,应该可以避过这次灾祸,不致遭了毒手。

偏偏这天，王阳明的杖伤又发作了，他身边只有一个妹婿徐日仁在，于是请他去城中的药铺子拿药。

妹婿走后，天气炎热，王阳明头脑昏沉，打了一个盹。正在迷糊之际，忽然从门外闯进来两个身材高大、矮帽窄衫的大汉。

"王主事，某等奉主人之命，特来相邀！"

"你家主人是谁？在什么地方？"王阳明注意到二人的腰间都挂着刀，似乎是官家模样，然而戴着硕大的斗笠，遮着脸，不敢以真面目见人。

"主人就在外面。快请动身吧，我家主人可没有那么多时间等候。"

二人瓮声瓮气地催促着，似乎颇不耐烦。而王阳明并不敢确定，这二人就是一路跟踪自己南下，刘瑾派来的杀手，只好勉强起身，跟随二人来到庙外。

庙外浓荫蔽日，蝉声悠长，路上只有一两个行人。王阳明见并无人在这里等候，不觉停下了脚步。

"主人何在？"

"只在前面。"

二人口中说着，上来将王阳明夹在中间。王阳明此时已经知道不好，不过却苦无立即脱身之策。如果贸然地大声喊叫，只恐不但自己被杀，也会连累周围的人。他只能一边思索脱身之计，一边跟随二人前行。

又走一程，王阳明又问："主人何在？"

那二人仍旧信口回答："但前行便知，何须多问？"

眼见他二人将自己领着向偏僻的小路上行去，王阳明知道他们在选择动手的机会，于是又装病痛发作："啊呀，我有病在身，实在不能再向前走了！"

"主人就在前面不远，我二人扶先生很快便到！"

二人将王阳明一左一右用胳膊架了起来，几乎是脚不点地向前奔走。幸而这时候，后面有两人呼喊着追了上来。

"先生且留步！"

等他们停下来，那二人飞奔上前，却原来是两个当地的百姓，气喘吁吁地追上来，壮着胆子说道："我等二人乃胜果寺的邻居沈玉、殷计。素闻阳明先生乃当世贤人，平时不敢请见一面。刚才听说先生被挟持而去，特来相询，不知道你们两位是什么人,要将先生带到什么地方去?"

"哼!"

不等王阳明开口,那两条大汉已经齐声冷笑,一齐将腰刀亮出来半截:"闲杂人少管官家之事!我等奉命来拿朝廷罪人,与尔等百姓无干!"

"这是何话?"眼见王阳明不发一言,二人更断定其中可疑,于是不顾危险,大声质问:"先生获罪,天下共知,然而已经谪官发配,为什么还要加上新的罪名呢?你们的主人究竟是谁,莫非想偷偷摸摸加害先生?"

那两条大汉词穷,害怕纠缠起来,引来更多人,于是不再多说,忽然一齐架起王阳明,发足狂奔。

"哪里走?"

在身后,沈玉和殷计两个人也真大胆,竟然不顾危险,跟在后面追上来。一路上,前面慢他们也慢,前面急他们也急,始终保持一段距离。虽然不能救王阳明,不过因为多了后面这两双眼睛,前面的人也不好公然下手。

就这么僵持着,从荒野之地又来到江边。其时天色已黑,江面上片片船帆正驶回岸边,人多眼杂,于是那两个官差将王阳明带到了一处荒废的石室中。

等沈玉、殷计追至,那两个官差如实相告:"实不相瞒,我二人乃是奉主人刘公公的命令,来取王主事人头的。你等二人与此不相牵连,可以速速离去。如果再不听劝告,可别怪我们连你二人也一起杀了!"

"万万不可!"然而沈玉、殷计却一心要救王阳明,坚决地道,"先生乃当世大贤也!如此人才,不可以枉死在二位刀下!况且如果连我们一起杀了,势必会连累地方官府,一旦追究起来,真情必然泄露!你二人到时候无法向刘大人复命,也免不了一死!"

他们这番话,令两位官差也觉得忌惮,不知道怎么办好。于是,二人商量了一下,收起刀子,从王阳明的腰里解下来腰带,撕成几条,搓成了一根长长的绳索,就在窗上做了一个圈套。

"王主事,反正你今天难逃一死,不如自己缢死,我兄弟二人也好替你留一条全尸,如何?"

"哼!"不待王阳明说话,沈玉又大叫起来,"用刀子杀人和用绳子杀人，难道有什么分别吗？"

"那，你们说怎么办？"两位官差不耐烦了，又将刀子拔出来，"不杀此人，我兄弟二人也必被刘公公处死。不如先杀了你等，省得啰唆！"

"且慢！"眼见事态危急，王阳明忽然有了一个主意，喝住二人，"你们也不必这么为难，我有一个死法：等夜深人静之时，我自投江中，沉江而死。我既可以落得一个全尸，也不会连累地方。你们的命都可以保住了。"

"好吧，就依你所说。"两位官差也觉得这是最好的办法，于是答应了他，重新将刀子收起来。

"现在距离夜深，还有一段时间。"沈玉和殷计一商量，对两位官差道，"既然王公命尽今夜，不如现在我等去沽酒来饮，令王公醉酒之后，投江毙命，亦不觉矣！"

于是两个官差答应了，将王阳明锁在石屋中，四个人分作两组：沈玉和一个官差去沽酒，办理喝酒用具，殷计和一个官差在门外把守。借此时机，王阳明还不忘记吩咐："我今夜必死，还请一人将来报知我家属，以收吾尸！"

"先生欲令我等报信，必须手笔亲书。我等沽酒之时，当向酒家借纸笔一用，先生请稍候！"

沈玉答应着，便和那个官差去了。这边，殷计和另外一个官差在门外站定，一左一右互相戒备。

片刻之后，沈玉和那个官差沽酒回来，将酒具菜肴一一摆下，又将纸笔递给王阳明。王阳明沉吟之时，沈玉早将满满一椰瓢酒递过来，泪水滂沱，哽咽着道："我等无能，不能救得先生，唯有目睹先生赴死。虽然如此，请满饮此酒！先生去后，我等二人亦投江与先生同死矣！"

"你们大可不必！"王阳明一边接过酒来，一边安慰二人，说道："我得罪朝廷，死乃自寻。我尚不自悲，尔等又何来效仿女儿之哭！又何必徒自追随我赔上两条性命，令我九泉下不得安心矣！"

他将那一瓢酒一饮而尽，然后铺开纸，挥笔立就《绝命诗》两首：

其一

学道无成岁月虚,
天乎至此欲何如。
生曾许国暂无补,
死不忘亲恨有余。
自信孤忠悬日月,
岂论遗骨葬江鱼。
百年臣子悲何极,
日夜潮声泣子胥。

其二

敢将世道一身担,
愿被生刑万死甘。
满腹文章宁有用,
百年臣子独无惭。
涓流裨海今真见,
片雪填满旧齿谈。
昔代衣冠谁上品,
状元门第好奇男。

当下,王阳明口中吟哦,手中挥笔,不一会儿就写完了这两首《绝命诗》,又在后面写道:

"阳明已入水,沈玉、殷计报。"

他将这篇文字交给沈玉后,又与两人频频对饮,潇洒至极。那两个官差也喝了不少酒,不觉已经夜深。

后来,酒已全干,于是那两个官差催促王阳明:"时候不早了,请早些投水赴死,我兄弟也好早回去交差。"

"多谢两位开恩,容某延迟这半日,且许以全尸而死,只可惜此恩无法报答矣!"王阳明死难临头,居然还不忘记感谢二人。他又一再嘱咐沈、殷二人:"必报我家,当面呈送吾之手笔!"

他就这么告别了二人,在两位官差的看押下,径直在星光下向着江边走过去。目睹他上了江滩,接近水边,沈玉、殷计二人束手无策,唯有哭泣垂泪而已。

夜色昏暗,江滩之上,泥泞难行。江面上冷风吹来,那两个官差也不觉打了个寒噤。他们都喝了很多酒,脚下摇晃不稳,如果一个失足,弄不好就要和王阳明一道到江里面去喂鱼了。

"喂,就在这里站住吧!"

他二人停下了脚步,借着月光,只见王阳明一个黑影,渐渐模糊。远远地,只听"扑通"一声巨响,那黑影消失不见了。等候良久,再不闻一声响。

"走,过去看看!"

二人终究觉得不放心,于是相互搀扶着,上前去观察。只见在江滩上,有王阳明云履一双,而在近处水面上,尚漂浮着他此前戴在头上的顶巾。

"看来王主事已经死了,不如将这二物拿回去交差。"

他们取了二物,正欲离开,沈玉和殷计也赶到了,对二人道:"你等可留下一物作为证物,明早使人发现,当知先生堕水。消息传至京都,也可以证实你二人所言属实。"

"言之有理。"

于是,两个将官丢下云履,只取了纱巾,从江滩回到岸上,连夜离开了。

而沈玉和殷计呢,抱着一线渺茫的希望,一直在江滩上走了很远,也没有找到什么。等到天亮,胜果寺寻找王阳明的人也赶到了。众人都不见王阳明的尸体,于是只好到官府报了官。王阳明的弟弟王守文其时正在杭州,接了兄长的《绝命诗》,及证实那云履乃兄所有,当即就昏死了过去。醒来后,又大哭失声。

于是,很快人们都知道了:王阳明在杭州失足落水而死!消息由其弟传回家中,合家满门无不恸哭!

但这一切，却只不过是王阳明的精心设计。他先算准了江滩是个绝地，两位官差必然会麻痹大意！又算准他们在喝了太多的酒以后，一定不会跟随自己到江滩涉险！于是他在独自一人来到江滩尽头处，就在那里脱下云履，整整齐齐地摆好；又将纱巾摘下来，丢入水面。然后，他搬起一块大石头，用力投入水中，发出一声巨响，造成自己已经投水假象。他自己则趁着黑暗，憋一口气下入水中，从水下潜行到远处，躲在一块礁石后面。虽然后来听到沈玉、殷计呼喊之声，却不敢出来。

等二人行远，他才从礁石后面出来，光着脚沿江岸的浅水摸黑前行。也不知道走了多远，后来天色放亮，恰好有一只小船早早出来，王阳明就上了船，请求对方载自己离开。看他光脚甚为可怜，那人不但不要他的船资，还赠送了他一双旧草鞋。

从这天起，王阳明隐姓埋名，一路上行踪飘忽不定，不停地变换着前进方向。有时候随船一漂就是几天几夜。

他这么做也是早下了决心的。借助在杭州"假死"，他从此决意和那个尘世的王阳明告别，他要找一座人迹罕至的深山，正式开始自己的修行。

他当然也知道，如果接到自己的死讯，他的家人会如何难过：尤其他的父亲，虽然一直对这个儿子不满意，但毕竟对他寄予厚望，知道他虽然狂放不羁，然而只要导上正途，将来成就一定不可限量。

家人的悲痛可以想象，但那一切都不过是暂时的。他们会很快忘记他，而他则可以从此在山中逍遥避世。

这天，王阳明在一个地方上了岸，询问之后，才知道自己已经到了福建的武夷山下。正欲进山，却被巡逻的官兵发现，以其形迹可疑，将他拘了起来。

"实不相瞒，我非别人，乃兵部主事王守仁也。"王阳明坦坦荡荡，倒也并不隐瞒自己的真实身份。"我因得罪朝廷，受到杖责，被贬为贵州龙场驿驿丞。因自念罪重，途中行至杭州，欲投江自尽。不料，沉于钱塘江中，甫一入水，即遇一怪物，鱼身人首，自称巡江使者，奉龙王之命，特来接某。到了龙宫以后，龙王亲自出来，降阶迎接，以贵宾之礼相迎，言我命不当死，来日前程尚远。于是款待以酒食，又遣使者送我出来，扁舟一叶，伴以狂风，一夜而至此矣!"

他这一番说辞,神乎其事,听得那官兵疑惑不已,于是只好将他暂时安排在一家酒店里住下,款以酒食,一边派人去报告上司。

黄昏时分,酒店里人声嘈杂。王阳明寻了一个机会,悄悄溜了出来,出了城以后,径入山中。

这时候,天色渐黑,王阳明在山里一通奔走,也不知道走了多远。后来,终于发现了一座建筑,隐约闪出几点灯火,于是他连忙上去叩门求宿:

"迷路之人,特请在此借住一宿。"

"请原谅,我道观中有规矩:概不留夜客过宿。"里面有人隔着门回答,"从这里向前一里地有废庙一座,客人请自去便了!"

王阳明无奈,只能继续向前。行了几里许,果然在月光下见一座破庙,门窗已经坍塌,进到里面,尚有殿堂佛像之下,可以安身。于是王阳明就钻进去,因为走得疲惫,很快睡了过去。

这一夜,外面虎啸连连,似乎有很多凶恶的动物在走来走去,然而始终没有敢进来惊扰王阳明的。

第二天,前面道观中的人以为王阳明被老虎吃了,满怀担心来这里怕只捡到一些随身财物。然而走到近前,却见王阳明正在佛像下酣睡,鼾声如雷。不觉大惊,上来将他摇醒,问道:"这位先生莫非神仙,否则为什么安睡虎穴而毫发无伤?"

"你们说什么?"王阳明揉着惺忪的睡眼问道,"虎穴在哪里?"

"你所睡的这个地方就是啊!"

当下,他们将王阳明请回了道观中,为他准备了一些点心。用过饭后,王阳明闲来无事,便在道观中溜达。

刚步入后院,迎面听得一阵吟哦声传来:

"二十年前已识君,
今来消息我先闻。
君将性命轻毫发,

谁把纲常重一分。
寰海已知夸令德，
皇天终不负斯文。
英雄自古多磨折，
好拂青萍建大勋。"

"咦，这首诗中似乎有很深的玄机啊？"王阳明是极有慧根的一个人，听了此诗，忽然心中一动，连忙加紧脚步，走入后殿，却见一个老道，正在那里蒲团上打坐。一见王阳明进来，老道睁开眼睛，哈哈一笑：

"守仁小友，久违了！"

"啊呀，您……您不是无为道人吗？"

王阳明也认了出来。原来这个道人，是他十七岁在江西娶亲之日，在铁柱宫所偶然撞见的。因为当日听他宣讲道家秘术，王阳明甚至错过了和新婚妻子行"合卺"之礼，而一时在当地传为趣谈。

可令王阳明疑惑的是，当日这位无为道人，已经九十六岁高龄，如今又过了二十年，却依然神采如旧，仿佛岁月不曾在他脸上留下痕迹。

他钦佩不已，连忙上前跪下："仙师，请您答应收下我作弟子，从今以后，跟随仙师一起修行道术吧！"

"你得罪了刘瑾，险些被他害死，我已尽知。你欲从此潜隐避世，我也不阻拦你。可我只问你一句：万一有人将你不死的消息告诉刘瑾，到时候他迁怒、降罪于你的父亲，你将何以进退？"

"我……"

无为道者的这一问，正中王阳明心头要害。他沉吟了半响，却想不出来一个两全其美的办法。

"请仙师指点！"

"在你刚进来时，我不是已经给你点出了一条路？"老道笑着说，"出世用世，都只在一念之间，并无不同。然而如果亲人尚在，则这一缕血脉亲情，不可斩断。此人之本性，若弃此本性，而妄求得道，天下是没有这种道术的。

所以，听老道一句劝，你还是安心去贵州做你的龙场驿丞吧！"

"多谢仙师！"

有了道者的这番开示，王阳明恍然大悟，自知不能再行逃避，必须勇敢地去面对自己的责任。

他当即口吟一绝，以示明志：

"险夷原不滞胸中，
何异浮云过太空。
夜静海涛三万里，
月明飞锡下天风。"

他就要告辞离去，老道又从身边掏出来两样东西："我这里有些许银两，可以资助你做回家去的盘缠。另外，我这里有一部书，你闲来无事，可以多多把玩，必定会收获良多。"

"谢仙师。"

王阳明接过银两和书籍，又向道者磕头道谢。别过之后，便匆匆忙忙上路。他不敢去北京见父亲，便走水路先到了江西，去见自己的授业恩师娄一斋。

当他突然出现在老师面前，娄一斋惊喜莫名："先前听说你溺水而亡，后来又传说你被神仙所救，虚实难辨。这到底怎么一回事？"

"老师请原谅！"王阳明将自己的遭遇大致讲了一遍，又道，"学生本来已经下定决心，前往谪所。然而却放心不下老父，欲往京师走一趟，又恐被刘瑾的耳目发现，给父亲惹来无端之祸！"

"你还不知道，因为受你牵连，你父亲也已经被贬官出京，到了金陵了。"老师却告诉了他一个意想不到的消息，"你这就去金陵见他吧！"

"竟有此事？这么说，我到底还是连累了父亲。"王阳明听了未免沮丧，不过老师却勉励他："这都是刘瑾一手遮天，胡作非为，你父亲很为你的作为高兴呢！再说，只要你好好活着，他高兴还来不及，又哪里会责怪你？"

"老师说得是！"

王阳明也急于见到父亲，于是在老师家住了一宿之后，第二天又得到老师资助盘缠，立即动身前往金陵。

父子二人，自京师别离，经过这一番波折，而在金陵重逢。见面之后，向来不苟言笑的父亲，也喜极垂泪。

然而在金陵毕竟又有着刘瑾的耳目，王阳明不敢久留，便将自己决心去贵州赴任的打算告诉了父亲。

"我儿尽管放心前去，家中一应诸事，不必挂心。"父亲这么安慰他。本来从小出身富贵之家，又高中状元，多年仕途一帆风顺，到了晚年却突然遭遇如此不测之祸，父亲王华才明白当年其祖上传下"不得为官"的遗训，实非空言。经过这番折腾，他已经产生归隐之意，于是嘱咐儿子："那龙场驿在万山丛林之中，此去路途迢迢，我儿一定要保重身体。他日倘幸天可怜见，逆瑾见诛，你我父子，或许还有团圆之时。"

"父亲保重！"

离别在即，此去情形如何，实难预料，王阳明不由也落下泪来。

这一夜，王华亲自给儿子打点行装，尽可能多装些被褥、衣物、生活用品，又亲自给他书匣里装了些《道德经》《南华经》之类的修身养性书籍。本来王华一心希望儿子在学问上多读圣贤著作，走孔孟程朱那样的道路，但经过这次风波，他反而觉得只要能够留一条性命活在世上，什么学问不学问的，倒也不重要了。生命原来并不需要那么多的繁文缛节，它只有一个要求：活下去。

第二天，一大早，王华已经替儿子系好包裹，并且给他挑选了一童二仆：一个书童，是陪伴王阳明读书的；两个仆人，一个负责做饭，照顾王阳明的饮食，一个负责洒扫清除等杂役，照顾王阳明起居。

有主有仆，有了行李马匹，王阳明赴贵州龙场去做驿丞，便算正式有了一个模样。启程之时，王华一再嘱咐儿子："到了那里，一定要多写家信，省得我牵怀。"

他一路送出城来，唠叨个不停。王阳明则一迭声答应着，不知不觉，已经出城很远了。

"父亲，请您留步吧！"

"我儿，保重身体！"王华哽咽着，似乎有所预感，这将是他们父子最后的诀别。他泪水滚滚，仿佛一夜之间，头发白了许多，原来挺拔的腰背也佝偻了下去。他嘱咐完儿子，又嘱咐几个仆人："你们几个，要好生照顾，不可偷懒！"

"是！"三个人齐声答应，各自催开马匹上路。王阳明也最后给父亲跪下，磕了三个头："爹，孩儿从前任性无知，多次忤逆父亲，今日一并道歉！但有来日，有幸不死，重归父亲膝下，定当恪守本分，惟忠惟孝！"

"起来，我儿不必如此！"父亲将他拉起来，又一次泪如雨下，"我儿并没有做错什么，相反，你和为父一样，都是至情至性之人。但为忠臣孝子，必不能坐视逆瑾祸乱朝纲！你放心去吧，不管如何，我都会为你骄傲的！"

他们父子就这么在生离死别的最后关头和解了。在人生的舞台上，当所有的喧哗和骚动都消逝后，除了亲情，还有什么能让人如此久久流连呢？

王阳明擦干泪水，跨上马背，走出了很远，回过头去，还见到父亲孤单的身影在那里伫立着……

"先生，醒一醒！"

"先生，快醒醒，我们到了！"

王阳明正在梦里回忆到与父亲诀别，忽然听到有人大声叫自己，他睁开了眼睛，这才发现自己还在竹排上。原来不知不觉，他已经睡了一大觉。

竹排抵岸，头顶上的太阳不知道什么时候，早坠去了西边山坳。沿江岸而行的马匹已经驮着行李先到达这里，正在等候。几头晚来归家的水牛正在夕阳下悠闲地踱着脚步从面前经过。

"到地方了吗？"他回过神来，意识到自己是在贵州境内，并且很快要抵达目的地——龙场驿了。

"从这里上岸，骑马往前走十里，就是龙场驿了。"撑船的土人说道。

"多谢！"

王阳明连忙起身，从竹排到了岸上，脚下还有些站立不稳。给船家付过了船钱，一行人重新整束行装上马，一路迎着满天的晚霞，经过一个个炊烟袅袅的村寨，和一群群懒散的水牛擦肩而过，向着龙场驿行去。

第二章

龙场结庐

龙场，一听这名字就没来由给人险恶之感。其实龙场所以得名，是因为当地有以龙、猴、狗等动物纪日的习惯。而当地以某个日子作为赶场，这一天人们从四面八方带着自己家出产的货物，和从外面赶来的商贩进行交易。这个地方就被叫作龙场、猴场或者狗场。只是外面人并不了解这个情况，所以听了名字，就觉得似乎到了蛮荒和险恶之地。

当然了，这里也的确是一片蛮荒，而且丛林和荆棘中的确毒蛇出没，令人畏惧。

不过，一方水土养一方人。即使在这样的环境里，当地依然有众多的百姓，聚族而居。同样有了不起的英雄豪杰。不说别的，王阳明所来当官的这个地方，当年负责主持修建"龙场九驿"的，就是一个充满传奇色彩的女子：奢香夫人。

奢香夫人以豪爽和精明强干而闻名，她从嫁到这里成为宣慰使霭翠的夫人后，就帮助丈夫处理政事，关心百姓，很快赢得了百姓的爱戴。丈夫霭翠不幸病逝以后，奢香夫人更是独自挑起了重担，将丈夫治辖的土地整理得井井有条。然而她的政绩却引起了贵州总督马烨的嫉妒，找了个借口，将奢香夫人抓起来，当众剥去上衣，用鞭子抽她的后背。他以为用这种极端羞辱的方式，就可以逼迫奢香夫人造反，他就可以趁机夺取她的土地和百姓。可是他却低估了这个奢香。尽管遭受羞辱，奢香回去后并没有轻举妄动。她反而安抚自己的百姓，一边和另外一个部落的女首领联合，并且商量出了一个极为大胆的办法：到金陵向洪武皇帝朱元璋告御状！于是一个月后，奢香就出现在了朱元璋面前，申诉冤屈。她的要求非常明确：将马烨杀死，为自己报仇。作为报答，她愿意倾尽财力，率领自己的百姓，修建从贵州境内通向四川、湖南、云南的驿道。朱元璋对于杀掉马烨还有些犹豫，奢香夫人于是又找到了马皇后。同为女性的马皇后听了她的哭诉，自然对马烨的卑劣行径恨之入骨。这样，有了马皇后的支持，朱元璋便答应了奢香夫人的请求。奢香夫人返回贵州，亲眼见证了马烨的被捕下狱。出了这口恶气后，她没有忘记对朱元璋、马皇后的诺言，率领百姓，不辞辛苦，修建了两条从贵州通出来的驿道，其中尤其以连接四川、湖南的"龙场九驿"难以开凿，简直就是在悬崖绝壁中用刀斧劈出来一条通路。驿路通后，奢香夫人便每年派人带着贡品，沿着这条驿路去金陵朝见皇帝。为了促进贵州内地和天朝的交流，她采取了一系列的改革措施，还将自己的儿子派去朝中学习。朱元璋对她的这些举动很赏识，对她的儿子也很器重。三年之后，当奢香夫人的儿子离开金陵，朱元璋亲自封官三品，给他钱行，并且赐了一个姓氏：安。只可惜，奢香夫人寿数不高，操劳过度，三十五岁便因病离开了人世。她的死讯传到金陵朝中，朱元璋叹息不已，下了一道圣旨，封为顺德夫人。

奢香夫人死后，她所主持修建的龙场九驿继续发挥着作用，但从驿道上传来的消息渐渐不妙。朱元璋一死，朝中大乱，其子朱棣成功地建立了新朝，定新都于北京。虽然还是大明王朝，朱家天下，但从贵州到北京，这距离增加了何止几千里之遥。万水千山，险岭恶崖，荆棘丛中开拓出来的驿路渐渐荒废，走的人越来越少。再后来，"龙场九驿"其他八个驿站：草塘、陆广、谷里、水西、奢香、阁鸦、归化、毕节……一个个都坍塌荒芜在深山密林中，失去了沟通夷汉的功能，成为少数民族杂居的村寨，只剩下龙场驿，作为名义上的驿站，不复承担通邮、禀政、输赋、进贡之用，沦落成为朝廷流放官员的所在。

这不，王阳明就是被流放到龙场驿，沿着奢香夫人修建的驿路来到了。

当王阳明来到龙场驿的时候，他惊讶地发现，这儿既没有驿丞署，也没有驿仓。所谓驿站，只有一个已经颓败坍塌的亭子，支撑亭楼的一根石柱还是折断的，整个亭子向这边倾斜着。亭顶上疯长着茂盛的野草，居然还摇曳着几朵不知名的花儿。亭中石桌、石凳全部翻倒在地，上面布满尘土，地下布满野兽的印跡和草屑、牛粪。亭旁不远是一个露天的马圈，里面倒是有十多匹驿马，然而长时间没有得到照顾，一匹匹瘦骨嶙峋，披着参差不齐的杂乱长毛。

"这儿就是龙场驿？"

王阳明见状之下，一颗心凉了半截。他虽然做了思想准备，还是没想到，这里的情形会如此凄凉，如此荒芜。

"驿丞呢？"

他们找了半天，总算从旁边的一座草屋子里传来一阵咳嗽。一个头发花白的老者拄着拐杖开了门。

"我……我就是这里的驿丞……我已经在这里三十年了，今天总算有人来接我的班了，咳，咳……"

他的一番话实在令人吃惊。真难以想象，他一个人怎么能在这样的地方坚持长达三十年？

"我来的时候，是成化十三年，那时候还是宪宗皇帝在位。现在呢？现在是什么年头了？"

老驿丞在这偏远之地，待了这么多年，口音已经和当地人差不多。好容易见到从京城来的人，听到京城的口音，他简直如见了亲人一般激动。

"老人家，你不知道，现在都已经是正德三年了，现在在位的，也早已不是宪宗，而是他的孙子了。"

王阳明将京城的情况大致讲了一些，老人起先还听得出神，后来就摇了摇头，不想再听下去了。毕竟，外面那个遥远的世界对他来说已经太陌生。他已经不属于那里了。

"老喽，老喽，京城是回不去了。就在这里随便找个地方，将这把老骨头埋了吧！"

他坚持要和王阳明作交割，然而也实在没有什么，只不过清点了一下马匹，将几封早已发黄的早年朝廷的公文，一股脑儿塞到了王阳明手上。总共只有一间草屋，而王阳明主仆四人，根本住不下。

"这可怎么办呢？"

正当王阳明为晚上如何过夜发愁，老驿丞却提出了一个建议：从这里往上面不远，有一个山洞，里面很宽敞，可以容纳数人居住。

"什么？住山洞？"

书童和仆人都没有想到，他们跟随主人到这个地方来，路途遥远，一路上受尽颠簸之苦，到了以后，却连一个最基本的落脚之地都没有，居然还要住在山洞里，那岂非成了穴居的野人？

"何不借住土人家中？"

王阳明也没有想到，这儿的条件会如此恶劣。不过，按照常理，驿舍虽然颓塌，还可以选择到当地人的寨子中居住，不一定非要住山洞啊？

"不可，万万不可！"老驿丞却一脸惊恐，连连摆手。又咳嗽了一阵，他才道："这里的土人，风俗极为独特，崇拜一种奇异的'蛊神'。有中原人至，他们便会将其杀害，祭神祈福。我之前的几任驿丞，都是这么被杀的。我来到这里后，也差点被他们杀死。后来时日久了，才渐渐取得了他们的信任。你们如果不想遭他们的毒手，还是住山洞好一些。"

"那我们就住山洞罢！"听了他的这番话，几个人异口同声地答应道。

于是，老驿丞指明方向、地点后，便步履蹒跚地离开了。而王阳明和仆从们一道，往山上而去。幸而那个山洞离这里不远，一会儿便到了。

借着洁净的月光，他们可以看到，这的确是一个很大的山洞，四个人住着阔绰有余。王阳明等人不敢冒失地入内，先在洞口生了一堆火，等那烟往里面熏了会儿，也没见有什么野兽出来。王阳明还不放心，又点着一个火把，将洞中各处考察一遍，里面空荡荡的，什么都没有。

众人便在这里住下了。老驿丞说得没错，这山洞的确住着简易、方便。坐在洞口前面的平台上，可以轻松地俯瞰山下的景色。即使在朦胧的月光里，一切都影影绰绰，看不清楚，然而还是有一种朦胧之美。

轻轻的山风吹过来，拂在脸上，那么柔，那么润。风中夹着淡淡的花香，阵阵地扑入鼻中。

周围是那么安静，静到可以听到甲虫在风中振动翅膀的声音。抬起头来，一轮大大的月亮，就那么近，那么神秘地挂在头顶。仿佛不用站起来，只需要伸直胳膊，就可以用指尖触到。

上 部 龙场悟道

因为连日赶路疲惫，即使在这么一个地方，仆从们也很快打开铺盖，躺下不久就打起了呼噜。王阳明却没有丝毫的睡意。他一边往洞口的火堆上添加薪火，将火势拨旺，一边将柄佩剑取出来，放在身边触手可及的地方。

现在，他已经抵达了这里。虽然这地方和想象中大不一样，但这毕竟将是未来很长一段时间内，自己的安身之处。

从被驱逐出北京，到处流亡，经历了被追杀和颠沛流离的岁月，经历了和父亲的重逢与告别，经历了千山万水的跋涉，终于，他来到了这里，他的一颗心在经历了那么长时间的彷徨、迷茫、困惑和不安后，终于可以有了一个停靠的实在地方。渐渐地，他和周围的宁静，月光、山色，都融在了一起。后来不知道什么时候，他也进入了梦乡……

这一夜过得很快，并没有虫兽出没，也没有长着青齿獠牙、面目狰狞的当地土人来袭击他们。

只有一个小小的插曲：早晨起来，当仆童们睁开眼睛的时候，却发现王阳明已经不见了踪迹。

"先生怎么不见了？"

"啊呀，先生不会是被土人抓去祭蛊神了？"

他们胡思乱想着，来到外面，却发现王阳明已经在那里舞着剑，迎着日出在锻炼了。

"你们都起身了？快点去将马牵上来，我们沿着驿路走一走，那边的风景似乎很不错呢！"

王阳明很兴奋，虽然夜里只睡了一小会儿，但天刚放亮他就起来了，将这里附近地理环境察看了一遍。

在这里，风光无一处不秀丽，景色无一处不美。所到之处，无不令人心旷神怡。王阳明立刻爱上了这里。

"快上马，我们去远处走一走！"

仆从们都很惊奇，在他们眼中，王阳明又哪里有半分被流放的样子？倒很像一个刚刚被册封的王爷，怀着激动不安的心情，迫不及待要去巡视自己的领地。

他们只好跟着王阳明匆忙上马出发了。

即使骑马而行，也依旧可以看出当年这条驿路的修建是如何不易：在荒草和荆棘丛中，马蹄已经难行，而很快那驿路就通向了陡峭的山上，从一座山上去，下到另一面，再接着上另一座山。就这么一个个山头连绵过去。因为年久失修，山上的驿路原来铺就的石板，大都已经歪斜、脱落，有的地方则因为山体滑坡，而出现了整体上的位移。

对于这样的地方，人和马空行上去，都要费很大的力气，更别提驮着沉重的贡品了。可以想象，当年在这条崎岖而坎坷的驿路上，一队队的马匹衔尾而行，马夫们则大声吆喝着，在陡峭而危险的地方费力地指挥着马匹。而到了稍微平坦一些的地方，顿时又喊起嘹亮的山歌调子。

这就是淳朴而勤劳的山里人，他们并不惮于付出自己的辛苦，从万水千山里开凿出驿道来；他们也并不在乎山路崎岖，陡峭难行，只要能够与外面那个辽阔而多姿多彩的世界去交往、沟通，他们是宁愿冒着风雨冰雪在这条驿路上穿梭往来的。

太阳热辣辣地升起来了。王阳明在一个小小的山头上驻住脚步，眺望远方。那驿路若隐若现，弯曲盘绕，恰似一条长蛇蜿蜒伸向远方，没有尽头。他久久地凝视着，在亲身体验了驿旅艰辛之后，不能不心生慨叹：汉夷之间的沟通竟然是如此艰难！不说文化上的隔膜和生疏，仅仅现实的地理环境，就将这么一个"山地鬼国"，无情地挡在了文明的大门之外。唯其如此，当年奢香夫人开辟"龙场九驿"的壮举才更值得敬佩，难怪连朱元璋也不能不对这么一个蛮邦的女子生出敬意："得一奢香夫人，胜过十万雄兵矣！"

由于还有很多的事情去做，今天只能这么走上一小段，体验一下驿旅生活。来日方长，他有得是时间，将来一定好好地从这条驿路上走一走！

王阳明可不是只想象而已。这一年的冬天，他真的就拿出了十多天的时间，在当地几个土人的引导下，认真地踏上了这条古老的驿路，一直走到很远的地方。那时候，他已经和当地人建立了很好的关系，甚至和其中几个还成为了朋友。在他们的帮助下，王阳明和他们骑马一道，顶风冒雪，一直走到北面差不多和四川交界的地方。他也才真正体验到艰辛：遇到崎岖难行的地方，不得不停下来,用火烤化路面上的冰雪,然后小心翼翼地前行。有时候不能及时赶到前面的驿站,不得不在山洞里过夜。几次都陷入无米无炊的困境。不过他们最后还是坚持了下来。路上的风光不消说,疲惫不堪的困苦里,果然也有许多乐趣。他们甚至在山涧里遇到过一群梅花鹿,不过他们并没有张开弓箭射杀它们。

这次旅行,王阳明后来用诗记录了下来:

> 瘦马支离缘绝壁,
> 连峰窅窕入层云。
> 山村树暝惊鸦阵,
> 涧道雪深逢鹿群。
> 冻合衡茅炊火断,
> 望迷孤戍暮笳闻。
> 正思讲习诸贤在,
> 绛蜡清醅坐夜分。

从诗中可以看出,这时候王阳明的心境已经非常地平和、清凉,来贵州一年不到,他已经从最初的失望、沮丧,一下子进入超脱之境,能够用欣赏的眼光来打量一切,并且思考自己能切实做点什么了。

不过,那是以后的事情。而现在对王阳明来说,现实中迫在眉睫的事情,却是解决住宿问题。

住在山洞里虽然并不坏,然而毕竟不是长久之计。春夏之交当然无所谓,可是到了秋冬季节就不行了。

最重要的,王阳明认为,自己是大明王朝派到这里来的正式官员,名正言顺,必须在当地土人面前有一个堂堂正正的仪表和形态。如果只能居住在山洞里,岂不徒然丧失了天朝脸面?

他这么想着,对众人道:"时候不早了,咱们也该回去办些正事了,走吧!"

他一声吆喝，当先驱马，从山上下来，一路轻快地奔驰着，不一会儿，就来到了山下的驿亭。

远远地，就见到驿亭边上，聚集了十多个人。从装束上看，都是当地的土人，王阳明心中忽然一紧。"糟糕！莫非如老驿丞所说，土人们来闹事了？"

虽然在心中作了最坏的打算，然而王阳明却不是一个胆小怕事的人。从他夜梦马伏波将军就可以看出：经略四方是他长久以来的梦想，只不过他的梦一直在北方的塞外边境。他跟随父亲出游居庸三关，也曾和伙伴们一道纵横驰骋，甚至将途中遇到几个意图不轨的蒙古人给逼退。

在弓马技艺方面，王阳明对自己很有自信。只不过，他没有想到，理想和现实会有这么大的反差。他要到塞北去建功立业，却被贬到了这南荒之地。

在此之前，王阳明并和没有与夷人真正打交道的经验。幸而他刚走上前，老驿丞已经从人群里出来，迎了上来。

"王大人，你可来了。"

"老大人，这里发生了什么事？"

王阳明从马上翻身而下，为了避免引起误会，他没有去取马鞍上悬挂的长剑。不过，一有不测，他还是会立即将剑拔出来，以应付局面。

"这些都是当地的土人，苗族、彝族、水族，各个部落的代表都来了。"老驿丞的话打消了王阳明的顾虑，"说来奇怪，他们分别属于不同的部落。可是据他们自己说，昨天晚上都做了同一个梦，梦见一个浑身金光的神人出现在面前，告诫他们说，从中土之地来了一个圣人，要他们不得起歹心，必须恭恭敬敬，款以酒席。他们醒来之后，觉得诧异，互相奔走相告，确定每个人所梦相同。又听到消息，说是昨天从京城来到这里的新驿丞已经到了，应该就是梦里神人说的那个圣人，于是连忙会合来这里了。"

"有这样的事情？"王阳明也觉得难以置信。他虽然自信受命于天，可是却并不敢奢望真有神灵保佑自己。

"我也奇怪，可是这些人口中所说，千真万确。你不信的话，我当面问问他们。"

于是，他用当地的土话，叽里咕噜和那些人说了一番什么，又用手指了指王阳明。果然，那些土人连忙上前来，跪在王阳明的面前磕头不止。

"他们这是做什么？"

"他们说，圣人来到，招待不周，请你恕罪。他们要请你去吃酒席呢！"

"这个，不太好吧……"王阳明有些犹豫，也有些忧虑。

"你放心，他们是一片至诚，绝无歹意。你只管答应他们，不会有事的！"

"好吧。"王阳明只好答应，一边亲自将每个人扶起来。

这天中午，王阳明跟随土人来到他们的山寨，受到了隆重的接待。他第一次吃到了当地纯正风味的饭菜：竹笋、草根和叫不上名字的奇怪果实，以及一条浸泡在酸酸的西红柿中的大鱼。每个菜中都放了很多红通通的辣子，令王阳明等人很不习惯，不过那条鱼的滋味的确鲜美。而更令王阳明喜爱的还是他们贡献上来的美酒，装在密封的竹筒里，入口清澈、甘醇，却又如烈火焚喉。不过这正对王阳明的口味，他在朋友中以豪饮闻名，所以初次和土人们在一起喝酒，他也是来者不拒，这令当地的土人更加对他欢迎有加。

和土人们的关系因为这么一个离奇的梦境而出人意料地融洽。吃喝完毕，土人们还簇拥着王阳明，不肯离去。

于是，王阳明试着提出了一个要求："我欲在山洞之前的空地上建几间茅庵，你们可肯帮忙？"

他的话经过老驿丞的翻译，那些人听明白后，立即点头答应，并且约好第二天派一些青壮年来帮忙！

这一夜，王阳明兴奋得简直一夜未睡。和土人们的初次接触如此成功，而且经过近距离接触，大大改变了他对土人的看法：他们并不如传说中那样狰狞可怖，不但不令人害怕，反而他们的淳朴和真诚，很招人喜欢呢！

第二天一大早，果然，从附近几个部落里一共来了几十个小伙子，其中居然还有一些大姑娘。她们见了王阳明，也不害羞，当小伙子们将空地上的草割倒以后，她们就将那些草堆积在一起，然后围成一个圈子，将那些草搓成绳子，而且边干边唱起优美动听的歌曲，一片的欢声笑语。

这情景令王阳明大为感动。那些小伙子们很快从山里伐了几根大木，按照王阳明在地上作的标记，将柱子砍削之后立起来，埋好之后，夯实土基，然后，再在上面搭上横木，框架便出来了。

接着，大伙儿很快从就近砍来大捆的竹子，削尖后钉入地中，一根根密集排列，插在梁柱中间。这时候，姑娘们搓出来的绳子便派上了用场，密密麻麻地将一根根竹子捆紧。

从早晨到中午，除了门窗未就，其他的各个地方都已经完工。三间有些简陋、然而完全可以遮风挡雨的茅庵，基本建成。

中午的饭菜，依旧由各个部落里的人们共同献来。人们都席地而坐，王阳明也夹杂在他们中间，虽然言语不通，不过大家有说有笑，都很快活。

下午的工作很早就结束了。柴扉、竹窗，一应俱全。时间还早，众人又用剩余的竹子，做成了一道长长的篱笆。虽然粗粗织就，不过也可以阻挡野兽随时闯入了。

一天的劳动之后，青年男女们唱着欢快的歌曲，在夕阳里成群结队下山而去，王阳明站在山坡上，和他们挥手告别。仅仅一天的时间，共同的劳动已经将他们联系在一起，他对土人的感情又深了一层。

这天晚上，王阳明等人就从山洞里搬进了新落成的茅庵。而那个山洞也并没有就此荒废，王阳明将里面略作收拾，变成了自己的书房和静修之所。既然来到了这里，他就准备将这里作为自己长期逗留的地方了。

晚风阵阵，天色尚未黑下去，坐在茅庵前，注视着山下的一个个村寨，还有大片大片的田地，王阳明心中一片平和而宁静。这在北京那嘈杂而喧嚣的环境里是多么难得啊！

尤其这个时节，正是百花齐放的季节。山前坡后，到处是一丛丛的山花在开放。而在山坡下面不远，正是一大片的油菜花地。连绵起伏的油菜花，娇嫩而艳黄，汇成了一片夺人眼目的花海。风儿一吹，那海里的波浪便涌动起来。花香随着山风一阵阵地涌来，令人欲醉。

就这么贪婪地嗅着那花香，浏览着那景色，不知不觉，黄昏降临了山冈，暮色吞噬了大地。

为了庆祝这个落脚之处的建成，王阳明和自己的仆从一起喝了不少酒。夜晚来临，又是一轮很好的月亮。就在这似欲将人心灵溶化的月色里，王阳明不由轻轻吟诵起来：

"草庵不及肩，
旅倦体方适。
开棘自成篱，
土阶漫无级。
迎风亦萧疏，
漏雨易补缉。
灵濑响朝湍，
深林凝暮色。
群僚环聚讯，
语庞意颇质。
鹿豕且同游，
兹类犹人属。
污樽映瓦豆，
尽醉不知夕。
缅怀黄唐化，
略称茅茨迹。"

"黄唐"就是指从皇帝到唐尧，阳明在诗歌中的意思是说：正因为有了上古的圣贤们的教化，才使得直到今天，边荒山野之地，依然保持着这么淳朴、令人如沐春风般的风俗。所以，即使住在只有茅草搭就，建筑在用泥土夯实的平台上的茅屋中，也不能不令后人缅怀他们的功德。

的确，从被贬开始，王阳明的内心，便对这遥远的南荒"鬼国"作过诸多猜测。一路行来，更是将蛮荒之地的人们想象得荒诞不经，要多么恐怖便有多么恐怖，要多么坏便有多么坏。

可是，真实所见，又是怎样的呢？即便语言不通，即便他们并不如自己般懂得圣贤教化、诗歌文章，可是他们却帮助自己安身立命，以朋友之道欢迎自己的到来。

同样地生而为人，在这天地宇宙之间，其实并不存在多么大的差异。每个生命从本质上来说，都是一样的。

便如这山野春风，南北并无二致；便如头顶上这一轮明月，并不因为千山万水的阻隔而改变模样。

仆从们喝了酒，都去新盖的茅屋里心满意足地睡了。而王阳明不但没有醉意，反而越发清醒。

他一个人又走进了山洞。月光从洞口如同流水一样"汨汨"地淌下来，照得方寸之地，亮如白昼。

就在月光下，王阳明心中忽然一动。他就地找了几根草茎，握在手中，抽取长短，布成一卦：明夷。

"明入地中，明夷"。

对于当时的读书人来说，《易经》本来就是每个人必须熟习的功课。而王阳明自小对神仙之学感兴趣，再加上他们王氏一族家学渊博，所以在《易经》方面的造诣远非常人所能及。

这一卦，上卦是"坤"，下卦是"离"，坤为地，离为火，为日。日没地下，象征着光明太阳下山，黑夜来到，光明埋没入地下。

"内文明而外柔顺，以蒙大难。文王以之，利艰贞。"

正因为内心坚守着光明正大的理想，所以能够在表面上装出柔顺的样子，从而帮助逃过大难。

当年周文王被拘，也曾经得到过这一卦。

"晦其明也，内难而能正其志，箕子以之。"

箕子是商纣王的叔叔，当时不满意自己侄儿的统治，于是在占得此卦后，受到启示，装疯卖傻，从而得以避祸。

当光明在头顶上的时候，人人都可以见到；然而当光明陨落到了地下以后，黑暗来临，光明又去了哪里？它消失了吗？没有。它确实还在，只不过被黑暗暂时遮蔽住了。孕育在黑暗的最深处，然而依旧存在着。

只有真正有智慧的人，才懂得这个道理。并且在漆黑一团中，才会更渴望光明，才会对最细微、最纤弱的光亮，产生那么惊心动魄的体会。

理想与现实，自古以来就存在着巨大的反差。即使一个人一生中都坚持正义和光明，也会有落难之时。想想自己，从来都没有过己为私的一刻，满心想的都是如何为家国天下，为社稷江山贡献力量。可是，那黑暗还是来了。以刘瑾为首的"八虎"，不正是这样的黑暗吗？他们将朝廷彻底地遮蔽了。正义和良知的光芒熄灭了，熄灭在刘瑾等人的棍棒和刀斧下。有多少人因此而血溅三尺。侥幸不死的如王阳明，也被驱逐到了这天外之地。

然而是不是因为这样，就放弃自己的追求呢？心中那一团火因此就会熄灭呢？

"不，不会的！"

他绝不会因此而改变自己的初衷，他也知道，即使在最漆黑一团的地方，也依然有光明存在。光明一定会有重新战胜黑暗的一刻，那样的时刻一定会再次到来。只不过现在，他需要的是韬光养晦，是积蓄力量，是要以足够的耐心和坚韧不拔的毅力，在黑暗中默默地坚守和等待。

"君子以莅众，用晦以明。"

以前，他一直走在一条光明坦荡的大路上；但从今以后，他必须在黑暗里的小路上摸索了。

他必须学会用"晦"，也就是说，善于从事物的反面，例如从黑暗的深处，去寻找光明。

"南狩之志，乃大得也！"

原来，自己的命运是上天早已写就的。他来到南方，来到这么一个野兽出没、人烟稀少的地方，与夷人杂处，不是偶然，而正是上天为了磨炼他，为了给他提供另外一条走向证悟的道路，而特意做的安排。

他终于明白了。这一夜，即使在梦中，王阳明还在喃喃着……

第三章

潜心玩易

一转眼，王阳明来到龙场驿已经一个多月了。他渐渐适应了这里的生活，还饶有兴致地给他那个山洞起了一个雅号——"玩易窝"，并且写下了他来贵州后的第一篇文章——《玩易窝记》：

阳明子之居夷也，穴山麓之窝而读《易》其间。始其未得也，仰而思焉，俯而疑焉，函六合，入无微，茫乎其无所指，孑乎其若株。其或得之也，沛兮其若决，联兮其若彻，菹淤出焉，精华入焉，若有相者而莫知其所以然。其得而玩之也，优然其休焉，充然其喜焉，油然其春生焉；精粗一，外内翕，视险若夷，而不知其夷之为厄也。于是阳明子抚几而叹曰："嗟乎！此古之君子所以甘囚奴，忘拘幽，而不知其老之将至也夫！吾知所以终吾身矣。"

名其窝曰"玩易"，而为之说曰：夫《易》，三才之道备焉。古之君子，居则观其象而玩其辞，动则观其变而玩其占。观象玩辞，三才之体立矣；观变玩占，三才之用行矣。体立，故存而神；用行，故动而化。神，故知周万物而无方；化，故范围天地而无迹。无方，则象辞基焉；无迹，则变占生焉。是故君子洗心而退藏于密，斋戒以神明其德也。盖昔者夫子尝韦编三绝焉。呜呼！假我数十年以学《易》，其亦可以无大过已夫！

在中国历史上，从伏羲作八卦，到周文王演变成为六十四卦，再到孔子作《十翼》，可以说，从古至今的圣贤君子，在失意的时候，落难的时候，幽居的时候，都喜欢将"易"拿来把玩，这是一个很有趣的现象。

周文王是历史上记载的第一个在被囚居的时候推演"易"的，因为他赋予了"易"以宏大和精微两方面的内涵，从而将"易"与整个的人生进程联系在一起，完整地阐述了作为"君子"的理想追求，所以"易"后来又被尊为"周易"，成为大周天下八百年国人的人生标准范式。

如果说，伏羲作易，主要是对天道的观察和模仿，那么，周文王则是赋予了《易》以人文精神，将人的追求，人的作为和天地宇宙结合在了一起。

那么，《周易》究竟讲了什么呢？对于我们的人生究竟有何指导意义呢？

其实很简单，开头的两卦，一是"乾"，二是"坤"，所阐述的是天地宇宙的运行秩序。从第三卦"屯"一直到第六十三卦"既济"，全部都在讲整个人生的详细过程。最后一卦"未济"则是进入一个新的轮回。

应该说，整个《周易》，其实描述的还是一个理想的人生模式，它穷尽了一个人的一生所能经历的所有变化，也对于每一种变化给出了应对之道。但是并不是每个人的一生都要经历这许多，事实上很多人的生命，都只在其中的某一个阶段，或者在某一卦的具体的卦象和爻辞中。

后来，过了几百年后，《易经》传到了孔子手上，孔子的一生都在追求成为圣贤，都在探索将自己的人生理想用来拯救这个纷乱崩塌的世界。可是他到处碰壁，到了五十岁依然没有找到一条现实中的成功道路。正在这时候他读到了《周易》，之后，他连续将串竹简的绳子读断了三次，对于其中的全部人生智慧和自己的一生进行印证，并且增补了注解：《十翼》。形象地来说，就是为《易经》插上了腾飞的翅膀。

现在，王阳明在人生失意之际，在一个神秘而蛮荒的地方，在命运即将发生转折的关键时刻，同样拿起了《易经》。他又会读出来什么呢？

从前，他虽然也研究过《易》，可是那时候的人生并没有经历这么大的波折，自然也就没有真正懂得其中的奥妙与精微。这一次，他再看那些熟悉的文字，再看那一卦卦的爻辞，却似乎触摸到了那令人惊悸的脉动。

在京师，当他被杖责四十，而下到狱中，生死难知时，他曾经对着墙壁，苦苦思索《易经》，期望从中寻得答案：

遁四获我心，
蛊上庸自保。
俯仰天地间，
触目俱浩浩。
箪瓢有余乐，
此意良非矫。
幽哉阳明麓，
可以忘吾老。

那时候，他还只是将"易"当作预测自己未来人生的工具，并没有超脱。

要玩"易"，必须有玩"易"的环境，更必须有一个淡然的、平和的心境。只有内心完全静下来，才能体悟到"易"隐藏在卦象和爻辞背后那博大精深的道理，才能读懂那超越时空的智慧。

从来到龙场以后，这个机会无疑就呈现给了王阳明。生活已经平淡到了极点，作为人的欲望也降到了最低。身处蛮荒之地，他宛如被抛弃到了天地初创之时，这个状态和当年伏羲对着天地画天摹地，创立八卦，何其相似！

在这里，他有那么充足的时间，又有着这么一个与天地自然无限亲近的环境，一切都简单得不能再简单。

生命的本真面目袒露无遗，曾经在喧嚣的尘世里躁动不安的一颗心渐渐冷却下来，沉淀下来。

现在，王阳明所面对的，已经没有了烦琐的人和事，只有头顶的日月星辰，脚下踏着的山川大地，正可以称得上是"仰观宇宙，俯察苍生"。观天，观地，观自己，将自己这么多年的人生积累，经验阅历，作一个彻底关照，正好可以用来验证"易"中复杂而深邃的变化之道。

一个个在山洞中对着石壁枯坐的夜晚，他仿佛看到在遥远的上古，千百年前，被拘禁的周文王和他一样，也正在苦苦思索：这个我们人类置身其中的宇宙，究竟是什么样子的呢？它是这么一个令人惊讶的、莫测其深邃广远的虚空，那么在这个虚空的外面，究竟有没有边际呢？这样的一个虚空又是如何形成的呢？这个虚空看不见，摸不着，然而却实实在在地存在着，并且创造出了我们所赖以生存的一切：风雨雷电，云雪雾霜。万事万物，在无穷无尽的变化之中，又似乎遵循着一个神秘的共同规律。这个规律万古不易，从未更改，它维持了整个宇宙内一切存在，为其确立了最伟大的秩序。这一切用"乾"来表示。

乾，就是光，就是太阳，是永远给这个世界带来温暖和希望的太阳。它是至高无上的。

必须有一个万世不易的秩序，必须有一个固定不变的规则，即使赋予万物以生长光辉的太阳，也遵循着东升西落、夜隐昼升的规律。如果它违反了这个规律，逸出了这个轨道，那么必将意味着天崩地摧，一切都随之毁灭。

和天道对应的，是地道。天道创生，地道成物。当天赋予了万物以生命，大地就会以自己特有的包容，顺着万物的生命特性，帮助其长成。这就是"坤"。各种各样的生命在辽阔的大地上生长，万物并生，大地对谁并没有什么厚爱，也并没有对谁格外地照顾，而是一视同仁。每个生命承天之德而生，也继承了大地的顺从，与周围的环境和谐共生，根据四时季节的不同变化，采取因应之道：在春天的时候生长，在夏天的时候茂盛。在秋天的时候结出果实，在冬天的时候收藏起来，孕育新的生命。这就是生命自己的法则，也是独特的生存之道。大地并不去改变什么，而是顺从这样的法则，养育万物，同时顺其自然。

有了天和地，如同人有了父亲和母亲，则我们这个活泼的生命就诞生了，就开始成长了。这就是"屯"卦。"屯"就是我们对这个世界的最初认知。

拿一个小孩子来说，这个生命由父亲而赋予，在母体里孕育而成。生命在那时候就已经存在了。关于生命的基本法则也都已经确定。可是这个生命只有在来到世上以后，睁开眼睛，开动感官，才能产生认知。

因为有太多的东西是他幼稚的头脑所不能理解的，于是产生了"蒙"，就是启蒙、教育，需要借助于前人所积累的知识，对他（她）进行传授。

在传授知识和培养心智成长的过程中，有一个循序渐进的过程，这个过程不可以一蹴而就，所以叫作"需"。

经过最初的成长以后，接触到客观世界的机会增多，知识也增长了，于是就对外物的认识产生了分歧，成为"讼"。

因为见解不同，而引发了争执，如同发生了战争一样，所以就有了"师"。

为了在战争中取得胜利，仅仅依靠自己本身的力量是不行的，所以就必须去寻找帮助，暂时借助比自己更加强大的力量，就产生了"比"。

因为暂时的力量不足，不能用来实现长远的目标，所以必须忍受小小的挫折和失败，以图长远，这就是"小畜"。

因为这一段时期是在追随别人，所以必须彬彬有礼，通过礼来维护自身的安危，这叫作"履"。

在礼的庇护下，一切亨通泰平，所以叫作"泰"。

没有谁可以长久地保持通达泰安，在经过一段时期之后，情况向相反的方面转化，出现了"否"。

要突破"否"的闭塞和隔绝状态，就必须去联络志趣相同的人们，人与人合在一起，就是"同人"。

和同人合作，力量渐渐壮大，就会形成一呼百应的局面，取得大的成功，即"大有"。

来到人生和事业的第一个顶峰之后，不可以过盈，否则必亏。怎么办？就要主动贬低自己，是为"谦"。

大而能"谦"，就会产生和乐的结果："豫"。

当围绕你为中心，形成了一个轻松愉快的环境，就会有更多的人来追随，这叫"随"。

随从、附和你的人多了，难免你的头脑会发热；那些随从的人其实并非真的尊重你，只是为了从中牟利。于是腐败产生了，不得不进行革新，这是"蛊"。

任何大的革新行动，都必须在一个强有力的领导下进行，否则就会有危险，这叫作"临"。

在评估革新是否取得成功时候，不能以领导者自身的好恶来判断，而必须去下面观看、聆听实际情况，才不会出错，这叫"观"。

当在实际观察中，遇到那些蒙蔽视听、投机倒把的坏分子，必须以严厉的刑罚将其惩处，这叫"噬嗑"。

而对于那些做了好事的人，对于那些给人们带来温暖和希望的善行，则应该大力加以表扬，这叫"贲"。

当一味地粉饰太平，安逸享乐，而不能采取实际行动的时候，就会产生"剥"。

要努力在衰落中恢复，叫作"复"。

恢复的过程要遵循实际情况，结果就不会遇到大的困难，并且会带来意想不到的效果，这叫作"无妄"。

经过"无妄"这个阶段之后，就会形成新的欣欣向荣局面，大有作为，这就是"大畜"。

有了大的蓄积，接下来就会有大的繁荣，就会有更多的生命在孕育，在成长，从而形成一个大的群体，叫作"颐"。

新的人口急速膨胀，就会带来供养等一系列的问题，这些问题又会引发一连串问题，这就是"大过"。

一连串的陷阱和危机接踵而来，成为"坎"。

身陷危机之中，不能依靠自己的本身力量，必须敢于否定自己，再去依靠更加强大的力量，这叫作"离"。

……

到这里，是描述了一个人从出生到成长为一个成年人，再到创立一份事业，经历成功和失败的反复，最后经过磨炼而达到身心的成熟与和谐。这个人生的过程，只要是心存志向、有所追求的人都会有差不多的经历。

生命与天地宇宙，人与环境、与他人，所有错综复杂的关系，都在上面一系列的变化和演进里面，得到了详细的阐述，并描绘出发展轨迹。

而在以上卦象中，王阳明反复揣摩，最终找出了最为关键的一卦，就是"谦"。

"谦亨，君子有终"。

自古以来的君子，都把谦逊当作自己的第一美德，不是为了博取虚名，而是为了成就大事业，非用自己的一生来实践这个"谦"不可。

"谦亨，天道下济而光明，地道卑而上行。"

高高在上的天，如果没有谦的品德，就不会将阳光洒下来，普照世间的万物；而如果地上的水流，只是一味地向低处流，就不会形成润泽万物的恩德。只有从低的地方蒸腾而上，凝结为云雨，才能去最需要的地方普降甘霖。

同样的道理，君子如果想要实现自己的人生理想，就必须将自己的姿态降低下来，而融入普通的百姓当中；而如果想要利用百姓的力量，帮助自己成就大业，就必须去教化他们，激发他们的力量，将自己推向高处。

"地中有山，谦；君子以衰多益寡，称物平施。"

这一卦的卦象，上面是地，下面是山。山本来在地上，可是如今却变成了在地下，就是谦。

君子效仿此卦，就是要将自己多余的东西减少，而使百姓缺少的东西增多，这么一来，辛劳而不夸耀，有功而不自满，就能取得成功。

关于这一卦，因为上六爻辞中有"鸣谦，利用行师，征邑国"的句子，朱熹的弟子曾经问过他。朱熹回答：谦让，乃兵法之极致。以退为进，从而取胜。大国对小国谦卑，自然会赢得小国臣服。

"在我自己过去的人生中，是不是做到这个'谦'字了呢？"

王阳明将自己前半生的人生，仔细地与"谦"卦做了对比，得出的答案是否定的。在这一点上，他不免有些暗暗自责。

的确，不独王阳明。"谦谦君子"，很多人都视为理所当然，然而要做到真的很难。

为什么？为什么明明知道有那么好的人生模型，却难以用到人生实践中去？

很多人的情形是：当自己没有力量、不处高位的时候，都把这个"谦"字作为自己的人生追求，将不能积极进取、不能奋发有为的真正原因，一股脑儿避难似的推给了这个"谦"字；而一旦真的有了力量，大权在握，或者金玉满堂，却立即摆出来一副志得意满的姿态，骄横无度，恣意妄为。

上部 龙场悟道

这是人性的自然暴露。也从一个侧面反映,"谦"并非如圣人所说:"人道恶盈而好谦",恰恰相反。没有人不喜欢炫耀自己,有权的趾高气扬,有钱的浊气逼人,有才的恃才傲物,有力气的则欺负他人。

那么,人到底是在什么时候,或者说什么样特殊的机缘,促使他会去追求"谦",并且发自内心地要去实践"谦",真正促使自己做出改变呢?

是看到现实生活中的君子作为榜样,有了参照?还是从他们的内心产生了一种力量,令其自觉?

拿王阳明来说吧,他年轻的时候,到处炫耀自己的诗才。十一岁的时候,跟随祖父前往京师,途中就在金山寺,当着众多长辈的面,吟出了令他们惊倒的诗句:

金山一点大如拳,
打破维扬水底天。
醉倚高妙台上月,
玉箫吹彻洞龙眠。

其诗中隐藏着深深的禅意,连多年修行的寺僧都叹为观止,又哪里像出自一个十一岁的孩子之口?

这还不算,他接着又作了一首更惊人的《蔽月山房》:

山近月远觉月小,
便道此山大如月。
若人有眼大如天,
还见山小月更阔。

这清晰而明确的宇宙意识,这胸襟与眼光、智慧,在古今诗人中也不多见!

不独作诗,在文章方面,他也有志成为人中俊杰,一时翘楚。为了出人头地，他甚至遍读朱熹著作，欲穷通格物致知之学。更为了求得独一无二的体验，他一个人对着官署里的竹子"格"了七天七夜，小命差点都"格"掉了。

求仙访道，他可以在燕尔新婚的当天，普通人眼中最重要的日子去道观听无为道人讲学，可以在九华山爬上悬崖绝壁，拜访仙家高人蔡蓬头，可以在会稽山洞中行导引术一住经年。他将自己的名字从"守仁"改为"阳明"，便是要与家族、与俗世隔绝。如果不是因为思念祖母，他几乎就真的出家了。

就是这么一个处处锋芒毕露，"狂"气逼人的青年，如果不是遭遇了廷杖之责、龙场贬谪，他怎么会在这黄金年华，在这么一个简陋得不能再简陋的地方，潜心读"易"，并且将目光专注在了一个"谦"字上？

由此可见，"谦"非先天生就，而是后天后觉；所谓"谦谦君子"，也并非仅仅是一种人生理想，而是贯穿一个人一生的实践，是经历过荣辱成败、跌宕起伏之后，经历无数次的命运锤炼，才能从狂妄无知到懂得谦逊退让，才会明白天道、地道，才会进入人生的另外一重境界，也就是人生的真境界，成为真人，说真话，做真事，求得真正的成就。这就是一个理想中的真正的君子，也是一个大写的顶天立地的"人"。这就叫作"君子有终"。

"我明白了！"

在来到龙场之后，在这个小小的"玩易窝"里，王阳明日夜苦思，终于从《易经》中悟出了至高无上的道理……

然而，令王阳明没有想到的是，正当他全身心地沉浸在"易"那博大精深的世界中，体会物我两忘的神奇感觉时，却不曾发觉一个巨大的危险正在逼近——他的仆从们已经感染了一种致命的病：

瘴疠。

瘴疠之病，王阳明在来贵州之前，已经有所耳闻。在中国的历史上，瘴疠大大的有名。最早为人们所知，见于历史记载的，是三国时代，蜀国的丞相诸葛亮为了平定云南地区的少数民族骚乱，亲自出征，在行军过程中遭遇了"瘴疠"。在一个叫作"哑泉"的地方，军士们喝了看似清澈的泉水以后，一个个很快失声，而在喝了另外一个地方的"响泉"水后，声音立即又恢复了。这还算轻的，至于其他的一些泉水，喝了以后立即上吐下泻，毙命者十之八九。

可以说，对诸葛亮来说，最大的敌人并不是孟获，而是这看不见、摸不着的瘴毒。在整个的征伐战争中，他的部队仅仅因为被瘴气侵害，就损失了差不多三分之一。

不独诸葛亮，后来任何一个朝代，当从中原来的军队欲和南夷作战时，瘴疠之毒都成为令人谈之色变的妖魔。在北方人的眼里，似乎那瘴气之毒，不是天然生成，而是当地的夷人施了什么手脚，于是边夷之人又被蒙上了一层神秘的色彩，给人的印象一个个面目狰狞，心地险恶。

瘴疠流行，历史上最厉害的大致在岭南地区。有医者认为是山川毒厉之气，被水雾所障，沉积不得蒸发，久之而成。岭南一带地形低矮，河流众多，再加上周围山岭环绕，植物分布茂盛，所以阳气对这里的作用不如阴气。而到了秋天草木不凋零，到了冬天蛰虫不伏藏，于是就形成了"寒热之毒，蕴积不散；雾露之气，易以伤人"的"瘴疠"。

来此之前，王阳明虽然也看过一些医书，但并没有找到合适的解决方法。他没有想到，"瘴疠"这么快就来了。

第一个病倒的恰恰就是最年轻、身体最为强壮的书童。开始的时候，他只是普通的症状，有些头疼脑热，但后来就是开始变得如同伤寒模样，一阵冷，一阵热，冷的时候全身颤抖，牙齿咬得作响，热的时候则虚汗直冒。这是典型的伤寒症状，王阳明用自己随身带来的金针为他灸穴，然而却不见好转。

没有等到书童好转，两个仆人也病倒了。他们本来都是出身贫困人家，干惯了农活，脾胃也极粗糙。可是，他们却也不知怎么，忽然开始上吐下泻起来。

这一来，可忙坏了王阳明。他亲自为三人伺候，帮助他们煎药、喂饭，照顾他们饮食起居。

为了弄明白他们的症状，他又去将老驿丞叫了来。老驿丞在这里生活了三十多年，极有经验，一语道破：

"这是瘴疠！"

"瘴疠？"

王阳明听了后惊叫起来。他终于知道此时面临着怎样的考验了：弄不好，他一行主仆四人，都得死在这里。

"你不用害怕，瘴疠虽然可怕，不过当地人对于治疗这东西很有经验。我去帮你请一个巫者来就行了。"老驿丞安慰道。

"巫者？"

"哦，土人这里，没有什么专精医术的人，就只能依靠巫者了。"

老驿丞安慰了他一番后，便径直去了。王阳明不知道那巫者什么模样，又有什么奇怪的法子来治病，但总算有了一点希望。

可是第二天，等那巫者跟随老驿丞来了以后，却只是一个普通的青年人，看不出来有什么过人之处。

"可别小看他，他可是这个地方最有名的巫者，祖上百多年来，一直是这个地方的巫者。"

经过老驿丞的解释，王阳明才放了心。只见这个年轻的巫者，察看了三人的病情以后，将他们都从屋子里拖出来，安放在一块空阔的地上，身体用茅草覆盖，每个人的脸上用布蒙住，然后就从随身的包裹里拿出法器，开始围绕着三个人转起圈子，跳起一种奇怪的舞蹈，口中念念有词。

这么折腾了一阵，他又将盖在三人身上的茅草取下，在周围布置成一个圈子，点燃后，熊熊的火光里，他竟然赤着脚踏上去，继续扭动身子。

又跳了一会儿，火光都熄灭了。老驿丞早已为他准备好了一盆清水，一把钢刀，一只公鸡。

只见他口中大声喊着，似乎在斥责周围空气中看不见的神灵。然后，他用钢刀一下子斩去鸡头，却不见血。

他用牙齿咬着钢刀，将双手去盆中清水里搅动着。一会儿，阵阵的黑血从盆底冒上来，他再将那些草灰丢进去，用力地搓着。

最后，他的手里搓出了三个黑乎乎的泥丸，吩咐用清水给三个人喂着，吃进了肚子里。

仪式结束了。将那三个人重新移进屋里后，老驿丞嘱咐王阳明：这一夜都不可进去打扰！

巫者和老驿丞离去了。王阳明一个人守在茅庵的外面，不知道第二天早上究竟会发生什么。

他一夜都没有合眼。第二天，当第一缕阳光照过来，果然听到里面传出呻吟声。

他连忙推门进去，只见三个人都已经从昏迷中醒来，尤其是书童，本来已经多日不进水米，这时候却嚷着："好饿！"

"知道饿就没事了！"王阳明连忙去外面，熬了一大锅粥，给三个人喝下去。从这天开始，三人的病情果然渐渐好转。

有了这一次的教训，王阳明从这天起，制定了一个系统的强身健体计划：每天在饮食中，给众人添加他亲手制作的中药。不独每天上山采药，煎熬成汤剂给他们服用，而且王阳明还要求他们，每天一早跟随自己来到河边，迎着早晨的日出，用木桶舀上来河水，从头上灌下去，洗冷水浴。

清凉的河水，带着一夜的寒气，和早晨山林间的雾气混合在一起，一浇下去，全身的毛孔都为之张开。身体内的浊气排了出来，又吸收进了周围一草一木、山野树林的灵秀之气，如此进行一番交换，瘴疠之气也就不足为害了。

从春至夏，王阳明就这么带领仆从们一起坚持着锻炼。每天早起，从不间断。王阳明还每天抽出时间，亲自参加田间地头的劳动，挑水、劈柴、翻地、种菜，忙得不亦乐乎。

从小出生在一个优渥之家的他，还是第一次这么痛快淋漓地参加劳动。他的脸被晒黑了，手掌里磨起了水泡，水泡破了又变成茧子，他如今已经是一个标准的农夫，而不再是五谷不分、四体不勤的书生。

在这么日复一日的繁忙劳作里，他似乎忘记了京城，忘记了外面那个钩心斗角的世界，一切都如云烟过眼般远去了。

即使在夜晚的梦里，他也不再梦到那些人和事，什么得失、成败、荣辱，他都看开了。

有时候，他在劳动之余，坐在田间，看着从泥土里拱出来的小生命，看着在地头垄上摇摆的野花，心想：就这么度过一生，其实也不错啊！生命本来就应该如这野花、闲草般悠闲，有阳光、雨露的滋润，心满意足地享受着和伙伴们在一起的快乐时光。微风轻拂而起舞，蜂蝶飞来而欢歌，完全地无拘无束，完全地自由自在，生命本无心，甚至根本观照不到自己的存在。它们就是这么活着，这么纯然无邪地度过一生。这才是生命的本来面目，所谓的名利，所谓的荣耀和耻辱，尊贵和卑贱，与这生命究竟有何干系呢？不过是人们的自寻烦恼罢了！

在这个山清水秀的地方，风儿温柔，花儿妩媚，水是灵动的，天是洁净的，他的心也随之空明起来。

可是，他又不能做到完全的无牵无挂。他不能放心自己在家乡的亲人，不能不替他们日夜担心。

"他们还好吗？"

他无法释怀，无法放弃亲情。人非草木，孰能无情？一个人怎么可以忘记自己的出身，忘记哺育自己的亲人，忘记他们给予自己的关爱？如果可以狠心斩断这一切，那么这个人还算是人吗？那恐怕只能算是禽兽了！而禽兽中还有乌鸦反哺、小羊跪乳，那么是禽兽都不如了！

他最想念的人，就是自己的祖母岑氏。老人家今年已经八十八岁的高龄了，不知道自己在杭州假死的消息传到家乡，老人家会如何哀痛？即使父亲后来回去告诉了事情的真相，得知孙子其实并没有死，已经到龙场作一个驿丞了，老人家也仍然会为孙子担忧不已吧？

王阳明和这位老祖母的感情，不是一般的好。甚至在王阳明还没有出生的时候，还在母亲郑氏的肚子里怀胎的时候，老夫人岑氏就已经提前得到了神仙的托梦。那时候，郑氏已经怀孕超过十四个月了，依然没有分娩的迹象。全家上下都急得不行。老夫人岑氏一天晚上，忽然做了一个梦：一个浑身披着金光，穿着华丽衣服的神仙踏着祥云而来，降落到她的跟前，将一个孩子往她的手上一塞。老夫人猛然惊醒，醒来就听到从隔壁房间里传来了婴儿的哭泣声，便是在这时候，王阳明出生了。

老夫人将事情告诉了丈夫王伦。王阳明的这位祖父，也不是普通人，一生饱读诗书，然而无意仕途功名，只是在家里种满了竹子，每日对竹抚琴，人称"竹轩翁"。就是这么一位道德高洁之士，对于神仙之事，向来不疑。听说是神仙送来的孩子，王伦当即决定，给孩子取名"王云"。不料，小王云生下来后，样样都好，就是不会说话，是个哑巴。一家人为此忧愁不已。老夫人岑氏为此四处烧香拜佛，求了不知道多少的名医，可是都没有用。只有王伦，每天带着小王云弹琴、诵读圣贤文章给他听，坚信他一定会有开口说话的那一天。这样一直到小王云五岁的时候。有一天，王伦正在门厅里闲坐，看小王云在大门口和几个小孩子玩耍。恰巧，一个僧人从门口路过，看到了小王云，就上来抚摸着他的头，叹息了一声，说道："好个孩儿，可惜道破！"王伦听了僧人的话，心中一惊，连忙从门厅里出来，僧人已经不知去向。回来后，王伦仔细思量僧人的话，似有所悟，这不是说"天机不可泄露"嘛！于是立即给王云重新改了一个名字，叫作"守仁"，就是从《论语》中一段话摘取的两个字："知及之，仁不能守之，虽得之，必失之。"说也奇怪，一改名之后，小守仁就马上开口说话了，而且一开口就能背诵"四书"、"五经"，怎么会这么神奇呢？原来他一天到晚在祖父身边，听祖父朗诵"四书"、"五经"，早已听得滚瓜烂熟了！

之后的小守仁成为一家人掌上明珠。但是他还有一个缺陷，就是身体不好。为了帮他强身健体，老祖母岑氏没有少费心思，给他请来了无数的方子，一天到晚地煎药，对这个孙子可以说倾注了全部的疼爱。

后来，王阳明十三岁那一年，母亲不幸去世。老祖母岑氏对他更加怜爱有加，生怕他一有什么照看不到的地方，被继母欺负、甚至虐待。王阳明对这位老祖母也产生了更深的依恋，简直是须臾不可分离了！

一想起老祖母，王阳明在这偏远蛮荒的地方，就不由地流下眼泪来……

一天，他忽然收到了一封来自浙江余姚的家信。

信是他的父亲王华亲笔写就，托一个在贵州经商的朋友辗转送到龙场驿的。那位朋友抵达龙场驿后，见了王阳明居住的条件如此艰苦，也不由潸然泪下。

而王阳明更关心的却是家中的情形。尤其令他奇怪的是，父亲不是在南京做官吗？怎么又回到了浙江余姚的老家？他迫不及待地向那人打听情况。

"你不知道？那刘瑾本来以为你死了，才只贬了你父亲到南京。后来得知你并未葬身江中，刘逆大怒，假传了一道圣旨到南京，直接罢了你父亲的官。

不过，你父亲也正好有隐退之意，于是立即收拾行囊，回到余姚老家。他现在已经过着逍遥山水的日子，唯一不放心的就是你这个儿子了！"

听了这番话，王阳明知道又是因为自己连累，毁了父亲的多年努力。他含泪打开了父亲的信。

信上是父亲那手漂亮的字体，言语不多，无非是说厌倦官场，借机归退田园。相反，他倒对王阳明牵挂异常，委婉地责备他，为什么到了贵州以后，这么长时间也没有一封信寄回去，难道忘记当初的允诺了吗？

看完信，王阳明情思汹涌。他立即提起笔来，回复了自己的情况。

将信写好，交给来人，王阳明亲自将他送出很远，这才恋恋不舍地道别了。

本来心境已经静如止水的他，因为连累父亲去官这件事情，内心里又生出来许多波澜。

正是在这么一种复杂的心绪下，他又开始写下了一些诗句，用来寄托自己的理想，抒发自己的情怀：

谪居屡在陈，
从者有愠见。
山荒聊可田，
钱镈还易办。
夷俗多火耕，
仿习亦颇便。
及兹春未深，
数亩犹足佃。
岂徒实口腹？
且以理荒宴。
遗穗及鸟雀，
贫寡发余羡。
出来在明晨，

山寒易霜霰。

因为粮食仅够果腹，经常三餐不继，他将自己比作在蔡、陈断粮的孔子，只不过孔子在那样栖栖惶惶的情形下，还能弦歌不绝，这一点就非王阳明所能比的了。他的诗有点像陶渊明，可是却缺少那种恬淡与悠闲。

作为劳动者是辛苦的，不过劳动者也自有其乐趣。不知不觉，夏去秋来，经过了一段时间劳动锻炼，王阳明的身体结实了许多，他的内心也随之开阔了不少：

> 朝采山上荆，
> 暮采谷中粟。
> 深谷多凄风，
> 霜露霑衣湿。
> 采薪勿辞劳，
> 昨来断薪拾。
> 晚归阴壑底，
> 抱瓮还自汲。
> 薪水良独劳，
> 不愧吾食力。

充实的体力劳动和那种自力更生的喜悦，都在改变着王阳明，促使他早日脱胎换骨。

这一段充满人间烟火气息的经历，是王阳明此前从来没有过的。也只有在这么一个地方，在最真实的生活中，他才能感知到自己这个活泼的、实实在在存在的生命，才知道什么是自己的生命最需要的。

此时此刻，再想想自己做过的事情，有两件事情尤其充满了喜剧色彩：

第一件事情自然是"格竹"。这也是王阳明最为人们津津乐道的一桩趣事。那是王阳明二十一岁那年，已经在准备科举，接触了朱熹之学，"格物致知"。他从十二岁起就把人生第一等事列为"读书学圣贤"。读了朱熹的著作之后，他抱着试一试的态度，决心实践"格物"然后"致知"最后"穷理"的成圣之路。他先是邀请来一位自己姓钱的朋友，在父亲王华的衙署庭院里，对着一丛青翠的竹子"格"起来。一连三天，坐着一动不动，眼睛一直盯着竹子，要从竹子的生长变化里洞悉天地宇宙的奥秘。结果，白天看，晚上看，那位钱姓朋友实在坚持不住了，先告退了。王阳明不死心，决心自己来做这件事情。他一直在庭院里坐了七天七夜，对着竹子不眠不休地"格"，最后的结果是竹子没有什么太大的变化，王阳明却一头栽倒在竹子前面，就此大病一场……

第二件事情，则比这发生得更早，是在王阳明十五岁的时候。有一次，他跟随父亲王华去了一趟关外，到了著名的居庸三关。在看过居庸三关的险要地形之后，他又偷偷离开父亲，到了塞外的草原和大漠上，和当地的少数部落人们一起骑马射箭，过了一段时间的游牧生活。回来之后，王阳明更是留意兵书，"慨然有经略四方之志"。第二年，国家边事吃紧，王阳明更是和伙伴们终日谈论战事。家中一有客人来访，王阳明就用招待客人的坚果胡桃之类，摆成阵势，和客人讨论兵法。甚至，他还把自己关进了书房，一连三天三夜，写了一篇长长的奏疏，请求父亲交给皇上，言明自己愿意披挂出关，讨平鞑靼之志！父亲将他的奏疏一看，居然头头是道。但正当王阳明踌躇满志，以为自己可以像东汉马伏波一样成为一代名将，父亲却给他当头一声棒喝："无知至极，狂妄至极！"王阳明边塞建功立业之梦就这么破灭了……

这两件事情，他当时都认为是必须去做、非做不可的，可是今日再看来，那不过是少年轻狂、异想天开罢了。生命从来都不曾有如此要求。什么雄心壮志、宏图霸业，都不过是自己头脑中臆想出来的罢了。

如今的他，更习惯于在繁忙的劳动中，抽出片刻的闲暇，独自静坐，抬头看看天上的浮云，或者低头去嗅一嗅花草泥土的芳香。在汲水归来的路上，他会去注意树上的小鸟，注意在空寂的山谷中飞来飞去的蝴蝶和甲虫；在上山伐薪的时候，他会注意到旭日升起，云霞灿烂，注意草尖树叶上晶莹的露珠怎样在阳光下一点点地消失不见；会在岩石上擦汗小坐的时候，注意倾听那风声怎样穿过树林,怎样在山谷里形成如怪兽怒吼般的回响……他从来都没有发现,身边的世界原来如此丰富多彩,有如此众多的生命在活跃着,又有如此众多的变化在永不间断地生成、消失。这个世界其实一直都在向我们展示它多姿多彩的一面,然而又有多少人,真正慢下脚步来,用心去观察体悟这些呢?又有谁会真正去思索,在这个和谐有序运行的世界背后的更深奥秘呢?

第四章

洞中参禅

山中无岁月。不知不觉,这个夏天就在忙碌中过去了。由夏入秋,天气渐渐转凉,茅庵已经不能继续住下去了。

幸而王阳明早已经作了准备。他经过实地考察,在距离此处不远的龙岗山上找到了一个地方。

那同样是一个山洞,所不同的是,比"玩易窝"更为宽敞明亮,通风,干燥,非常适合居住。

由于所在的地方接近山顶,所以不用担心有野兽来袭击。而且那洞中距离地面很高,也不存在潮湿问题。

洞口的方向,是朝北面的,这在冬天有一些不便。不过幸而背向西北,只要稍加遮挡,就可以形成很好的挡风屏障。

有了这么一个所在,王阳明简直迫不及待。他和仆从们对洞穴进行了打扫后,在一个晴朗的天气里搬了进去。

这地方确实不错。坐在洞口,可以远远地眺望山下的风景。那儿有一条河流,河谷中生满了芦苇。

正是秋高气爽的天气,芦苇丛里不时飘荡起一片片白色的花儿,而就在其中,时而蹿起一只水鸭,时而有成群的鸟儿飞来,在水面上嬉戏,风景美不胜收。

那儿亦是王阳明经常流连的地方。他经常闲坐河边,用自己制作的鱼钩,撒上香饵,静静地一坐半日。

如果钓上来的是小鱼,他多半会小心翼翼地将其摘下来,重新丢入河中;

如果侥幸是条大鱼，那么晚上就有了一顿可口的新鲜鱼汤了。他已经学会用当地土人的方法做鱼，酸溜溜、辣乎乎，好吃得停不下……

当下雨的天气，不能到外面去，王阳明就会在洞口坐在一块石磴上，静静地观察雨势。山中观雨，别有一种气象：看那雨点以千军万马的气势，从天空中撞下来，砸在树叶、岩石上，落到地面，汇成一道道的小溪，携带着泥土、枯叶，以不可阻挡的力量滚滚奔流，冲下山去。

到了夜里，月光很好的时候，洞里甚至不需要燃起柴火。王阳明就那么对着月光，静静地坐着。

不过，他却不是在闭目养神，而是在进入一种更深的安静里，他在努力修炼，探索自己的内心世界。

以前，他所有的注意力，都用在探索外部世界。自从来到龙场以后，外界的一切都被隔绝了，他只能转向自己的内心，而这一转就发现了一个新世界。

一天，他的书童帮助他整理书匣，忽然从里面发现了一本奇怪的书。

这本书一看就透着古老，封面是用羊皮制成的，里面的纸页都已经泛黄，显然历经沧桑。在封面上，用大大的字体写了三个大字：《十牛图》。

"先生，这是本什么书？"

童子将书随便翻了一下，发现每一页都有一幅画，后面配着一首诗。那图画上是各种各样的牛的形象，他不由地奇怪起来："这是一本教人牧牛的书吗？要说这件事情，我们那里的孩子从小就会，还用得着教？"

王阳明接过来，翻了一下，忽然想了起来："哎呀，这不是无为道人给我的吗？"

他来到贵州以后，终日劳作，又将闲暇时间用来"玩易"，已经忘记了这本书。

经过童子提醒，他才记起，当日无为道人那么郑重其事地将书交给自己，里面一定有不同寻常的东西。

"我倒要弄明白，这里面究竟有什么。"他忽然起了好奇心。反正在这里有的是时间，他又有参佛悟道的基础，自信一定可以弄个清楚。

于是，在搬家来到这"小洞天"——他给这个山洞新起的名字——以后，他在一个个万籁俱寂的夜晚，在一个个早晨或者黄昏，在水边或者在田间，开始一边阅读，一边思索，参悟起来。

《十牛图》第一幅：《寻牛》。在苍茫的山水间，一个牧童正在四处张望……

> 忙忙拨草去追寻，
> 水阔山遥路更深，
> 力尽神疲无处觅，
> 但闻枫树晚蝉吟。

一个牧童，因为贪玩或者其他什么原因，丢失了自己的牧牛。

在荒芜而辽阔的原野上，他不停地寻觅着，拨开一片又一片的草丛，有时候爬上高高的树梢。然而他走了很远的路，从一道山岭走到另一道山岭，他累得筋疲力竭，始终找不到牛的踪迹。

牛到底去了哪里呢？

他和他的牛一道，沿着没有名字的河流，在无边无际的原野上迷失了。只能绝望地倚坐在树下，听着头顶的树叶间传来声声蝉鸣。

这牧童是什么人？他分明是我们每个人自己。那牛又代表什么？自然代表着我们的本心。

在某一个时刻，我们的本心迷失了，这是每个人都会经历到的。我们为了寻找自己的本心而出发，可是却在陌生的荒野里，在一个个纵横交错的十字路口而徘徊不前。

哪条路才是对的呢？究竟下一步要迈向哪里？

我们之所以会有迟疑和迷惑，是因为我们的欲望蒙蔽了我们，贪婪与恐惧，好与坏，得与失，这一切人世间的东西都在纠缠着我们。

从母亲的身体里出生，来到这个世界上，我们每个人都是那头牛本身。可是我们在长大后，很快就被芜杂的知识所迷惑。我们对外部世界懂得越多，就对内在的世界了解越少，我们变成了那贪玩的牧童，当我们从外面回来的某个时刻，却发现手里只剩下拴牛的绳子。牛不见了！

是的，牛不见了！这是一个令人震惊的发现，但却是一个冷酷无情的现实。原来牛也是有生命的，一不小心，它就会自己走失。

仔细品读着这几句诗文，王阳明将自己的人生与其联系起来。是呀，自己不也和这少年一样，在度过了红尘中迷乱的岁月，在经历了一系列的追求和执着的妄念以后，终于被命运无情地抛弃，从那自以为可以永久存在的虚幻之境里被排挤出来，被丢弃到生命最初的本源，才发现本心已失。

回想自己过去的三十七年人生岁月，有时候连他自己都怀疑："我是不是做了一个梦？"不是那个叫作王守仁的人在生活，而是我这个王阳明，为他编织了一个光怪陆离的梦。一觉醒来，斯梦已去，人却还在这山野之地，还在这山洞中，什么都没有发生，那个王守仁根本不存在。

可是，那头牛去了哪里呢？

他又翻开了第二幅图：《见迹》。经历过一番寻找后，牧童终于在一条浅草覆盖的路上发现了隐约的牛蹄踏过的踪迹……

水边林下迹偏多，
芳草离披见也么。
纵是深山更深处，
辽天鼻孔怎藏他？

牛并非真的走失不见，毕竟那么偌大的一个躯体，不是如尘埃般无形，而是有着真实的血肉。

它也并非有意要藏匿自己，只不过走得太远，而在它经过的地方，也绝不可能没有踪迹。

只要耐心寻找，总会有所发现：在河岸边的树下，在一片湿润的泥土上，不就是它留下的痕迹吗？细心地去观察那被踩折的草叶，那就是线索。

它终于被发现了。这些足迹如果仔细去观察，甚至可以说相当明显。

事实上，找牛这么一件简单的事情里面也蕴藏玄机。如果不遵循一定的规律而去盲目寻找，难免一无所获。

就像很多看起来庞大的事物，实则由无数的小颗粒聚集而成。如果可以细分，一粒芥子里也可以藏下整座的须弥山。

万事万物一直都在那里，从来都在那里。它们之所以变化，是因为我们看它们的目光发生了变化。

再复杂的表象下面，隐藏的实质都是一样的。也许你没有能力一下子将其看到最深处，不过只要入门，就会发现那牛蹄踩踏而过的踪迹。

这一段诗文，让王阳明想到自己来到贵州以后的遭遇。他不是刚刚经历过这么一个阶段吗？

作为一个人，一个生命，他已经在这个世界上存在了三十七年。可是他真的生活过吗？真的来到过吗？

为什么在此之前，他从来不知道生活中蕴藏着如此美好的事物：不知道一朵花开可以那样轰轰烈烈，一粒小小的果实对于饥饿的人来说竟然那么香甜。而对一个病人来说，拥有一个健康的躯体，吃喝拉撒，过着正常人的生活，是多么重要，而我们却对这个躯体视而不见。当你在田地里撒下种子的时候，一场如期而至的小雨会多么令你欣喜，而感谢造物的恩赐；而当你住在漏雨的屋子里，遇到连绵的阴雨天气，又会如何恼怒地咒骂这该死的老天爷？

他一直都在生活，可是从来都没有真实地置身其中。正如一个人拼尽一生的力气攀登上一座大山，可是他却一心想要眺望对面更高的山峰，而从来没有注意脚下的这座山，更不曾有心去欣赏过沿途的风景！

是的，他一直在错过！他自以为已经凭借自己过人的聪明才智，窥尽世间所有的奥秘，实则一无所见！

他这个睁着眼睛的瞎子，他这个听觉敏锐的聋子，混混沌沌地过了这么多年。

直到他来到龙场，当他亲自去耕种庄稼和蔬菜，第一次从自己栽种的瓜果蔬菜中吃出汗水、泥土的味道，那是劳动的味道，也是最香的味道。

但即便这样，他也并没有完全找到那头牛。他只是和牧童一样，经过坚持不懈的寻找，在机缘的指引下，刚刚发现一丝踪迹。

接下来会如何呢?

第三幅图是《见牛》:转过一片山坡,在一片悬崖下,牧童欣喜地发现了他家的水牛,正将头扎在一丛灌木间,只露出半截身子和粗大的尾巴……

> 黄鹂枝上一声声,
> 日暖风和岸柳青;
> 只此更无回避处,
> 森森头角画难成。

循着黄鹂在枝头上鸣叫的声音,在风和日丽的日子里,跟随着沿岸在春天里吐出新绿的杨柳,轻松地上前。

牛被找到了!

这是顺理成章的结果。只要沿着那踪迹,牛是一定会被发现的。牛的身子还没有看到,不过那牛尾巴已经暴露了它的行藏。确凿无疑地,牛就在那里。

因为找牛的人集中了全部的心神,所以不但他的眼睛更加尖锐,他全身的每个器官都被调动了。

耳朵里可以听到声音,眼睛里可以分辨形状,而头脑也没闲着,只看到牛尾巴就勾画出了整头牛。

六感交融,当你以这样的状态去做一件事情,什么事情是做不成的?

无论从哪一个角度,从哪一个方位,只要看到一点点痕迹,就会判断出全部真相。

没有什么东西是独立存在的,没有什么是可以割裂开来的。再微小的事物,也蕴涵着天地宇宙的奥秘。

便如我们每个人都拥有的这个躯体。如同一架机器在大自然的怀抱里和谐而舒畅地运转着。当它不出故障的时候,并没有人会去注意它是如何工作的;而一旦当你深入,你会发现那里面蕴涵着太多的神奇。它每一年,每一月,每一天,每一时,每一刻都在发生着变化,从生到死,在这个漫长的过程中不停地变化。而这个变化又并不是我们所能控制的。它只服从于宇宙和自然的规律,而我们却无法从整体上改变什么。

我们的生命,不知道从哪里来,也不知道从哪里去。我们勉强能说出这个过程,却无人能一窥全豹。

一个人,可以通过学习和观察拥有很多知识,可以通过锻炼强健身体,可是和生命本身的复杂和奥妙比较起来,这一切实在不足为道。

王阳明在来到龙场以后,人生发生了彻底的转折:以前他只是在探求外部世界,眼睛是看着外面世界上的人和事的。现在,他开始转了一个方向,探求自己的内心,眼睛只盯着自己的内在,他调动了全部的感官和感知,不断地深入,敏锐地捕捉着内在世界的最细微信息……

仅仅只是一瞥,他已经发现了内在是那样一个神秘莫测的世界,已经令他不能自拔。我们从出生开始,一天到晚都在执着于外部世界,在不停地探索,却唯独忽略了一点:我们自身,我们作为人,本身就是令人着迷和疑惑的存在。就在我们的身上,蕴藏着那么多的新鲜和未知。

在我们的内心深处究竟隐藏着什么?

第四幅图是《得牛》。牧童找到了自己的牛,拼尽力气拽着牛往回走,可是牛并不服从……

> 竭尽神通获得渠,
> 心强力壮卒难除;
> 有时才到高原上,
> 又入烟云深处居。

经过艰难的跋涉,苦苦的追寻,牧童终于找到了牛。可是那牛的力气太强大了,而牧童太过孱弱,根本拽不动它。

那强大的意志和力量仿佛无穷无尽,一会儿奔向那耸入云端的山峰,一会儿又蹿去那深不可测的山谷中。牧童只能跟着牛到处奔走,累得气喘吁吁。

但是不管怎样,牛终于还是被捉住了。它终究还是贪恋水草,而停下了脚步。

牧童将自己全身的力气都使出来了，牢牢拽住牛的绳子，并且高高地扬起鞭子。

牛毕竟是牛。它是有野性的，是不会被轻易驯服的。为了使牛和人能够融合在一起，必须经过痛苦的历练。

在这里，牛就是我们的心，就是我们的头脑，就是我们的欲望，就是我们的恐惧。它左冲右突，桀骜不驯。

为了能够和它一起和谐地共同存在，我们必须扬起自己的鞭子。然而这鞭子不是惩罚，不是恐吓。

那是什么？

那是觉醒。

如果那头牛忽然意识到鞭子的存在，会在一瞬间生出一种本能的警觉。而就在这一刻，另外一个神秘世界的门洞开了。

一道非常强烈的光芒，伴随着那扬起的鞭子，如同在黑夜里划过夜空的闪电，改变了整个黑夜的形态。

人与牛的融合就在这一刻开始。当鞭子扬起，意味着对牛来说不再有逃脱的可能，而只有一条路可走：

顺从。

顺从主人，顺从这个世界，顺从那无所不在的自然规律，顺从生命有生有死，顺从有的事情我们可以做到，有的事情我们无能为力。

顺从意味着否定此前所做的一切。顺从意味着不再有抱怨，不再有反抗，不再满腹牢骚和怨天尤人。

顺从必须完全地接受，否则那鞭子就会毫不留情地落下来。顺从是被迫的，然而也是必需的。

顺从，这也是王阳明来到贵州以后，所学会的最重要的事情之一：顺从生活，顺从生命必须保存下去的要求，顺从自然春种秋收的规律，也顺从自己的命运安排。唯有顺从才能活下去。

在他此前三十七年的人生岁月中，他似乎一直在反抗：他曾经那么激烈地反抗这个世界，从他在母亲的肚子里不肯准时出生，到生下来一直到五岁不肯说话，然后是十二岁的时候，反抗私塾老师，说读书、登第都不是人生第一等事，而是读书学圣贤；十五岁的时候，反抗自己的父亲，悄然独身到塞外去；十七岁的时候，反抗婚礼，新婚之夜在铁柱宫里和道士论了一夜的道；二十一岁，反抗朱熹的"格物致知"，亲身对着竹子格了七天七夜，以至于生病，落下了一生的病根；二十八岁中进士，做官后，一次次归隐，到山林中去隐遁修行；三十六岁，反抗大太监刘瑾，结果被廷杖下狱、追杀未死，最后来到龙场……

来到龙场之后，也许是忽然失去了反抗的外部环境，反抗失去了对象；也许是现在的这个环境太过残酷，再反抗周围的自然环境，只有死路一条。他的反抗人生至此戛然而止：他对命运只能顺从，对自然只能顺从，对目前的生活只能顺从，除了顺从，他还能做什么呢？

顺从，将一切都放下了。什么荣辱，什么得失，什么功名利禄，什么圣贤事业，他将所有的东西都放下之后，获得了从来没有过的轻松。

他忽然发现：贵州、龙场、玩易窝，还有这个小洞天，一直都在这里，似乎冥冥之中，一直在等待他的到来。

正如那个苦苦寻找牛的牧童，以为自己一直在找牛，现在忽然发现，其实牛一直在那里等着他。

不是牛走失了，而是他自己迷失了。牛一直在等着他的到来，等着他扬起鞭子的那一刻。

所有的一切，他此前三十七年的整个人生，经历了那么多的坎坷和磨难，发生了那么多的事情，其实都是在为了走向这里作准备。一切都在有条不紊地发生。

现在，他终于来到了这里，并且义无反顾地扬起了鞭子。那个神秘的时刻即将来到。

第五幅图：《牧牛》。牧童不敢掉以轻心，牵着牛小心翼翼地行走……

鞭索时时不离身，
恐伊纵步入埃尘。

> 相将牧得纯和也，
> 羁锁无拘自逐人。

牛终于被鞭子和绳索驯服了。或者说牛终于等来了期望中的鞭子和绳索。

现在，牛和牧童一道，可以踏上回家的归途了。

然而，归来的路上同样布满岔道，时时在脚下扬起尘埃。如果不将鞭子和绳索握紧，并且时时扬起，那么牛就很有可能在路上再度走失。

它还只是刚开始，并没有完全习惯鞭子和绳索。这需要有一个过程，一旦它变得训练有素，一切就会轻松自然了。

那时，它将变得无拘无束，完全地服从主人。

当第一步迈出去后，接下来的一步也就会正确的。而如果第一步踏错了，以后再努力也是枉然。

历史上，有一个著名的"庄周梦蝶"的故事：庄子做了一个梦，梦见自己变成了一只蝴蝶。他在早晨醒来的时候，陷入了久久的迷惘：不知道究竟是自己变成了蝴蝶，还是那真实的蝴蝶在梦中变成了并不存在的庄生？

我们很多人，其实一生都在梦中，把梦境当作真实，而把真实的外部环境，只当梦中发生的事情。

名和利就是梦。而我们每个人在一生中，都只能拥有有限的生命。纵然全力去保养这个生命赖以寄托的身体，我们也总会有生命结束的那一天。这却是谁也改变不了的真实。名、利，以及我们在红尘中苦苦追寻和自以为拥有的任何东西，都不能将我们的生命延迟半分。

其实这个道理很多人都懂，只是他们没有勇气去面对和接受这个现实。

在来到贵州之前，王阳明也一直在做梦，做各种各样的梦。做英雄侠士之梦，做圣贤哲人之梦。现在，他所有的梦都醒了！

不但认识到那一切都是虚幻不切实际的梦境，他更透彻地认识到：所有那些梦，都是他自己制造出来的幻境！只有他自己才能去做那些梦，也只有他自己才能令自己醒来。

现在，在贵州，在这个边远和荒僻之地，在山洞中，他醒来了。从这一次的醒来以后,他告诫自己:不能再去做梦,必须时刻保持着清醒和警觉!

第六幅图:《骑牛归家》。牧童终于驯服了牛,骑上了牛背,悠闲地吹着短笛。人和牛合二为一,一起踏上了回家的道路……

> 骑牛迤逦欲还家,
> 羌笛声声送晚霞,
> 一拍一歌无限意,
> 知音何必鼓唇牙。

那头牛终于被降服了,乖乖地伏下身子。童子以胜利者的姿态骑到了牛背上,悠闲地掏出了短笛。

暮色苍茫,大地上辽阔无边的寂静里,快乐的笛声响了起来。悦耳动听的旋律飘向远方。

那音乐的节拍是如此和谐,那旋律盘旋着仿佛永远也没有尽头。连远处天边的晚霞也被吸引住了,久久地驻足聆听,而忘记了回家。

再也没有激烈的搏斗,再也没有时刻扬起鞭子的紧张和警觉。一切都结束了,全然地放松下来。

人和牛现在真正合为了一体,生命的欢歌从内心涌出。任谁见了这一幕,都不能不被吸引;任谁听见这和谐的节拍,都会忍不住翩然起舞。

这才是真实的生活,这才是自在的生命。一个人只有在真正成为主人后才能有如此体悟。

你是主人,骑着你的牛,走在回家的路上。天边的晚霞,手上的羌笛,都只为伴你而行。

你是主人,那动听的乐声仿佛长了翅膀一样从心中飞出,为你而歌……

你和牛已经分不清楚彼此,成为一个整体。

你甚至已经不需要再去想努力和它交流。你们安静地在一起,互相感受着对方,你们一起分享着这乐声,这舞蹈,还有天边的晚霞……

这一幕情景,王阳明在进入贵州境内后第一天就看到了:落日时分,一个牧童悠闲地骑着水牛，从山上下来，横吹短笛，踱向家中。

童子的年龄很小，而水牛身体健壮，头角尖尖，仿佛轻轻一抖，就可以将童子扔出去很远。

可是水牛是那么驯服，那么温顺，没有任何狰狞的姿态。它就那么慢慢地走着，走在回家的路上。

而童子也对可能发生的危险全然不觉。他只是那样骑在牛背上，专心致志地吹着短笛。

不只是他，而是他和牛，一人一牛都沉浸在这旋律和节拍中，甚至都没有去注意天边的晚霞。

当那一幕第一次进入王阳明的眼帘，他受到了非常大的震动：这是怎样神奇的和谐哟！

没有一句吆喝，也不用鞭子和绳索。那些都不存在，他完全信任那牛，知道它会将自己载回家中。

那种人和牛之间的完全信任是如何建立起来的？换句话说，我们如何才能完全地相信自己？

每个人都会经历不同程度的自我怀疑，怀疑内心的那些不羁想法，怀疑我们的能力。

很多事情并非不能去做，而是在做之前我们就被自我怀疑捆束了手脚，从而不能动弹半分。

王阳明在所有人眼中，无疑是一个自信的人：他从小才华出众，思维敏捷。周围的环境又是那么宽松：祖母和祖父宠爱他，父亲纵容他，朋友们欣赏他的才学，簇拥在他的周围。他应该不会怀疑自己吧？

可是怀疑是每个人都会有的。有时候看起来自信满满，其实那自信建立的基础并不牢靠。对王阳明来说，他有一个状元父亲，这是他的骄傲也是他的压力。父亲已经达到了一个普通人荣耀的顶峰，他能做什么呢？他要超越父亲，只能选择更加高出一等的目标：成圣贤！所以说他十一岁就有那么大的志向，很大程度上是要超越父亲。

十五岁，他踏出边关，想要经略四方，甚至还梦见了拜谒马伏波将军庙。

但是他真的能够像马伏波一样成为一代战功显赫的将才吗？他并没有机会检验自己的战阵才华，所以也就无从证明。这自信也站不住。

他对神仙之学有浓厚的兴趣，到江西之后开始对道家学说有了深深的迷恋，渴望像许逊那样成为一代宗师。但是他真的能够做到吗？

很显然，他对自己是有怀疑的。只是这怀疑隐藏在心底，不为人知罢了。

来到贵州，到了龙场，他的自我怀疑都爆发了，甚至怀疑自己此前的整个人生："是否我一切都做错了？是否我整个的生命，都是个错误的存在，是否我根本不应该来到这个世上？是否我的存在毫无意义？"

的确，如果他在龙场这个地方，在一次瘴疠之毒，或者在一次毒蛇猛兽的袭击中，稀里糊涂地死去。那么，他的人生就没有任何意义。他立下了许多的志向，可是并没有真正做成一件事情。勉强算起来，倒是对抗刘瑾这件事情，成为他人生中最大的亮点和最辉煌的作为。

然而这又算什么呢？他的对抗并不能改变什么。刘瑾还是权倾朝野，把控一切，而他被流放，父亲遭到自己的连累而被罢官，结束了原本应该辉煌的仕途。这次对抗还是以自己的失败而告终，什么都没有改变。

那么，究竟自己三十七载的人间春秋，来到世界上的意义是什么？

他一次次地质问自己，他从来没有这么渴望找一个知音来倾诉。可是昔日的朋友，一个个无不远隔千山万水，他只能是孤独的一个人。

他只能和自己交流。而和自己交流是不需要语言的，不需要鼓动唇舌的。他第一次发现，语言和文字是这么苍白无力，所能表达的内容是如此有限。因为语言和文字必须经过大脑的思考，而更多的交流、更丰富的内容是发生在头脑之外的。比如一个刚出生的婴儿，一直到一岁以前，他是不会说话的，根本不知道什么语言文字，可是这并不妨碍他和周围世界的交流。他可以调动一切的感官，与天地自然做着流畅无碍的交流。王阳明想起自己五岁以前的岁月，他不是一直不会说话吗？可是他和亲人之间、和小伙伴之间，和日月星辰、花草树木，不是一直在默默地交流，并没有受到大的阻碍吗？

现在，他又一次回到了孩童的状态，不再依赖语言和文字，而是和自己的心直接交流。他不再有盲目的自信，也不再有盲目的怀疑。一切都不存在，他只是回到自己，回到童年，重新成为一个无忧无虑的孩子，重新唱起童谣，跳起舞蹈。

当回归的那一刻，所有的怀疑都会消失，所有的分裂都将被弥合，人和牛其实从来都在一起，没有分离过，也从来没有产生过冲突。

第七幅图：《忘牛存人》。牧童回到了家中，鞭子和绳索丢弃一旁，进入了甜美的梦乡。牛不知道自己去哪里了，也不需要再去担心……

骑牛已得到家山，
牛也空兮人也闲。
红日三竿犹做梦，
鞭绳空顿草堂间。

现在，主人平和安详，牛也可以休息了。

再也不用担心那牛会自己走失。从此人和牛已经成为一个连在一起的存在。人在，牛就在。

这种从前的对立，就像兔子和陷阱、鱼和网一样，就像金子和杂质，月亮和云层一样。

一切都是互相依靠而存在的。渔网是为鱼而生的，陷阱是为兔子而生的，金子也只能隐藏在杂质中。

月亮永远都离不开云层，洒满清辉的小路，永远寂寞地伸向遥远的前方。

一切的存在，都自有其理由，都遵循着规律。

无数的河流都密密麻麻分布在大地上，不管你进入哪一条河流，逆流而上都会非常艰难。不是河流在反抗你，而是你自己在给自己制造障碍。你用尽一切的力气，筋疲力尽，却抵达不了尽头。而当你转过身来，顺流而下，你就与河流成为一个整体。一切障碍消失了。

所有试图寻找的和反抗的都只能招致失败。而如果你想做一个胜利者，就必须学会放弃：失去你自己！

新的生命就在失去的那一刻诞生。那一刻你就会意识到，你全部的障碍就是你自己。当你能够在草堂里酣睡，牛也能在另外一个地方悠然自得。如果你不能休息，牛也只能在山深水急处走失。当你快乐时，牛也快乐；当你信任时，牛也信任；当你回家时，牛也回家。

生命是相互关联的，你和牛彼此都是对方的一部分，你们互相影响，互相为对方而存在。

王阳明也是在来到贵州以后很久才领悟到这个道理，他必须停止反抗！

他曾经那么激烈地反抗，拒绝来到贵州，拒绝这个该诅咒的、令人沮丧和绝望的龙场！

然而所有的反抗都没有用。他后来懂得了这一点，去接受这安排，去将那山川大地的气息融入自己的身体和血脉！他顺理成章地被接纳了！

在这里，每天面对着死亡，观照着生命，经历过许多的苦痛折磨，王阳明忽然第一次清醒地意识到：他不是被放逐，而是被接纳；不是被抛弃，而是被召唤；不是被迫背井离乡，而是被冥冥之中的指引踏上了回家的路！

这是一个巨大的转变，是他的心灵一次巨大的转向。他一直以为自己是客人，是来这里做客的；可是现在他意识到了，自己是主人。

由客而主，身份一经改变，一切随之大为不同：以客人的视角去看这一切，穷山恶水，夷族杂处，无处安身，倍感凄凉。而以主人的视角来看这一切，山清水秀，天蓝草碧，鱼跃鸢飞，一派生机无限！

是的，他到家了，经历了千辛万苦，和自己的牛终于和谐一致，回到了久别荒疏的家园！

第八幅图：《人牛两忘》。图上只有一个空白的圆圈，人和牛都不见了……

鞭索人牛尽属空，
碧天辽阔信难通。
红炉焰上争容雪？
到此方能合祖宗。

只剩下虚空。

草堂和山野,还有红日、晚霞,山川、河流,一切都不见了。

什么都不存在了,就像一片雪花落到了熊熊燃烧的炉火上,它怎么能够在这里存在呢?

这是一个只有清静、圆满存在的世界。这里是生命最初的起源,这里辽阔广远,听不到任何声音。

置身其中,任何的话语都是多余的。即使有百鸟衔花,献上祝福,也显得喧嚣多余。

在这里,一片片的雪花汇集成寒冷的冬天,一片片的叶子聚合成参天大树,这个世界庄严而肃穆。

在这个世界里,无数的先贤曾经走过,并且在雪地上留下了足迹:老子、孔子、佛陀……

生命从开始到结束,从结束又回到了开始,这是一个圆,是一个看上去完美无缺的圆。

然而,这里就是最后的结束吗?这里就是终极的世界吗?

这里是完整的,俗世是分裂的;这里是完美的,俗世是被玷污的;这里是永恒的,俗世是瞬间的。

可是,来到这里之后,那些伟大的人们又去了哪里?是否还有一条通路,可以从这个圆里走出去;是否在这头顶上面,还有着更为辽远的虚空?

在这个小圆的外面,还存在着大圆吗?是有一个更大的圆,还是有着无数个更大的圆?那冰雪会融化吗?那树会开花吗?更重要的是,在这个看起来庄严而冷酷的世界里,会有活泼的生机涌现吗?如果会,那又是什么样的神奇力量成就了它,那力量来自何处呢?

王阳明知道,自己已经来到一个关口,一扇虚掩着的门前。跨过这一步,推开那扇门,他就会看到完全不一样的风景。他将听到淙淙的水流声,他将看到美丽的花开,他将真正抵达苦苦追寻的圣人之境……

第五章

雪夜悟道

一场纷纷扬扬的小雪突然降临到了龙冈山上。贵州这个地方即使在冬天也很少下雪。片片落雪飞入青翠的林木间，给一切都披上了一袭洁白的装束。

落雪的景致是很美的，然而这样寒冷的天气，对于居住在山洞中的王阳明等人却不啻一场灾难。

为了躲避风雪，仆从们都已经移身到洞中深处。他们将全部的衣服都找出来了，还是不能抵御严寒。只好拾来干柴，在洞口生起来一堆火。

而最大的问题还是食物问题。本来他们就没有什么过冬的储备，勉强垦了几亩荒田，收了一点谷米。又依靠在山中射猎，得到了一些肉食。更多时候，要靠去河中钓一些鱼来充饥，以弥补食物的不足。

可是在这样的天气里，鸟兽绝迹，要想进入到深山中是不可能了；而就是河中的鱼儿，也潜藏到了深深的地方，要钓到很不容易了。看来这个漫长的冬天等待王阳明他们的，注定将是一段艰苦岁月。

到下面的龙场去寻找食物也成为一种奢望。因为当地的百姓生活都很俭朴，自己也仅仅够糊口，没有多余的粮食可以接济王阳明他们。在这里用银两买一些肉食也很难，因为银两对当地人来说用处不大。他们更习惯于以物易物，作直接的交换，银两是用不上的。

在这么一个季节里，王阳明等人为了节省粮食，只能靠熬一点稀粥，过着半饥半饱的日子。为了节省体力，仆从们都蜷缩在洞中，仿佛冬眠的动物一样。王阳明也取消了外出活动，潜心静坐。

那本无为道者送给他的书，他已经参透了十之七八，可是最后两篇文字，却怎么也理解不了。

对修道的人来说，那叫作"玄关"，也是最难的部分。不打通这"玄关"，就不能成道。

对于得失荣辱，王阳明已经彻底地看开，也彻底地放下了。但是，还是有一件事情，他无法彻底地参透，那就是"生死"。

他从来到贵州龙场，一直所面对的就是生死问题。每天都在思考，都在面对着死亡的威胁。可是，死亡究竟是什么？一个人如何摆脱对死亡的恐惧？究竟要通过怎样的体验，才能真正去了解死亡？

在这个冬天，死亡的威胁成为头等大事，而王阳明也下定了决心："反正处在这里，也和等死无异。不如就从这一个'死'字入手，看能不能通过这最后一关。如果实在过不去，就干脆死在这里好了！"

王阳明就是王阳明，他要下定决心做什么事情，是非常果敢和坚决的。他在山洞中发现，另有一个小洞，仅可容身，王阳明就将里面稍加穿凿，弄成了一副石头棺材，然后就自己躺了进去，对仆人们说：

"这儿就是我给自己做的棺材。如果我死了，你们也不用费力气，就将我掩埋在里面好了。从今天起，不穷通生死，我是不会出来的！"

他就这么以极大的决心，进入了石棺，放弃了一切的思虑，静静地等候死亡。

如果说，他在二十一岁的时候，在父亲的衙署里"格竹"，只是一次不太成功的尝试，那么，这一次，他所要格的就是"死亡"了，而且是只许成功，不许失败。否则，世界上将从此再无王阳明这个人了！

王阳明静静地躺在石头棺材里，最初，他只是默默地回忆自己的一生：

在母亲的肚子里待了十四个月，艰难出生；

一直到五岁才开口说话，一开口就能背诵"四书""五经"，被呼为神童；

十一岁跟随祖父到北京去，经过金山寺做了两首诗，崭露头角；

十二岁问先生，什么是人生头等大事，以"读书学圣贤"震惊塾师；

十五岁出塞，有经营四方之志；

十七岁结婚，新婚之夜去铁柱宫和道人论了一晚上的神仙之学；

二十一岁"格竹"，开始怀疑朱熹之学；

二十八岁考中进士，从此进入仕途，却多次因病请假回家，出佛入道；

三十六岁，因为对抗刘瑾，从北京被驱逐出来，颠沛流离，九死一生……

当回首这一切的时候，王阳明问了自己一个问题：如果我的一生就这么结束，我会甘心吗？我的这个生命存在的意义究竟是什么呢？

答案显然是：不甘心。他立志要做圣贤，愿望还没有实现。他并不想真的就这么死去。可是他又究竟到什么时候才能实现自己的愿望呢？

接下来，王阳明回到现实，开始真正的"格死亡"：死亡，究竟是什么？

人们都说生死，生和死是对立的，当死亡来到，一个人的一生也就结束了。

死亡是生命的终结。可是死亡究竟是如何终结生命的，它带走的究竟是什么？

在寒冷彻骨的石棺中，王阳明觉得自己身体的温度在渐渐消失，手和脚变得冰凉起来。尤其他的脚尖和手指，已经开始变得麻木了。

"死亡正在到来，它正在带走我的脚尖和手指，我能够感觉得到……"

"可是，即使它带走了我的脚和手，我却怎么没有那种真真切切的'失去'感呢？我好像仍然是完整的，仍然能够不受阻碍地思考、观照……"

又过了一个阶段，他感觉到自己的双腿、一双胳膊也都变得麻木了。

"身体的知觉正在失去，死亡距离我更近了，它终将带走我的身体……我现在正在失去腿和胳膊，一会儿还将失去全部的身体，心跳停止，呼吸停止，耳朵失去听力，眼睛失去视力，鼻子失去嗅觉，毫无疑问，死亡将把这一切都带走。可是，这一切本来就非我所有。当我在母亲的肚子里的时候，我就没有这一切，那个时候的我，和被死亡带走了身体的我，是不是同一个我呢？如果是同一个我，是同一个生命，那么死亡带走的就不是生命，它带走的只是我的身体。那么，我的身体里的这个生命，究竟又是什么呢？还有现在正在思考，正在感受死亡，静静地观照这一切的，是否就是这个生命呢？"

一个瞬间，老道送给他的那本《十牛图》，第九幅图出现在脑海里：《返本还源》。依然是静静流淌的河水，还有枝头上鲜艳的花朵……

> 返本还源已费功，
> 争如直下若盲聋？
> 庵中不见庵前物，
> 水自茫茫花自红。

回到生命的最初，哪一个不是又盲又聋。听是听不到的，看是看不到的。可是在听不到、看不到的背后，生命并没有因此而受到阻碍，依然是一个圆满无缺的存在。犹如滔滔的河流，从来就是那么流淌。对于岸上的风景，对于一切的诱惑，它从来都不放在心上，它始终就是那么流淌，一直流淌，一直忠实于自己最真实的生命状态。

枝头上的花朵也是如此。它就是开放，就是那么展示自己的美丽。它并不求被人们所看到，所欣赏，它只是忠实于自己的生命状态。到了季节就绽放，蜂蝶来去，人们的赞美，根本影响不到它分毫。

每个人的生命也是如此。生而为人，就是要作为人来度过这一生。河水流淌，花儿开放，是它们的本来面目。那么，人的本来面目是什么？

如果去问一条河流，它的本来面目是什么？它不会回答，它只是流淌。

如果去问一朵花朵，它的本来面目是什么？它也不会回答。它只是开放。

然而，一条河流与另一条河流，本来面目一样，它们却互相不知道对方的存在，它们只是各自静静地流淌，只是忠实于自己的存在。

花朵也是如此。尽管一树的花朵，千树万树的花朵，每一朵花却不相同，每一朵花都有自己的美丽，都忠实于自己的存在，完全的开放。

人，不也是如此吗？

每一个人，不管你是聋子，还是哑巴，是什么样的人都不要紧。重要的是你拥有了作为人的生命，你就必须忠实于你的存在，全然地度过这一生。

全然地度过这一生，你是一个完整的个体，十全十美的存在；同时你又与天地宇宙连接在一起，你是整个宇宙生命存在的整体的一部分。

作为生命，参加到宇宙生命的大合唱、参加到一起舞蹈中去，就是本来面目。

每一个生命都不是无足轻重，而是至高无上的。每一个生命的失去，每一个生命的残缺，都会使得整个宇宙生命残缺不全，遭到损失。

换句话说，所有生命的本来面目，其实只有一个，就是：圆满。

每个人的一生，不过是忠实于自己，追求自己的生命达到圆满而已。

这个圆满，不是在俗世中获得怎样的功名利禄，不是拥有怎样的权力，做成多么大的事业，这些都是与生命无关的东西。我们的生命要求的并不是这些，它真正要求的是我们保持这个生命的纯洁、纯然，保持它从一出生就带着的圆满性，不被世俗的自私、贪婪等欲望所玷污。其实人生就是这么简单，生命对我们的要求仅此而已。

那么，这样说来，一个在山洞中出生、在丛林中长大的生命，岂非一生就是圆满的？也不是。因为它缺乏一个最基本的维持条件：

交换！

如同一道闪电划破无边的黑暗，王阳明忽然洞彻了《十牛图》最后一幅图《入尘垂手》的意义：破衣烂衫，如同一个乞丐一样衣不蔽体，脸上却带着开心的笑容，随意地出入酒肆店铺，和市场上的普通人交流……

露胸跣足入廛来，
抹上涂灰笑满腮。
不用神仙真秘诀，
直教枯木放花开。

是的，生命绝不是孤立的，绝非只是一个单独的存在，那样并不完美：整个宇宙生命，就是一场盛大的交换。一朵花将它的芳香交换给风儿，一盏灯将它的光明交换给黑夜，一片云将它的雨水交换给大地，一条河流将它的河水交换给大海。一切都是自然而然发生的。

人与人之间也是如此。一个人的存在，当然是要追求达到圆满。但是这样的圆满只靠自己是无法完成的，只有和他人交换才能完成。一个富有的人只有将他的钱交换给穷人才是完整的；一个有权势的人只有将他的权势交换给普通大众的福祉才是完整的……在交换中失去，在交换中得到。因为这交换，每个生命绽放出光彩，因为交换，每个生命的存在成为不可或缺，而不是可有可无。

不但是人和人交换，人和天地万物都在交换。我们和一朵花交换，将我们的意识注入花儿里面，如果我们是喜悦的，花儿就喜悦起来；如果我们是悲伤的，花儿就悲伤起来；我们和一条鱼交换，如果我们是高兴的，鱼儿就畅快地游动；如果我们是伤感的，鱼儿就形单影只。

没有任何生命是孤立的，我们这个个体的生命和天地宇宙的整个大生命，从来都是连接在一起的，存在着千丝万缕的联系。在这个世界上，任何一个个体的生命消逝，都不是真的消逝，而是融入了另外一个新生命。一滴水消逝，并不是真的消逝了，而是融入了河流；一条河流消逝，并不是真的消逝了，而是融入了湖泊或者海洋。一朵花儿败落了，并不是真的败落了，而是形成了新的种子，在积蓄了足够的能量之后将迎来更多的花开。生命从整体上来说，是不生不灭的，从一开始就是一个圆满的存在，不增不减，自由自在，充满光明。

一旦明了这一点，就不再会有对死亡的任何恐惧和担忧：死亡能带走什么呢？死亡只是一种生命形式的结束，同时又是另外一种生命形式的开启。它只是对生命形式的丰富提升，是整体生命的一个过程，一个组成部分，而不是终结，更不是孤立于生命之外的存在。

因此，生命并不执着于外在形式：赤着脚，袒露着胸，穿着破烂的衣衫，都是无所谓的，生命的本真一点都不会因此受到影响，无垢无尘，圆满自在的生命，充满了整个内在，发自于外，则是油然而生的喜悦，是情不自禁地去和遇到的所有人交换，共同分享这种喜悦。不再去想用什么奇妙的仙术来延长生命，因为生命根本就不需要延长，它已经足够圆满，足够美妙，并且将永远圆满和美妙。

生命之外，没有其他的生命。这个生命就是唯一的，是最美丽的存在。

同样，生命存在的这个世界，就是唯一的世界，不存在这个世界之外的世界。

生命所经过的地方，它所到达哪里，它的光明就照耀到哪里：如同我们头顶上的太阳，带着充沛热量的太阳光照到哪里，哪里就是一场欢快的舞蹈，就是一场盛大的欢宴。甚至阳光逝去了，那余下的热量依然在发挥着作用，在影响着黑暗中看不到的地方的细小变化。

这就是生命的意义：它的存在，和这个世界的万事万物紧密联系，通过看不见的神秘的形式交换，让万事万物都分享生命存在的喜悦。

这就是王阳明在石头棺材中直面死亡所悟出来的终极的道理：生命从一开始就是完美无缺的，这个完美无缺的生命不在别处，就在我们的内在。这个圆满的、光辉灿烂的生命并不会被我们的这个身体所束缚，不管身体是完整还是残缺，是俊美还是丑陋，是存在还是消逝，这个内在的生命都不会受任何影响。它所真正链接的不是我们这个躯体，而是天地宇宙的大生命。它的存在的意义，就是要发出光亮，要去照耀这个世界上的万事万物，共同奏响和谐的生命欢歌……

至此，王阳明已经真正抵达了内心的尽头。那是生命最初的源头，那里并不是黑暗的，而是光明的；不是永恒的空寂，而是被无限的活力所充满。这光明不停地升腾，这活力也始终如潮水般澎湃汹涌着……

在那个瞬间，王阳明忽然觉得一个声音在耳边响了起来："记住那河流，记住那花开！如果那头牛要去春天的山野里远足，你只需要跟随着它就可以了！如果你要回来，只要跟随着河流走就好了。"

王阳明还在疑惑，谁在跟自己说话？但是他已经顾不得去想更多了，因为眼前的光亮，一下子耀眼夺目起来，那充沛奔流的活力也旋转起来，形成了一个巨大的漩涡，他不由自主地被吸了进去……

他一下子觉得自己飘起来了……

晃晃悠悠地，他到了洞外。

洞外的龙冈山依旧笼罩在飞雪中，风也依旧凄厉地吼着。在这个黑漆的冬夜里，看不到一丝光亮。

然而最令王阳明觉得不可思议的事情发生了：当他飘浮而过的时候，在他的身后，忽然光明大作。

不但那光明驱赶了一切的黑暗，将所有的寒冷都化为乌有。而且更神奇的，是漫山遍野的飞雪，忽然变成了一朵朵闪着金色光亮的小花。

小花落到了枝头上，那枝头立即盛开了一树的鲜艳花朵；小花落到了石头上，那石头立即覆满绿草青藤。

整个的山冈，在一瞬间变成了一派春日的风光。这是多么美妙的一幕！一个人只有在梦中才能看到这么奇妙的景象，可现在王阳明却是清醒的！

他忍不住要手舞足蹈起来，在这样一个春光烂漫的天地里，什么样沉睡的生命都会被唤醒。不独他在起舞，似乎每一棵树，每一朵花，每一块岩石，都在跟随着他一起跳跃，欢呼。一种遏制不住的冲动从胸中迸发而出：

"啊——哦——"

他的嘴巴自己张开了，充沛的呼喝之声在这雪夜里的龙冈山上忽然响起，远远地传出去。

"啊——哦——哦——"

他长啸不绝，那气息从身体内源源不断地涌出来，那么酣畅淋漓，如长江大河，一泻千里。

这么连声呼啸，仿佛整座山冈都在他的脚下震动……

光亮渐渐消失，周围欢呼雀跃的声音开始静下来。只有那花香久久不散……

"先生，醒醒！"

"先生，您听到了吗？醒一醒？"

在那光明渐渐减弱，最后重新归入一片黑暗中的时候，他似乎感觉到自己的意识昏昏沉沉，渐渐地恢复了一些知觉，听到有什么人在轻声叫自己，同时感觉到黑暗中闪起了灯火，他慢慢地睁开眼睛来。

"什么事？"他问。

"先生，我们刚才听到您又喊又叫，没事吧？"原来是童子和仆人都被他惊醒了，骇恐异常。

"我很好。"

王阳明答应一声,这时候他也才发觉,自己其实还在石棺中,一动未动。

"你们帮我一下,扶我出来。"

在仆从们的扶持下,王阳明从"石棺"中出来。他一边活动手脚,一边问众人:

"你们刚才听到什么了?"

"先生,您把我们都吓坏了!我们正在梦中,忽然听到喝声如雷,还以为发生了什么。爬起来仔细一听,那声音却是先生发出的……"

"我也不知道怎么会发出那么大的响声,把你们都吵醒了。"王阳明不知道如何解释,只是安慰他们,"好吧,没事了,你们继续去睡吧!"

等众人又自去睡下后,王阳明独自从洞中慢慢走出来,到了外面。

其时天尚未亮,抬起头,可以感受到片片飞雪飘落脸上,风雪犹未停止。可是寒风虽烈,王阳明却感觉不到一丝寒意。

"我刚才的确听到了一个声音,可是那是什么人在说话呢?"他还在思索刚才的情形,困惑不已。

"千真万确,我刚才从洞中出来过,而且这漫山遍野,一下子变成了春光明媚的时节,鲜花遍地。那只是我的幻觉,还是真的发生了什么?"他喃喃地问着自己,一会儿点头,一会儿摇头,百思不得其解。

不知不觉中,黑暗散去,黎明来到。隐藏在黑暗中的一切渐渐清晰起来,东边的天空出现了朝霞。

雪停了。王阳明身上、头发上、胡子上都落满了雪,结了一层薄薄的冰霜。

而他居然对这一切并无所觉。他仔细想着昨天夜里的山野花开,又对比着眼前这个冰雪封冻的世界。

忽然,如同阳光穿出云层,一个念头电光石火一样闪过眼前。"我真傻,这么多年来一直穷通诸物,欲寻天理。却不知道天理可以蕴藏于草木山河,也可以蕴藏于肺腑人心。人和这万事万物有什么区别呢?不过都是这自然的造化。春天到来的时候,所有的生命都苏醒;冬天到来的时候,所有的生命都蛰伏。在这样的天气里，山川草木都在静候春天的到来，我身体里的这个生命也不例外。我们之间并无任何的区别，我们之间虽然被这个躯体所分隔，但是在某个神秘的地方依然是联系在一起的。药草可以治病，五谷可以养生，万事万物和我的这个生命，其实从来都没有分离过，我以前一直往外面去寻找天地自然、宇宙之理，却不知道只要往内心去寻找，那个道、那个理自然就在那里。而且这个道、这个理是一个根本性的存在，只要用这个道、这个理去临之于万事万物，万事万物的道、理自然就会显现出来。这么说来，朱子的'格物致知'并没有错，但真正的'格物'，不是去物中求理，而是用我的这一颗灵明的心，去临之于物，去映照出物本身所蕴含的道和理。我的这颗灵明之心不动，则万事万物不动；心一发动，则万事万物之道、理，自然发动，尽显本真。所以说这个世界并不需要我去探究穷尽，而是万事万物，皆备于我；我的这颗灵明的心，才是真正的主人，才是万事万物的主宰，才是天地宇宙的生命之心！"

这一发现，真令他欣喜若狂：原来自己苦求多年的圣人之道，并不需要向外寻找。

"圣人之道，吾性自足！"

圣人之道，就是自己这颗灵明的心！自己早已经是圣贤而不自知了！

原来圣贤是不能去成为的！一个人不可能成为圣贤，因为他本身就是圣贤！一个人读多少的圣贤书，懂得再多的圣贤道理，也不能去成为一个圣贤，正如一棵树怎样也不可能成为一棵树，它只能在那里存在！

一条鱼不能去想如何在海洋里成为一条鱼，因为它本身就存在于海洋中；一个生命不能去想如何成为一个自然中的生命，因为它本身就在自然中存在。

一个人不能去想如何成为人，这是永远不可能有答案的；事实上一个人只能以一个人的形式存在。

多少年来，王阳明一直想成为一个圣人，成为孔子、老子，成为颜回、孟子、程颐、朱熹……他显然不可能做到，并且永远不可能做到。

因为他不可能成为任何人，他就是他自己。

一朵花不可能去想如何成为另一朵花，因为它只能是它自己。

同样生而为生命，生在这个天地间，每个人都蕴涵着天地宇宙的生命密码，要解读它们，并不需要去进入到另外一个生命，去解剖开另外一个身体。

只有你这颗灵明的心，才是确定无疑的存在。其他一切，都是围绕这颗心而存在。

高山雄伟，但是如果没有这颗心去感知它的雄伟，则雄伟不复存在；大海广阔，但是如果没有这颗心去感知它的广阔，则广阔不复存在。天空高远，但是如果没有这颗心去感知它的高远，则高远不复存在。大地无垠，但是如果没有这颗心去感知它的无垠，则无垠不复存在。

就拿我们赖以栖息的这个身体来说，我们有眼睛可以看，但正因为有了这颗心，我们看到的世界才是这个样子而不是那个样子；我们有耳朵可以听，但正因为有了这颗心，我们听到的声音才是这个样子而不是那个样子；我们有鼻子可以嗅，但正因为有了这颗心，我们嗅到的气息才是这样的而不是那样的；我们有舌头可以辨别味道，但正因为有了这颗心，我们所辨别到的味道才是这样的而不是那样的。

一句话概括来说，万事万物，都在为我的这颗心而存在；我的这颗心所能感知到怎样，这个世界对我来说就是怎样；当我的这颗心不再感知了，对我来说，这个世界也就不复存在。这是一个属于我而且只属于我的世界。

"哈哈——"

想到自己这么多年来，一直像个傻子不停奔走寻找圣人之道，出仙入佛，冥思苦想，王阳明忍不住笑起来。

"哈哈哈哈……"

他越想越觉得自己可笑，仿佛那个丢失了牛的童子一样，辛苦地寻找了那么久，却直到某一个时刻才发现，牛其实一直都在他的身边，牛从来都不曾迷失，倒是他自己，迷失在山林间，迷失在水草和河流旁……

"王守仁啊王守仁，你真是笨得可以！亏你还一天到晚嚷着要做圣人，你哪里知道，你自己根本就是圣人！不但你如此，每个人都是如此。每个人的本来面目，都是圣人。那种千百年前的书本堆中的圣人，根本就不存在。真正的圣人一定不是在书本里的，而是活生生的，就是你、我、他，就是所有人都拥有的这个生命本身。你所需要做的事情，其实那么简单，就是保护好自己的那个生命的灵明，保护好那团光明，如同一面洁净无尘的镜子，只要不让它被贪婪和自私的欲望蒙蔽就是了！"

想通了这一层，他豁然开朗，生命在哪里都是一样的圆满，一样的光明，不管是自己来自文明昌盛的中原，还是这边远之地的土著，人与人的生命都是一样的，人与天地万物的联系都是一个不可分割的整体，何来蛮夷，何来华夏？何来土人，何来先生？那些都不过是自己的这颗心所人为造成的差异罢了，其实并不存在。

从北京来到这偏僻的山野，似乎是被放逐了，但是这一点其实并不重要，重要的是这颗心，是否找到了安适之地。如果懂得了接受和顺从，每一个地方都是安顿生命的地方，生命与天地万物的连接一直都在；如果不懂得这个道理，而只是一味地拒绝，反抗，则生命将永远处于焦虑、孤独的状态，你的人生将永远紧绷，生命永远无法真正安顿下来。

"哈哈哈哈……"

王阳明又一次笑起来。笑他自己，笑他曾经那么诅咒、怨恨命运对自己不公，现在，当他明白了生命的真相，却不能不由衷地感谢命运……

第六章
君子何陋

龙冈这个地方的冬天,来得突然,去得也是那么突然:几场雨水一过,天气忽然就暖和起来了。

那些潜藏在岩石下面和泥土中的种子,仅仅一夜工夫,就在石缝间和枝杈上萌出了新芽。

经过了一个冬天的蛰伏和冥想,王阳明几乎是迫不及待地走出了那个阴暗、冰冷的山洞。面对着万物化育、生机蓬勃的景象,他如同孩子一般重新发现了这个世界。天地重新,一切隐藏着的面目都在他面前露出了本相。那喜悦是洋溢在每一朵花瓣的嫩蕊、每一片新绿的叶子里的。

龙冈山上,到处都是一片旖旎的风光。王阳明和仆从们一边在山坡上采着新鲜的蕨菜,一边诗兴大发:

> 投荒万里入炎州,
> 却喜官卑得自由。
> 心在夷居何有陋?
> 身虽吏隐未忘忧。
> 春山卉服时相问,
> 雪寨蓝與每独游。
> 拟把犁锄从许子,
> 谩将絃诵止言游。

从去年一年来时时的"悲""怨"，到新春之际的"喜"，他终于完成了精神上的超越！

而更令他"喜"的事情还在接踵而来：听说经过一个冬天的困顿，王阳明等人不但没有狼狈逃去，反而顽强地挺了过来，又精神抖擞地投入了新的劳动和生活，这一点令当地的土人也很吃惊！

老驿丞一个冬天都在卧病，没有到过龙冈山上一步。当王阳明从山上下来慰问他的时候，老人大吃一惊。

"怎么，你们还没有逃回京师去？"

"老人家这是什么话？"王阳明笑着说道，"刚在这里咂摸出一些人生的道理，怎么会轻易离开？"

"一个小小的驿丞，不值得用生命来留恋；你出身名门，官居京师，却能够在这里安贫乐道，可见当日土人那个梦大有玄机，说不定你真的是从中土来的圣人，到这里普度众生来了！"老驿丞很被他感动，于是挣扎着躯体，在精神稍微好些的时候，找了一些当地的土人来到山上。

"听说王大人要在这里长期住下去，长住山洞总不是办法，我们商量了一下，决定帮助您再搭一座房子。"

此时，王阳明已经和土人们能用方言进行简单的沟通了。听说他们有意帮助自己，他正求之不得。

"那太好了！地址我来选，房屋的样式我来设计。我正想教你们盖房子呢！"

原来王阳明从来到这里，发现当地的土人还保留着原始的蛮荒，随便搭建一个草棚就可以栖身，并不懂得真正的建筑。王阳明早有心教他们盖房屋了。

于是工程立即破土动工了。新盖房子的地点就选在山顶上，那里有一片平坦的地方，虽然不大，不过正好可以盖几间小房。而且下面都是岩石作为地基，比起泥土上起阶，要牢固多了。

因为这一次不是简单地盖草房，而是木石建构，所以工期也就不以天计算，而是以月计算。

王阳明从画图纸开始，教导当地人如何设计房屋的样式；又从最基本的拉土坯开始,教导他们怎么制作建筑房屋所使用的材料,土石、木料……

现在,龙冈这个地方简直可以说热闹极了:一个冬天的寂寞和冷清都被嘈杂和喧嚣取代了。人们唱着歌曲,从山上砍伐下粗大的树木,作为梁柱;又砍伐檩条,仔细地砍去枝杈,剥皮待用。

本来,要进行这么大的工程,王阳明是没有这个力量的。当地的土人们尽管可以出工出力,可是还是有很多问题,诸如吃饭问题、酒水问题等。

不过,幸好在当地,有一个土司叫安贵荣的,一直在暗中关注着王阳明等人。听说此事,慷慨之极,立即派人赶着车子,给王阳明送来了炭火、米面、酒水、肉食,还有一些衣物、银两等。

"王驿丞,这些都是我们土司大人吩咐叫送来的,以聊表心意,请大人不要推辞,都收下吧!"

安土司派来的主事,居然是一个说汉话的汉子。虽然不是京话,不过已经很令王阳明喜出望外。

"你是从中原过来的?"

"是的。小人叫子楚,祖籍湖北。因为一时糊涂,吃了官司,亡命在此,已经有七八年了。"那汉子显然得了土司吩咐,对王阳明执礼甚恭。"小人从前也是个读书人。我们的土司大人对读书人非常喜爱,因此收留小人,在身边做事儿。"

"贵土司大人姓安,那么一定是奢香夫人的后代了?"王阳明来到这里后,已经谙熟边夷之事,知道奢香夫人的儿子,被朱元璋赐名安姓。而在水西这一带的土司,都是世袭的。那么这位安贵荣一定是奢香夫人的嫡传!

"正是!"子楚恭恭敬敬地回答道,"我们的土司大人安贵荣,便是奢香夫人的七世孙!"

"早听说当年奢香夫人襟怀开阔,重文重教,只可惜没有亲睹她的芳姿英采。不过,从她的后人身上,还是可以看到这种潜移默化的影响啊!"王阳明虽然没有见到这个安贵荣土司,却给了他很高的评价。

"不过,请你回去转告贵土司大人,"他话锋一转,大大出乎子楚的意外。"他的盛情好意,我心领了。只是无功不受禄,我和他并没有什么交情,他这么厚的礼物，我受之不起！"

他居然将这么一些急需的物资拒绝了，这令他的仆从们很不理解。尤其那些土人更加诧异。

"区区薄礼，不成敬意，不过是我家土司大人的一点心意。驿丞大人何必过谦呢？"子楚劝道。

"非是谦虚。实在是于'礼'不合！"王阳明却很坚决，说道，"你奉命行事，也不必为难。这样吧，我这里修书一封，当在信中明明白白回复你家大人。你只管将礼物带回，呈上书信即可！"

于是，他命令童子砚墨，就在一块石头上铺开纸笔，洋洋洒洒，立即写就了一篇《谢安宣慰书》，交给来人。

在信中，他首先感谢了安贵荣的高谊，不以自己被谪之臣、戴罪之身，而与自己疏远，不愧奢香后人矣。

不过，他又委婉地指出，以土司之名重一方，当懂得与朝廷处理关系，不必因为结交自己这等人而惹来不必要的麻烦。

这就不仅仅是一番推托之辞，而是将真实的心里话说了出来。虽未谋面，他却已经很替这位安土司大人着想。

"请将这封书信交给贵土司大人，他必不怪罪于你。"

王阳明将信交给了子楚，子楚很为自己不能完成土司交付的任务而不好意思。不过，王阳明坚辞不受，他也没有办法。

子楚一行人离开后，王阳明并没有将这件事情放在心上。不过对于这位奢香夫人的后人、水西世代相传的土司，他却产生了好感："看来这位安贵荣土司也和他的先祖奢香夫人一样，是个非同一般的人物。有机会我倒要拜访一下。"

令他没有想到的是，就在他拒绝了安土司的礼物后，第二天一早，子楚又带着更为贵重的礼物来了。

不但将昨日的简单柴薪、米粮换成了衣帛、绸缎、鸡鸭鱼鹅，而且还将银子换成了金子，又增加了鞍马、车轿。

"王大人，我昨天将你的回信交给土司大人，结果被土司大人狠狠地责骂了一顿。土司大人又叫我给您带来了更多的东西,您无论如何得收下!"

子楚言辞恳切,老驿丞在旁边也劝王阳明说道:"你就收下吧!这是安土司的一番心意,绝无虚假。他这个人,和他的父祖一样,慷慨大方,豪爽热忱,是个真英雄。他们家传的风气,尤其敬重读书人。他肯送这些东西给你,那是真心结交,不要辜负他一片真情!"

"既然老大人这么说,那么我就收下这些当用之物。"于是王阳明不再推辞,取了米粮、酒肉、柴炭、鸡鹅,却将那些绸缎和鞍马等退了回去。"这些东西,对于山居之人,未免奢侈,也无实际用处,还请带回去!"

"这……好吧……"

眼见这一次的任务又没有完成,少不得回去又要受责骂了。不过,子楚也看出来,王阳明不是一个虚伪的人。所以,他只好卸了柴米等物,将那些鞍马、车轿等重新整束,带着离开了龙冈。

有了这些必需的生活用品,加上天气一日暖似一日,房子的建筑进展很快。

这天,到了落成封顶的日期,为了表示祝贺,举行了一个颇为壮观的典礼。附近的苗、彝两个寨子里,老人、孩子和女人都涌来看热闹了。

他们不但带来了吃的、喝的,而且还带来了唢呐、芦笙、葫芦丝等当地人们惯用的乐器。当地的巫者也来了,主持了落成仪式。

"山川草木

俱有神灵

风雨雷电

齐来助阵

驱除妖魔

不使接近……"

他口中念着一些奇怪的词句,将一桶清水在各个角落里泼洒,又边唱边跳,用桃木剑向各个方向击打劈砍,驱除着那些看不见的妖魔鬼怪。

等仪式结束后，人们便纷纷开始吹向唢呐、芦笙，跳起当地特色的舞蹈。最令人眼花缭乱的是青年女子们跳的一种"竹竿舞"：将四根竹子横叠成一个"井"字，四个人分执四端，身手敏捷的大姑娘们，高高地挽起裤管，赤着脚，一个个身形灵动地在那些竹竿中间跳跃，合着那音乐的节拍，听着竹子撞击发出的悦耳清脆的"啪啪"声，简直令人紧张得喘不过气来。而当看到精彩处，众人又忍不住齐声喝彩。

跳完了"竹竿舞"，接下是青年男子们表演的"芦笙舞"，这也是非常有难度的当地舞蹈：高高的芦笙端在手上，既要吹出优美的音乐，又要在脚下跳出华丽的舞步。不过小伙子们跳起来却游刃有余。

接下来，是男女对跳的舞蹈。姑娘们一个个身穿节日的盛装，将长长的裙摆捏在手中，随着音乐旋转开来。那飞舞的裙角，那青春亮丽的面孔，真的仿佛在这山坡上绽开了一朵朵的斗大花朵相似，令人如痴如醉。而青年男子们则蜂蝶一般穿梭其间，对歌、斗舞，好不热闹……

这欢快的一幕一直持续到晌午时分。等舞蹈结束，酒席也摆好了，大部分都是土人们自己带来的酒食，一坛坛的酒打开来，芳香四溢，整个龙冈山上弥漫着一种令人醺然的气息。

"各位乡亲，谢谢你们了！"王阳明站起来，端着一大碗酒，高高地举过头顶。他别提多么高兴了，即使在高中进士，在进京做官的日子里，他也没有这么高兴过。他大声地对众人说道："谢谢你们！这是我发自内心的话，你们不但帮助我建起了住处，有了一个安身立命的场所，更重要的，因为你们的接纳，因为你们的淳朴和善良，让我对生命有了一个全新的发现和认识，有了前所未有的理解。实不相瞒，在过去的一年中，我无时无刻都在想：如何离开这里？但现在，我已经改变了主意：我要在这里留下来，长久地留下来！不但留下来，我还要报答你们的善良和质朴。我决定用我自己的知识，帮助你们学习文化！父老乡亲们，这座小小的茅庐，我已经给它起好了一个名字：龙冈书院。从此，这里就是我讲学的地方。不管是什么人，只要肯学习的，都可以来这里。而且我保证：不收一分钱，一分粮。只要有人肯学，我就会尽我所能地教你们！"

"真的？我们也可以学习文化了吗？我们也可以读书写字了吗？"当地人不敢相信自己的耳朵。

以心换心，他们以自己的淳朴、善良，换来了王阳明的一片真心，也换来了文化大门的敞开。

"先生，我们跟你学习！"

"先生，请先收下我做学生吧！"

立刻，从人群中涌上来几个青年人，跪在王阳明跟前，给他行磕头礼。

"好，你们都起来吧！从今以后，你们每天劳动结束后就到这里来，我会从最基本的教给你们！"

王阳明一个个将他们搀扶起来，看着他们脸上的笑容，王阳明也开心不已。

从这片小小的山冈开始，他将掀开自己人生中的崭新一页，不复回头。

然而，就在众人推杯换盏，酒过三巡，气氛高涨的时候，却发生了一件意外的事情：从山坡下传来一阵急促的马蹄声，一人一马，飞驰而来。

"喂，你们当中，哪一位是王守仁？"一个腰阔膀圆的大汉，面目狰狞，一脸凶恶之色。在他的马后，还跟着两个气喘吁吁的差人，跑上山来。

"我就是。"王阳明站起身来，答应了一声。

"呸！你就是王守仁吗？你不过是一个小小的驿丞，把自己当什么人了，在这里摆这么大的架子？怎么，你都已经来到任上这么久了，都不懂得要去拜见一下这里的太守老爷吗？你还把不把上级放在眼里了？"

"请问你是太守马大人派来的吗？"王阳明居然并不生气，而是脸带笑容地问道。

"哼，咱们兄弟在马太守手下当差不假，不过不是马太守派遣来的公差。咱们兄弟听说你在这里有钱有酒有肉收买人心，却不懂得去孝敬马太守，兄弟们实在看不下眼去，所以来问一问王驿丞你，有这样的道理吗？"

王阳明听到这里，心下明白。一定是当地太守对自己不满意，埋怨自己没有去拜访、孝敬，可是又不好明里勒索，所以派了人来捣乱了。

"既然几位不是来公干的，那就是来参加宴会的了。虽然这里没有什么美酒佳肴，不过几位兄弟如果不嫌弃，就请一起来喝一杯水酒吧。"

王阳明笑吟吟地端起来一碗酒，递给那个为首的公差。不料，对方非但不接，反而一下子将酒碗打翻在地。

"什么破酒，拿来打发我们兄弟？"那汉子以为王阳明是个好欺负的，越发地嚣张起来，"喂，听说你和这儿的土司交情不薄，他连着两次给你送了不少的金银绸缎？你一个人也用不了那么多，拿出一些来给咱们兄弟，如何？"

"原来你们是为此而来，那可难办了！"王阳明依旧脸上带笑，道，"土司大人是送了一些金银之物，不过我山野之人用不着那些东西，又退回去了。如果你们真的想要，可以去找土司大人啊！"

"呸！你是在消遣我们兄弟吗？"那汉子一听，不相信他的话，使个眼色，其他二人一下子将跟前的一桌酒席踢翻了，抽出刀子来。

"公差打人了！"

"这么无赖的官差，真该教训他们一下！"

众人中，那些苗、彝的百姓本来就以民风强悍著称。所以一见三个公差如此不讲道理，顿时沸腾起来。

"喂，王守仁，你聚集了这一伙人，莫非要存心造反不成？"几个公差一见不好，立即虚张声势起来。

"走，咱们回去报告太守大人！"

他们刚要转身，已经被群众给围住了。人群中，不知道谁喊了一声："教训这几个狗东西！"

顿时，拳脚飞来，三个公差还没有弄明白怎么回事，就被按在了地上。

"啊……"

惨叫声中，三人抱着头从山坡山滚到了下面。每个人的头上、脸上都青一块、紫一块的，衣服也都破了，沾满泥土和草屑。

"哈哈，滚吧，你们这些狗东西！"

当地的人们见了他们狼狈的样子，一个个开心地大笑起来。

"哼，王守仁，你等着！我们今天不跟你计较，且回去报告大人，大人不会这么轻易放过你的！"

三人胡乱整理了一下衣服，嘴巴上还不肯服输，骂骂咧咧地离开了。

这天，众人一直欢饮到傍晚才散。王阳明亲自将乡亲们送下山去，他们的淳朴、善良和正直，让他感动不已。

"即使为了这些乡民，我也应该留下来。他们虽然难得有机会学习文化，接受教育，可他们对文化的向往之心，发自内心，可见每个人心里都有这么一种要求上进的本能的强烈渴望啊！"

他就这么想着，伫立在山冈上，苍茫的暮色迅速地从四面八方笼罩上来。他的内心有一种按捺不住的渴望。这渴望从来到龙场以后，已经很久没有涌现出来过了。他心潮澎湃，忍不住呼来童子，去将自己尘封已久的七弦琴取出来。就在新落成的房屋门口，他端坐下来，一边抚琴，一边吟哦道：

卧龙一去忘消息，
千古龙冈漫有名。
草屋何人方管乐，
桑间无耳听咸英。
江沙漠漠遗云鸟，
草木萧萧动甲兵。
好共鹿门庞处士，
相期采药入青冥。

归与吾道在沧浪，
颜氏何曾击柝忙？
枉尺已非贤者事，
斩轮徒有古人方。
白云晚忆归岩洞，
苍藓春应遍石床。
寄语峰头双白鹤，
野夫终不久龙场。

从第二天起,便陆续有当地的青年人,在结束了一天的劳动以后,开始到这里跟随王阳明学习。

从最初零零星星的三五人,到后来的十几人、数十人,王阳明讲学的名声日益响亮,来跟随他读书的人也多了起来。这些人中,根据后来留下的资料,有名字记载的有这么一些人:张时裕、何子佩、越文实、郝近人、范希夷、郝升之、汪原铭、李惟善、陈良臣、汤伯元、陈宗鲁、叶子苍、易辅之、詹良臣、王世臣、袁邦彦、季良臣、高凤鸣、何廷远、陈寿宁……

小小的龙冈就这么热闹起来了:每天都有人背负书匣、薪火,络绎不绝地从各个地方赶来。

在一片的喧嚣和读书声中,王阳明的心情也不再阴郁,而是如这明朗的春光山色般活泼了起来。

如同他初来龙场,给自己居住的山洞起名"玩易窝",得龙冈山洞居住后,又起名"阳明小洞天",又将龙冈讲学的地方命名为"龙冈书院",这天,他兴致一起,又将旁边的一座小亭,命名为"何陋轩"。

他的《何陋轩记》写道:

昔孔子欲居九夷,人以为陋。孔子曰:"君子居之,何陋之有?"守仁以罪谪龙场,龙场古夷蔡之外,于今为要绥,而习类尚因其故。人皆以予自上国往,将陋其地,弗能居也;而予处之,安而乐之,求其所谓甚陋者而莫得。独其结题鸟言山栖羝服,无轩裳官室之观,文仪揖让之缛,然此犹淳庞质素之遗焉。盖古之时,法制未备,则有然矣,不得以为陋也。夫爱憎面背,乱白黝丹,浚奸穷黠,外良而中螫,诸夏盖不免焉;若是而彬郁其容,宋甫鲁掖,折旋矩矱,将无为陋乎?夷之人乃不能此,其好言恶詈,直情率遂,则有矣。世徒以其言辞物采之眇而陋之,吾不谓然也。

始予至,无室以止,居于丛棘之间,则郁也;迁于东峰,就石穴而居之,又阴以湿。龙场之民老稚,日不视予,喜不予陋,益予比。予尝圃于丛棘之右,民谓予之乐之也,相与伐木阁之材,就其地为轩以居予。予因而翳之以桧竹,莳之以卉药，列堂阶，办室奥，琴编图史，讲诵游适之道略具，学士之来游者，亦稍稍而集。于是人之及吾轩者，若观于通都焉，而予亦忘予之居夷也。因名之曰"何陋"，以信孔子之言。

王阳明还写了几首诗歌以咏其志，其中有这么一首：

> 谪居聊假息，
> 荒秽亦须治。
> 凿巇薙林条，
> 小构自成趣。
> 麟窗入远峰，
> 架扉出深树。
> 墟寨俯逶迤，
> 竹木互蒙翳。
> 畦蔬稍溉锄，
> 花药颇杂莳。
> 宴适岂专予，
> 来者得同憩。
> 轮奂非致美，
> 毋令易倾敝。

在这么一个小小的地方，老师和学生们一边诵读圣贤之书，一边从事紧张的田间劳作。小憩之余，坐在高高的山坡上，俯视着山下远处的一个个村寨，嗅着风中送来竹木的清凉，以及花草的芳香。

说起来，这种生活也足以令人羡慕了。尤其对在京城久居、锦衣玉食的王阳明来说，他何曾想过自己会有这么一天？

就在他居住的地方不远，在学生们的帮助下，王阳明在山脚下靠右的地方开出了一小片荒地，理作菜圃。

方园不盈亩，
蔬卉颇成列。
分溪免瓮灌，
补篱防豕踪。
芜草稍焚薙，
清雨夜来歇。
濯濯新叶敷，
荧荧夜花发。
放锄息重阴，
旧书漫披阅。
倦枕竹下石，
醒望松间月。
起来步闲谣，
晚酌檐下设。
尽醉即草铺，
忘与邻翁别。

　　这片小小的"西园"俨然成为王阳明的一个休闲小憩之地。在读书累了的时候，到这个园子里，修补一下篱笆，浇一浇水，清理一下那些在雨后一夜疯长的野草。累了就放下锄头，在树荫里坐着，看那蜂蝶来去，听那甲虫的飞舞嗡鸣。困了就在竹下的石头上小睡一会儿，有时候不经意，一觉醒来竟然已经是晚上了。抬起头，可以看到又大又圆的月亮挂在头顶，那么近，那么神秘。在月光下，小小的菜圃有着别样的景致，静静地伫立在菜畦间，仿佛可以听到蔬菜瓜果生长的声音。

　　王阳明经常会受到邻居的邀请，也不推辞，和他们一边喝酒，一边拉着家常。

　　他虽然还不能用当地的方言和他们交谈，不过却已经能听懂土人的话。不管谈论天气，农事，他都已经能挥洒自如。不知不觉，他已经和这里的人们融合到了一起，彼此再没有隔阂了。

而如果喝醉了，王阳明也不在乎，一个人向山上走去，跌倒了就在草地上忘情地睡上一觉，不知今夕何夕！

他就这么快乐地生活着，讲学、劳作，有时候和学生们一起高谈阔论，有时候一个人到山涧中去看泉石、游鱼、飞鸟，体味那种幽静和闲寂。

在夜晚的时候，他经常一个人在无边无际的黑暗和寂静中醒来。每当这时候，他就会披衣起身，到外面的山冈上去转一圈。看那月光怎样如流水一样在枝杈山石上流淌，将各种各样的怪石林木，想象成动物的形状。这样的夜晚不但不令人黯然神伤，反而颇有一番清夜小游的惬意呢！

作为别出心裁的功课的一部分，他还传授给学生一个法门：

静坐。

王阳明结合自己的实践，告诉诸生："不要小看了这静坐，这可是涵养心性的一大功夫。我三十七年来，因为不识其理，所以只在外界寻理求知。直至去岁冬夜，静坐悟道，观得本心，方知道天理人欲，全在这一颗心中。不须外求，只去内里寻找。减一份人欲，则这颗心多一分清静。当人欲减尽，直至完全清静时，本心呈现，则天地面目，无不全在眼前。诸般道理，总在这一个起源。你们若想学得我之大道，必须要过这静坐一关，此功夫达不到，纵然读尽圣贤文章，全然无用矣！"

于是，每几天之中，诸生都会聚集来，或十数人，或三五人，都跟随王阳明席地而坐，潜心静悟。

就这样，王阳明忙于讲学授徒，亲躬农事，早将那日太守手下几个公差来闹事忘得一干二净。

这天，早上刚过，忽然一骑从山下而来，却是一名从贵阳来的公差，给王阳明送来一封书信。

接过书信，王阳明一看那署名，是贵阳的按察副使毛科，王阳明的一个浙江余姚的同乡，因为发生了上次的事情，太守已经向上级汇报。毛科以同乡的身份，不忍见已经落难的王阳明再遭遇不幸，所以先派人送来书信一封，劝王阳明亲自去向太守赔礼。

一个小小的驿丞,忤逆自己的上司,作为同乡的毛科,不忍见他遭难而不救,这是人之常情。

可是他显然并不了解王阳明,更不知道来到龙场一年后,这个王阳明已非那个"王阳明"了。

在接到毛科的书信后,王阳明经过一个夜晚的思索,第二天字斟句酌,写了一封回信:

"昨承遣人喻以祸福利害,且令勉赴太府请谢,此非道谊深情,决不至此,感激之至,言无所容!但差人至龙场陵侮,此自差人挟势擅威,非太府使之也。龙场诸夷与之争斗,此自诸夷愤恨不平,亦非某使之也。然则太府固未尝辱某,某亦未尝傲太府,何所得罪而遽请谢乎?跪拜之礼,亦小官常分,不足以为辱,然亦不当无故而行之。不当行而行,与当行而不行,其为取辱一也。废逐小臣,所守待死者,忠信礼义而已,又弃此而不守,祸莫大焉!凡祸福利害之说,某亦尝讲之。君子以忠信为利,礼义为福。苟忠信礼义之不存,虽禄之万钟,爵以侯王之贵,君子犹谓之祸与害;如其忠信礼义之所在,虽剖心碎首,君子利而行之,自以为福也,况于流离窜逐之微乎?某之居此,盖瘴疠蛊毒之与处,魑魅魍魉之与游,日有三死焉;然而居之泰然,未尝以动其中者,诚知生死之有命,不以一朝之患而忘其终身之忧也。太府苟欲加害,而在我诚有以取之,则不可谓无憾;使吾无有以取之而横罹焉,则亦瘴疠而已尔,蛊毒而已尔,魑魅魍魉而已尔,吾岂以是而动吾心哉!执事之喻,虽有所不敢承,然因是而益知所以自励,不敢苟有所堕,则某也受教多矣,敢不顿首以谢!"

这真是一番君子式的回答:我作为一个被放逐到这里的君子,一天在死几次的情形下,依然坚守忠信礼义。如果太守真的不肯放过我,派人来将我杀了,那么倒是一件很高兴的事情,否则,被毒虫瘴疠所害,那也不过是早晚的事情而已。早死晚死,都没有什么分别,其他的有什么可放在心上的呢?

他这么一副无所畏惧的姿态,倒令这位老乡惭愧,也震慑住了那位太守大人，居然相安无事。

后来，这个同乡毛科大概自己也觉得不好意思。大家都是读书人，孔孟门徒，他居然做出让王阳明这样的"君子"去向当地太守"赔礼"这样荒唐的事情来！为了弥补自己的过失，表达对王阳明的歉意，他又派人来送信，请王阳明到到贵阳书院去主持讲学。他自认为这对于困顿中的王阳明来说，应该是一个求之不得的美差。不料，他又一次看错了。

本来，他就是顶着被上级责骂的风险，起用一个被朝廷贬逐的人来主讲圣贤之学，可是王阳明答复他的，却是一首轻快而略带戏谑的小诗：

野夫病卧成疏懒，
书卷长抛旧学荒。
岂有威仪堪法象？
实惭文檄过称扬。
移居正拟投医肆，
虚席仍烦避讲堂。
范我定应无所获，
空令多士笑王良。

王阳明的推托依然透着君子的潇洒之风：我已经成为山野村夫，连书卷都不知道丢到哪里去了？如何还能去贵阳那正规的书院里去做人家的先生？不要因为我而侮辱了圣人的名声和学堂的尊严吧！还是算了吧！

他这么坚决，令毛科也很苦恼，实在摸不透这位老乡究竟在心里想些什么。

不久之后，一纸调令下来，新的按察副使席书即将来接任他。没想到这位席书来到之后，第一件事情竟然是向毛科提出，是否可以一道去请王阳明到贵阳来讲学！这真是不谋而合。于是毛科就和席书一起来到了龙冈书院。见面之后，王阳明向毛科这位同乡兼兄长表达了感谢，并且欣然答应了讲学之邀。

王阳明到贵阳之后，首先参加了送别毛科的饯行宴，毛科对这位同乡兼小兄弟也正是关照之极，在宴会上，还不忘记叮嘱席书：王阳明学识渊博，有谋有略，将来必成大器，是国之栋梁，不应该让他长久隐于龙场。后来，王阳明还作了《送毛宪副致仕归桐江书院序》记述了此事。

第七章

灵博之会

初夏的一天，又有一行人马从山下赶来，打破了龙冈的平静。这一次带来的却是安土司的消息。

原来，从子楚口中得知，安土司一直念念不忘，要见上王阳明一面。但一来身份有别；二来也的确杂务缠身，不得空闲。不过他从心里渴望向王阳明请教，所以这一次，正好有一个机会：他去年应境内众民所请，出资重修了麟角山上的一座祭祠象的庙宇。新庙落成，安土司要亲自前往主持仪式，有意邀请王阳明一起前往参加，并借机一起作山水之游。

"请先生念在我家大人一片诚意，无论如何，都不要拒绝！"子楚诚恳地邀请王阳明。

"好吧！"

王阳明也是静极思动，正想借这个机会到外面走一走，饱览一下当地山河的秀美风光，于是欣然同意了。

"那么，咱们这就动身吧！"

子楚不但给王阳明备了一匹好马，而且随身携带了佳酿美肴，所有旅行准备一应俱全，可见一片诚心。

待王阳明吩咐过童子、仆从，又告知诸生自己要离开龙冈一段时间后，便和子楚一行出发了。

那麟角山距离此处甚远，即使骑马也要走上两三天。所以他们一路上并不慌张，走走停停，一切随王阳明兴趣定夺。

正是一年里最美丽的时节。天气并不如何炎热，而连续下了几场雨后，河水却涨了起来。他们沿着六广河溯流而上，一路上，只见河水时而静静流淌，时而咆哮如雷，变化莫测，令人惊叹。

面对这样的景色，王阳明自然不能无动于衷。每当他心中有所感发，就会随口作诗，抒发情怀：

> 初日瞳瞳似晚霞，
> 雨痕新霁渡头沙。
> 溪深几曲云藏峡，
> 树老千年雪作花。
> 白鸟去边回驿路，
> 青岩断处见人家。
> 遍行奇胜才经此，
> 江上无劳羡九华。

在一个晴朗的夏日之晨，他们踏上六广河的渡头。小船载着众人在高高的峡谷里穿行。千年的老树开满了雪白的花朵，无数的水鸟栖息、飞舞在前后左右。在高高的山崖上居然也有人家，每当船行到无路的地方，拐过去视野又豁然开朗。已经看到的风景令人赞叹，而前面接踵而来的更令人惊讶。这样的风景实在是人间奇绝，令人目不暇接！

就这么一路观光，一路赞叹。白天行路赏景，夜晚就宿在淳朴的乡民家里。听说是安土司的贵客，当地人无不将自己家里最好的酒水和吃食拿出来。

对于素未谋面的土司大人，王阳明的心里也多了一份好感。他开始迫不及待地想见到他了！

经过两天诗意的旅行，第三天，他们一早就来到了麟角山下。这座麟角山，以其在主峰山上，有两条从底下拔地而起的石柱，状如麟角而得名，所以又叫作"麟山"。而当地人的语言中，"山"又叫作"博"，所以麟山在他们口中，又变成了"麟博"。

王阳明一路走来，对这些语言上、民风民俗的变化，非常感兴趣。每到一个地方,他都仔细研究,揣摩地名含义。

这天,王阳明等一行人刚到山下,只见人头攒动,迎接他们的苗、彝两族的人们,早已排开了队列,唢呐、芦笙、威武的牛角,还有锣鼓,一齐都响起来。

身穿华丽服装的苗、彝女子,亮开银铃一般的嗓子,歌声甜美,笑容如花,以最尊贵的方式给王阳明献上美酒。而王阳明也已经颇懂得这些礼节,绝不推让。

一路在歌声和美酒中,从山下上来,不知不觉已经到了山顶。这里聚集的人更多,场面也更加宏大。

背倚山崖,是一大片开阔的空地。两根石柱冲天而立,中间一座庙宇刚刚落成,层层叠叠,气势宏伟。

不过,王阳明还来不及打量这庙宇,就听一个宛如洪钟的声音响起来:"哈哈,是王守仁大人到了吗?"

人群分开,只见一个面目黝黑的中年汉子,在众人簇拥下来到跟前。此人身材并不如何高大,然而雄健硕实,再加上带兵作战,行伍出身,面目之上,自有一股威仪;目光之中,透出肃杀之气。从他的身上,可以感觉到一种无形的气息散发出来。这个人不用说,自然便是水西土司安贵荣了。

"这位便是安使君么?守仁一路贪恋风景,所行颇慢,比预定的时间晚了一些,请使君见谅!"

王阳明此前已经在书信中和安贵荣往来,称其为"使君",所以见面,仍然以此称呼,不过,这却令安贵荣很不高兴。

"这说的什么话?你能来这里,就是给我安某人面子;什么见谅不见谅,这里不是京城,那些文绉绉的话,还是收起来吧!我看,你就叫我一声'大哥';我呢,就叫你一声'贤弟',如此可好?"

"好,大哥在上,受小弟一拜!"

王阳明本来就不是个拘礼的人,立即认了这个大哥;安贵荣呢,看他这么随和,也不由开怀大笑。

"哈哈,太好了,有你这么一个兄弟,是我安某人的福气!以我看来,兄弟你风流潇洒,将来必有飞黄腾达的一天,到时候可别忘了我这个大哥!"

二人一见如故,都是性情豪放之人,三言两语之间,便倾心定交,将对方认作了自己的一生知己。

"来,兄弟,我给你介绍。"当下,安贵荣将身边的人叫过来,一个个地介绍给王阳明认识:"这些都是我的兄弟们,在各个地方上都是呼风唤雨的霸主。"他介绍完身边人,又将手往人群里一指:"还有,瞧见那个领着姑娘们跳舞的了吗?那是我的妹子阿萝,她呀,早嚷着要认识你了。"

随着他手指方向,王阳明看到,在裙裾飞舞的姑娘堆里,果然有一个身材高挑的女子,正在领着众人跳舞。

她显然也注意到了这边,猜测到来的这位男子正是王守仁。因此,在介绍到她的时候,目光相触,她微微做了一个笑容。尽管只是淡然一笑,那笑容却如同山涧清溪,秀美甘洌。

寒暄完毕,王阳明被安排到了贵宾席上,在一排竹椅中间坐下来。而安土司则在众人簇拥下,举行仪式。

整个仪式都由巫者主持。一群群的巫者带着奇怪的面具,披发仗剑,口中念念有词,倒也颇有趣味。

王阳明并不懂得这个仪式具体的含义,也听不懂当地人口中的语言。不过,他还是看得津津有味。

在普通人眼里,也许这有些过于玄异了。可是王阳明却知道,通过某种极为特殊的仪式,人的确可以用"心"去和"天"进行沟通,甚至交谈。

在众人的屏息静气里,仪式结束了。接下来是欢快的庆典。庆典的第一部分是"狮舞",大概因为这里是"麟角山"的缘故,所以这里的人们非常崇拜威风凛凛的狮子,自古相传,就有了这么一套独具特色的表演。

"狮舞"结束以后,庆典进入第二部分"邀舞"。阿萝带领一群花枝招展的姑娘,开始表演令人眼花缭乱的舞蹈。看得出,她们一个个都是天生的舞者,没有任何的矫揉造作,也没有任何的扭捏作态,任凭心中的情感如同泉水一样汩汩地涌出来。那欢快的音乐,轻盈的脚步,曼妙的身材,配上一张张青春亮丽的面孔,和花朵一样绽开的笑容,令人如痴如醉。

而最吸引人的地方，还在于看"邀舞"的对象。根据惯例，一般都是邀请身份最尊贵的客人参加。在这里，自然以安土司为最尊贵，众人也都将目光投在他身上。

可是，阿萝却没有去邀请哥哥，她反而旋转着舞步，来到了王阳明跟前，将"绣球"抛给了他。

这一下，王阳明顿时成为众人瞩目的焦点。向来豪放不羁的王阳明，也闹了个大红脸。不过，稍微慌乱过后，他就从容地站起身，接受了阿萝的邀请，来到了场中。虽然他本身并不会跳舞，不过，他精通乐律，在阿萝的带领下，很快就掌握了音乐的节拍，和姑娘们协调一致了。

在众人善意的笑声中，这一部分仪式也结束了。接下来是最后一部分"斗乐"。

各个寨子里的乐师都上场了，各展绝技。王阳明则在阿萝的陪伴下，一齐来到安土司身边坐下。

"哈哈，好兄弟，跳得不错，比起我这个当哥哥的强多了。"安土司大声笑着，给王阳明递过来一碗酒。

"惭愧，惭愧，我于舞蹈一道，实在一窍不通，以后还要跟阿萝姑娘多请教。"王阳明也笑着道。

"那就让她教你好了，"安土司笑着调侃阿萝，"阿妹，恭喜你收了个好徒弟啊！"

"哼，也就是他这个学生，我只好破例。换了别人，这么笨的学生，给我十头牛的谢礼我也不收！"

阿萝的一番话，逗得大家哈哈大笑。王阳明听她居然将自己和十头牛相提并论，也不由被逗乐了。

"阿妹，不要觉得让你教王兄弟跳舞，你觉得吃亏了。你不是一直嚷着要跟王兄弟学习读书识字吗，那还要看看王兄弟收不收你这个学生呢！"

"收，收，就是一头牛的谢礼都没有，这样的学生我也收下了。"王阳明笑着道。

"哈哈，你们两个，算是扯平了！"安土司在笑过一阵后，又正色对王阳明道："贤弟，今日请你前来，一为游玩散心，免得你在龙冈那里整日读书讲学，累坏了身体；二来，为兄还有一事相求。"

"哦？"王阳明一听，连忙端肃面容道，"只要是小弟能做到的，绝不违命！"

"其实这件事情对你来说很简单，就是要你为新落成的这座祠庙写一篇文章，以兄弟你之大才，将来必然传诸后世，好教人知道我这点小小的功德。"

安贵荣说完，心里还有些惴惴，生怕自己这点"私心"，会被王阳明所看不起。不料，王阳明却欣然应命：

"这算什么？小事一桩！"

"拿纸笔来！"安贵荣一声令下，早有人铺开纸笔，阿萝亲自在边上给王阳明研墨。王阳明呢，却不慌不忙，只顾和安贵荣聊天。

"此山叫什么山？"

"灵（麟）博。"

"所建庙宇，供奉何人？"

"象。"

"是毁坏，还是重修？"

"重修。"

"为什么要这么做？"

"不知道。从我们祖祖辈辈居住在这里，就有这座庙了，祭祀的礼节，每年都进行，从未间断。"

"别的地方还有象祠吗？"

"有鼻那个地方有过。不过据说在唐时就被毁坏了，只剩下这一个地方了。"

一边聊天，王阳明一边在心中构思。片刻之间，整篇文章已经了然于胸。

他起身走到阿萝跟前，此时墨刚刚研好。阿萝虽然刚才和王阳明有说有笑，此时却也不敢再出声打扰。

只见王阳明拿起笔来，饱蘸了墨汁以后，也不停顿，立即挥去那雪白的纸上："灵博之山有象祠焉……"

随着他挥舞狼毫，灵动而飘逸的字体蜿蜒勾勒出一句句流光溢彩的词句。

阿萝轻声念道：

"……其下诸苗夷之居者，咸神而事之。宣慰安君因诸苗夷之请，新其祠屋，而请记于予。予曰："毁之乎？其新之也？"曰："新之。""新之也，何居乎？"曰："斯祠之肇也，盖莫知其原。然吾诸蛮夷之居是者，自吾父吾祖溯曾高而上，皆尊奉而礼祀焉，举之而不敢废也。"予曰："胡然乎？有庳之祠，唐之人盖尝毁之。象之道，以为子则不孝，以为弟则傲。斥于唐而犹存于今，毁于有庳而犹盛于兹土也，胡然乎？"

这段起首的文字，一气呵成，将安土司修建象祠，以及象祠的来龙去脉，交代得一清二楚。

流畅的文思，汹涌喷薄的才情，再加上王阳明那一手苦练而成的书法，古朴而不凝滞，跃动而不轻浮，交融在一起，人们无不低声赞叹。

阿萝带着钦佩之情，继续念下去：

"我知之矣，君子之爱若人也，推及于其屋之乌，而况于圣人之弟乎哉？然则祀者为舜，非为象也。意象之死，其在干羽既格之后乎？不然，古之骜桀者岂少哉？而象之祠独延于世，吾于是益有以见舜德之至，人人之深，而流泽之远且久也。象之不仁，盖其始焉尔，又乌知其终不见化于舜也？《书》不云乎？'克谐以孝，蒸蒸乂，又不格奸，瞽瞍亦允若'，则已化而为慈父。象犹不弟，不可以为谐。进治于善，则不至于恶；不抵于奸，则必入于善。信乎，象盖已化于舜矣！孟子曰：'天子使吏治其国，象不得以有为也。'斯盖舜爱象之深而虑之详，所以扶持辅导之者之周也。不然，周公之圣，而管、蔡不免焉。斯可以见象之既化于舜，故能任贤使能而安于其位，泽加于其民，既死而人怀之也。诸侯之卿，命于天子，盖周官之制。其殆仿于舜之封象欤？吾于是益有以信人性之善，天下无不可化之人也……"

"好！好一句'天下无不可化之人'！"

当看到这一句，连安土司也忍不住叫起好来。虽然祖祖辈辈供奉着象的神灵牌位，然而直到今日，他们才从王阳明的文章中，认识到象究竟是怎么样的一个人，而供奉他的意义又究竟是什么。

一口气行笔至此,王阳明稍微喘息了片刻。阿萝忙着砚墨,额头上已经见了汗。刚才跳舞何等洒脱轻松,现在,她却累得快支持不住了。

幸而王阳明的文章也到了收尾。最后沉吟片刻,他再一次饱蘸墨水,在纸上写道:

"然则唐人之毁之也,据象之始也;今之诸夷之奉之也,承象之终也。斯义也,吾将以表于世,使知人之不善,虽若象焉,犹可以改;而君子之修德,及其至也,虽若象之不仁,而犹可以化之也。"

"好!"

"好呀!"

在安土司的带头鼓掌下,众人纷纷对王阳明投来钦佩的目光。什么叫作天朝大国,什么叫作圣贤之材,他们今日总算开了眼界,荣莫大焉!

"来,贤弟,我敬你一碗酒!"

安贵荣亲自给他斟上了一碗酒。王阳明也写得口渴了,"咕咚""咕咚"一通豪饮。

"先生,我也敬你一碗!"本来阿萝以为,王阳明不过是一个文弱书生而已。可是见了他这一番文思才华,蹿高伏低,笔走龙蛇,便如同一位已经艺入化境的舞者大家,方知道天外有天,人外有人。他的文章,阿萝并不能领悟多少;可是从他的书法中,阿萝却受到了极大的启示。

所以,她前倨而后恭,那种姿态连哥哥看在眼里,都觉得惊讶。不过,她一番至诚,王阳明也不好推辞。

"好!"

他于是又接过碗来,将这碗酒灌下肚去。酒的刺激加上刚才运笔写字,整个人过于激动,头上、脸上都出了汗。

这时候,太阳已经升到头顶,天气也开始热了起来。于是,安土司吩咐准备马匹,开始下山。

"贤弟,你来我这里一趟不容易。今天晚上,就住在我的庄园里,让我好好招待你一番!"

"那就打扰了!"王阳明客随主便,再说他也正要好好了解安土司一番。

他们这便在众人的簇拥里下了山。经过安贵荣的介绍，王阳明才知道，他们脚下所走的这条驿路，正是当年奢香夫人开辟的。

　　一路观赏山色风光，一路谈论着奢香夫人的种种传奇，他们不知不觉就抵达了水西城。

　　水西是一座并算如何大的城市，然而却已经有了上千年历史。自从当年诸葛亮南征，这里的彝族首领主动献粮、开道，立下战功；后来受封，创立了罗甸古国，就在这儿修建了都城。罗甸古国烟消云散以后，这里又成为新兴起的土司落脚之地，大规模修建了风情独具的"土司庄园"。而作为历代土司办公的衙门，水西历史上最著名的"九重衙"，却并不在城中，而是在城东的山上。

　　在一片苍茫的暮色中，王阳明跟随安土司等一行人踏进了这座沉淀着千年岁月风尘的古城。

　　从进了城门开始，道路的两边就站满了手持火把欢迎的人群。蜿蜒的火把长龙，一直将他们送到土司庄园的门口。只见一座高大的、长长的围墙延伸开去，迎面一排四座小小的城堡，戒备森严，显然是用来作为安全防御的。中间则是一座造型古朴、厚重的门楼。从门楼进去，首先是一座小巧别致的亭楼，据安土司介绍，这叫作"轿楼"，是迎来送往客人的。

　　再向前，并排三条宽大的甬路，在每条甬路上，都坐落着一座威武不凡的宫殿。而这样的宫殿一共有三重，合在一起，一共是九座宫殿。

　　三条大路的右边，又岔出去一条小路，安土司介绍，那里通向西花园，是一片休闲养心的别墅。

　　即使在黑夜里，模模糊糊只能看一个大概，也可以看出，安土司的这个庄园极大且阔，不愧为一方霸主。

　　经过一天的劳累，阿萝先告辞去了，回自己的闺房洗脸、卸妆，忙些女孩子的事情。

　　王阳明呢，也被送到了一处整洁、舒适的客房里，更衣小歇。片刻之后，安土司传人叫他过去。

　　等来到安土司的庄园正厅，这里早已经张灯结彩，一派的欢乐气氛。只有王阳明这么一个客人，可是仅仅用于服务的仆人、杂役就足有上百人，可以看出安土司的气派的确够大，也更显出对王阳明的重视。

整个大厅的柱子，都是合抱粗的楠木，在上面涂了一层厚厚的漆以后，最好的画工在上面又画出了各种动物：山川河流，林中飞鸟，山中野兽，虎与豹、凤与鹤、红脚的蟒、白翅的鹰……天上飞的，地下跑的，水中游的，应有尽有，一派生气勃勃。

更令王阳明惊奇的，是安土司用来招待他的器具。即使在一只小小的酒杯上，也雕刻了最华美的图案。

"贤弟，请！"

"请！"

他们就这么一边喝着浓香扑鼻的美酒，一边高谈阔论，王阳明给安土司讲自己在京城的遭遇，和流浪各处的见闻，而安土司则给王阳明介绍当地的风土人情。

一会儿，酒过三巡以后，外面的院子里已经架设好了篝火。安土司邀请王阳明踱步来到外面。

不知道什么时候，天气大变。本来是炎热的天气，现在却有些寒意迫人了。

不过那汹涌冲天的篝火，立即驱散了这寒意。有人在吹着芦笙，一圈人肩膀搭着肩膀，正在"踏歌"。

王阳明和安土司立即加入进去。安土司也不再是白天高高在上的样子，而是和众人随意地搭着肩膀，脚下踏着节奏，口中高歌。

他的嗓子很好，可能这里的人都有一副天生的好嗓子，一张开口，高亢的调子自己就飞了出来。

王阳明也跟着大声唱。他不懂那歌词的意思，不过那旋律和这亲密无间的气氛已经很令他热血沸腾。

不知道什么时候，阿萝悄悄出现在了王阳明身边。她的胳膊和王阳明挽在了一起，那么随意而亲密，不过在这样的氛围里，大家都沉浸在一种奔涌的激情里了。被视为男女大防的礼节，这时候根本用不上。

"踏歌"过后,安土司拉着王阳明来到一个只有男人围起来的"圈子"里。

坐下后,有人给王阳明递上来一节竹管。

"这是什么?"

王阳明还不明所以,却见安土司已经拿起一节竹管,在中间的一个缸中拨了拨,将管子插下去,轻咂起来。

"是酒吗?"

王阳明探过头去,借着火光,看到那上面浮动着一层金色的珠粒,阵阵的酒香扑面而来。他也用竹管拨了拨,低下头去,将嘴凑在竹管的这一端,用力一吸,顿时一大口甘洌的酒灌入口中。

"咳……好酒……"

这种喝酒的方法,比起刚才安土司招待他,又别有一番趣味。于是众人便都闷不作声地咂着。

而旁边,女孩子围起来的圈子里,众人都不再嘈杂,只是将树叶含在嘴中,吹出来一首曲子。

就在这音乐里,阿萝又在开始起舞了。她换了一身素净的衣服。一袭白裙,在月光下飘然若仙。

火光暗淡下去,月光更加皎洁。阿萝就在这充满诗意的月光中,跳着彝族千年相传的神秘舞蹈。

她的舞姿是那么优美,脚步是那么轻盈。王阳明不由地被她给吸引了,目不转睛地注视着她,渐渐分不清楚这是现实,还是在梦境中。

那是一个怎样充满灵性的生命,那是一个怎样令人怜爱的精灵:她时而向着高高在上的月亮膜拜,调时而皮地在地上追逐着自己的影子。

周围的一切都安静下来。众人都静静地注视着阿萝,仿佛被她制造出来的意境深深迷醉了。

这月光,这舞蹈,这氛围,这美景和美酒,一切都令王阳明按捺不住。等阿萝一曲舞完,他忍不住站起身来:"大哥,容我表演一番剑舞,以来助兴,如何?"

"好啊!"

他这个主动提议,正是安贵荣求之不得。于是,安贵荣立即命人去将自己的一把宝剑取了来。

"兄弟,这把剑,乃是我传家之宝,当年先祖奢香夫人所佩之剑。我就把它送给兄弟你了!"

"多谢大哥!"

王阳明接过那剑来,从剑柄和剑鞘上装饰的宝石,就可以看出其珍贵无比。而将剑一抽出,顿时光华大作,连篝火的火焰都被逼迫得倒向一边。

王阳明少习武艺,尤其爱剑。他将二指并起,在剑身上轻轻一弹,顿时龙吟虎啸,嗡嗡不绝。

"好剑!"

他赞了一声,提一口气,就在空地上舞起剑来。开始的时候,动作缓慢,一招一式,颇为清楚。然而渐渐地,他的剑就舞快了。一道道的清光掠过,他的身形也开始迅捷地移动起来,忽而向前,忽而退后。

渐渐地,他神志清醒,心神澄净,抱元守一,人和剑很快进入了合一的忘我境界。

这已经不是普通的剑舞,而是极高的功夫。安贵荣是带兵打仗之人,怎么会不识得这等剑术,不由地一声喝彩:

"好!"

"好呀!"

其他人也不由惊叹连声。没有想到,白天的王阳明只是一介书生的样子,不料如今展示出来这等过人的本领,其剑术之奥,令他们只能折服!

一通剑舞下来,王阳明面色不改,大气不出,依旧是那么一副神定气闲的模样。

"大哥,兄弟的这一套剑术,可还能入得你的法眼?"

"贤弟过谦了,岂止是入我之眼,简直要令我佩服得五体投地了!"安贵荣站起来,由衷地道,"贤弟,我本来只以为你在书法文章上了得,不曾想剑术通神,如此了不起,佩服,佩服!看来我这把剑是送对人了!宝剑赠英雄,这么多年，在我这里虚悬梁上，今日才算真正找到了主人！"

"大哥谬赞了！不是我的剑术好，而是这把剑，实在是一把好剑！从这把剑，可以想见当年乃祖奢香夫人，的确是一位了不起的巾帼英雄啊！"

王阳明是个真正懂剑之人，许多平时所不能领悟到的剑术境界，都在今夜挥发，亦深知全仗此剑之功。此剑既然本身名贵非常，又是安氏一脉的传家之宝，而安贵荣初次见面，就将其赠给自己，此人胸怀之广，待人之诚，尤其对贤才良士的这份渴慕与敬重，实在令人佩服！

当下，王阳明又坐下来，兄弟二人重又对坐而饮。阿萝也被王阳明这番矫捷的身手所折服，过来不停地敬酒。

"我只知道先生是个读书人，文章好，书法好，真没有想到，刀剑上的功夫竟然如此了得！"阿萝看王阳明的眼光都带着崇拜之意了。"我敬先生一碗酒！"

"贤弟，你且莫看我这个妹妹，她虽然是个姑娘家，却从小喜欢舞刀弄枪，上一次平定恺黎之乱，她就跟随我出征，一马当先立了大功。我本欲替她向朝廷讨封，她却说什么都不肯，说什么功名富贵，都不稀罕……"

安贵荣似乎有意拉近妹妹和王阳明的距离，所以介绍得格外仔细。而王阳明听说阿萝一个女孩子，居然能亲临战场，上阵杀敌，那是比自己还要强一些了，也不由得肃然起敬，对她刮目相看。

"真看不出，原来阿萝也是个巾帼英雄，不愧是奢香夫人后人啊！"

三个人互相心意相通，似乎有着说不完的话，频频举碗，纵情豪饮。

这天晚上，三人都不记得喝了多少酒，又说了多少话，又是怎样被扶回房间的。

第二天早上，当王阳明醒过来的时候，他的头脑里还残留着昨夜的喧嚣，阿萝的舞姿，众人一齐踏歌的节拍……

这一切委实过瘾。从在京城因为得罪刘瑾而被问罪入狱开始，整整两年来，王阳明还从来没有这么痛快过。

可是，当他睁开眼来，看到自己衣衫整齐，躺在宽大而舒适的竹榻上，屋子里的一切干净、整洁，墙壁上挂满各种奇珍玩物，梁柱、窗户上刻着栩栩如生的各种动物图案,大片大片耀眼明亮的阳光从外面透进来。他又不能不在心里怀疑,问自己:"那是真的,还是只是一场梦?"

那当然是真的。因为他尝试着起身,却发现全身都轻飘飘的。毕竟昨天夜里饮了太多酒。就这么迷糊着,一直到中午时分,王阳明才爬起身来。简单洗了把脸,来到外面,安土司和阿萝已经在等着他了。

距离吃饭还有一段时间,于是安土司和阿萝带着王阳明一道,在庄园里作了一番游览。昨天夜里,一切都看得不真切。今天到了阳光下,王阳明才发现,整座庄园大得超乎自己的预料。

整座庄园都是倚山而建。从山下蜿蜒的地势一直向上,扩展到了半山腰的地方。在岩石坚固的地方,搭建起一座座豪华富丽的宫殿,而在土质松软的地方,则栽种各种各样的花果树木。

所有的树木中,给人印象最深的,就是那一树树、一丛丛的杜鹃。红的、白的、紫的、粉的……各种各样的颜色,红的如火,白的如雪,紫的如霞;各种各样的姿态,有的一花独放,大如盆盏;有的一丛荟萃,傲然吐芳;大的小的,远的近的,无数的杜鹃连绵起伏,形成一片花的海洋。

而就在这花海中,更有信步闲行的锦鸡,高傲地挺起胸,浑然不把人放在眼中;还有穿山甲等小动物,一闪即没。

从这里踱向山上,拾级而行,来到了一个地方。只见这个地方格外地清净、幽深。在花草掩映中,露出来一个圆圆的、两三丈高的石塚。

"这里就是奢香夫人的墓了!"

听了安土司的介绍,王阳明连忙整束衣冠。早有阿萝为他准备了一束洁白的杜鹃花,于是他走上去,恭恭敬敬地献在墓前,跪下磕了三个头。

起身之后,他又绕墓而行。环绕的一圈玉石上,全部都雕刻着精美的动物图案。旁边的亭子里,立有当年朱元璋亲自封赠给奢香夫人的称号"诰命顺德夫人"的石碑,石碑背面的铭文,详细介绍了奢香夫人的生平和功绩。

在奢香墓这里流连了一会儿,时候已经不早,再向山上走,就是大名鼎鼎的"九重衙"。当年奢香夫人就曾经在那里处理政事。只不过,从那时候到现在,又经历了风雨沧桑,"九重衙"年久失修,也渐渐废弃了。

当这一番游览结束以后，王阳明和安贵荣、阿萝返回下面庄园中，丰盛的宴席已经摆好。吃罢此宴，下午王阳明就要离开了。

这自然又是一顿难舍难分的宴会。照例是歌舞表演，彝族人家似乎总有那跳不完的舞，唱不完的歌：

歌多多不过彝家，
跳舞扭不过彝家，
天上星星能数尽，
彝家歌舞数不完，
要问歌舞有多少？
请用海斗量一量。

彝族生来会唱歌，
一唱就是几大箩，
唱得太阳落西坡，
唱得金星从东来，
百灵听歌停了叫，
牛羊听歌忘吃草。

一边欣赏着歌舞，一边品尝着各种山珍野味，一碗碗的酒端上来，王阳明不知不觉又有了些醉意。

不过，因为下午要赶远路，众人就没有让他再多喝酒。当宴席结束以后，安土司和阿萝亲自给他送行。

一行浩浩荡荡的人马出了水西城，欢送的人群一直送出来很远。而安土司和阿萝更是一直将王阳明送到了奢香驿。

这时候，已经是夕阳西下。肆虐了一天的太阳失去了热力，脉脉的余光洒在驿桥下的小溪上，泛起一片粼光。

"此桥叫作'善桥'，乃当年奢香夫人亲自主持修建。冬天'九重衙'被大雪所阻,她就过这桥到对面去办公!"安贵荣详细地给他介绍说。

一路上,已经谈论了那么多奢香的事迹,可是直到分手之际,还是没有谈论完。王阳明以前只知道奢香夫人修建龙场九驿,如今在她生活过的每个地方久久驻足,实地考察,方知其一心为民,普施恩德,遗泽之深,绝非虚言!

"安使君,希望您能像乃祖一样,不仅仅在历史上留下声名,更在百姓的心中留下一座丰碑!"

王阳明最后告别时刻,郑重其事地勉励安贵荣。又对阿萝道:"阿萝,我相信,总有一天,你会和奢香夫人一样,成为一个受人尊敬的奇女子!我知道你一定会做到的!安使君、阿萝,请你们留步,就送到这里吧。"

"先生,保重……"

阿萝从初识以来,一直给王阳明以豪放、豁达的印象,绝无半分扭捏的小儿女姿态。可是现在,分别在即,她一想到不知道什么时候能再见到王阳明,再也抑制不住自己的感情,泪水滚滚而下。"我……我有一句话想问你,可以吗?"

"可以呀,问吧。"

"我,如果我想你……可以去看你吗?"她一边流着眼泪,一边问王阳明。

"当然可以了。"王阳明毕竟比她大许多,儿女之事,拿得起放得下,爽快地答应道,"你若想来看我,尽管来便是!你要学习读书识字,还是要和我交流兵阵之事,我都可以陪你的。就是我那个地方条件差一些,我怕委屈了你。"

"什么委屈不委屈,阿萝是去看你的,又不是跟着你以后一起过日子!"安贵荣笑着打趣道,"瞧你们两个,婆婆妈妈的。"

不过,他自己也不舍得王阳明,对他道:"对了,贤弟,你那个小小的驿丞,还做它干什么?不如干脆辞了官,来这里和我,还有阿萝在一起,咱们天天喝酒,唱歌,舞剑,想怎样快活就怎样快活,如何?"

"多谢大哥美意!"王阳明婉转谢绝道,"驿丞官职虽小,毕竟是国家之事,小弟不敢怠慢!好在来日方长,你我兄弟总有再聚首的一天!"

他这么说，也合情合理，安土司不好再留他，只好吩咐人将送给王阳明的礼物带上，足足用了数匹马来驮。王阳明不好推辞，只好一股脑收下了。

　　"贤弟，保重！"

　　"大哥保重！"

　　王阳明再次和他们告别后，动身上马，一声吆喝，一行人缓慢地启程了。

　　身后，沧桑遍布的古老驿桥上，安土司和阿萝久久地站在那里，目送王阳明渐行渐远。王阳明几次在马上回过头来，挥手作别，安土司和阿萝也频频挥手。很快无边的黑暗笼罩上来，将一切都吞噬了……

第八章

龙冈论学

返回龙场以后,王阳明甚至没有时间去仔细回味这一趟惬意舒适的旅行,就又一头扎入了龙冈书院的建设。

上次在当地百姓的帮助下,所修建的只是龙冈书院的主体,后来又修筑了"何陋轩",开辟了"西园"。

这一次,因为得到了安土司的财力之助,王阳明又选了两个地址,分别修建了"君子亭"和"宾阳堂"。

照例,每修建一个所在,他都要亲自撰写文章,抒发自己的感悟,以为将来留作纪念。

在《君子亭记》中,他写道:

阳明子既为何陋轩,复因轩之前营,驾楹为亭,环植以竹,而名之曰"君子"。曰:"竹有君子之道四焉:中虚而静,通而有间,有君子之德;外节而直,贯四时而柯叶无所改,有君子之操;应蛰而出,遇伏而隐,雨雪晦明无所不宜,有君子之时;清风时至,玉声珊然,中采齐而协肆夏,揖逊俯仰,若洙、泗群贤之交集,风止籁静,挺然特立,不挠不屈,若虞廷群后,端冕正笏而列于堂陛之侧,有君子之容。竹有是四者,而以'君子'名,不愧于其名;吾亭有竹焉,而因以竹名,名不愧于吾亭。

因为在亭子的四周种上了竹子,所以将其称为"君子"。竹子在龙场这个地方并不少见,可谓比比皆是。为什么单独将这里的竹子称为"君子"呢?没有别的原因，因为有"王阳明"这个"君子"的缘故啊！

什么是"君子之道"呢？王阳明借对竹子的描述而说了出来：谦、直、顺时、守正。这四个品德，也正是王阳明对自己品性修养的一个总结。

另外，在《宾阳堂记》中，他写道：

传之堂东向曰"宾阳"，取《尧典》"寅宾出日"之义，志向也，宾日，义之职而传冒焉，传职宾宾，羲以宾宾之寅而宾日，传以宾日之寅而宾宾也，不曰日乃阳之属，为日、为元、为善、为吉、为亨治，其于人也为君子，其义广矣备矣。内君子而外小人，为泰。曰："宾自外而内之传，将以宾君子而内之也。传以宾君子，而容有小人焉，则如之何？"曰："吾知以君子而宾之耳。吾以君子而宾之也，宾其甘为小人乎哉？"为宾日之歌，日出而歌之，宾至而歌之。

歌曰：

　　　　　　　　日出东方，
　　　　　　　　再拜稽首，
　　　　　　　　人曰予狂。
　　　　　　　　匪日之寅，
　　　　　　　　吾其怠荒。
　　　　　　　　东方日出，
　　　　　　　　稽首再拜，
　　　　　　　　人曰予愈。
　　　　　　　　匪日之爱，
　　　　　　　　吾其荒怠。
　　　　　　　　其翳其曀，
　　　　　　　　其日惟霁；
　　　　　　　　其晌其雾，
　　　　　　　　其日惟雨。
　　　　　　　　勿忭其晌，
　　　　　　　　条焉以雾；

> 勿谓终翳,
> 或时其曙。
> 曙其光矣,
> 其光熙熙。
> 与尔偕作,
> 与尔偕宜。
> 条其雾矣,
> 或时以熙;
> 或时以熙,
> 孰知我悲!

顾名思义,宾阳堂就是招待君子的地方;在这样一个洒满阳光的所在,即使一个人心里有多少阴暗,也会被那阳光所驱散;即使那些心有戚戚的小人,到了这里,也会被感化而成为君子!

从《象祠记》中的"天下无可不化之人"到"宾阳堂",王阳明的思路已经渐渐清晰:地有殊异,而人无分别。人人皆有一个本心,只要用智慧的烛火去照耀这个本心,那么每个人都可以成为君子,以至于圣贤。

当龙冈书院整体建筑完全建成以后,王阳明召集学生,举行了一个正式的开学典礼。

典礼上,王阳明郑重其事,宣读了他亲笔拟就的《教条示龙场诸生》:

"你们因为心慕君子之风,圣贤之学,从四面八方来到这里追随于我。我因为被你们的诚意所感动,所以决心和你们一起研讨学问,不敢有丝毫怠慢,唯恐因此而耽误了你们的前程。为了确保学习顺利进行,我制订了四条规矩,请你们牢记。"接着他朗声宣读了这四条规矩:

其一

立志

志不立,天下无可成之事,虽百工技艺,未有不本于志者。今学者旷废隳惰,玩岁愒时,而百无所成,皆由于志之未立耳。故立志而圣,则圣矣;立志而贤,则贤矣。志不立,如无舵之舟,无衔之马,漂荡奔逸,终亦何所底乎?昔人有言,使为善而父母怒之,兄弟怨之,宗族乡党贱恶之,如此而不为善可也;为善则父母爱之,兄弟悦之,宗族乡党敬信之,何苦而不为善为君子?使为恶而父母爱之,兄弟悦之,宗族乡党敬信之,如此而为恶可也;为恶则父母怒之,兄弟怨之,宗族乡党贱恶之,何苦而必为恶为小人?诸生念此,亦可以知所立志矣。

对任何一个想要成就人生的来说,有一个明确而坚定的志向都是必须迈出的第一步。不立志,人生就没有方向,奋斗就没有目标,努力就会因为吃不了苦而坚持不下去,最后蹉跎岁月,一事无成。

其二

勤学

已立志为君子,自当从事于学。凡学之不勤,必其志之尚未笃也。从吾游者,不以聪慧警捷为高,而以勤确谦抑为上。诸生试观侪辈之中,苟有虚而为盈,无而为有,讳己之不能,忌人之有善,自矜自是,大言欺人者,使其人资禀虽甚超迈,侪辈之中,有弗疾恶之者乎?有弗鄙贱之者乎?彼固将以欺人,人果遂为所欺,有弗窃笑之者乎?苟有谦默自持,无能自处,笃志力行,勤学好问,称人之善,而咎己之失,从人之长,而明己之短,忠信乐易,表里一致者,使其人资禀虽甚鲁钝,侪辈之中,有弗称慕之者乎?彼固以无能自处,而不求上人,人果遂以彼为无能,有弗敬尚之者乎?诸生观此,亦可以知所从事于学矣。

有志者必勤于学。如果立了志向而不勤于学，那么一定是因为志向不坚的缘故。有很多天赋很高的人，到头来一事无成；而很多看起来并不如何聪明的人，却做出了大事业。所以说，判断和衡量一个人的未来，并不一定要去看他的先天条件，而要看他后天的努力。一个人，只要敢于正视和面对自己的短处，虚心地去向比自己强的人请教，就一定能成功。

其三

改过

夫过者，自大贤所不免，然不害其卒为大贤者，为其能改也。故不贵于无过，而贵于能改过。诸生自思平日亦有缺于廉耻忠信之行者乎？亦有薄于孝友之道，陷于狡诈偷刻之习者乎？诸生殆不至于此。不幸或有之，皆其不知而误蹈，素无师友之讲习规饬也。诸生试内省，万一有近于是者，固亦不可以不痛自悔咎。然亦不当以此自歉，遂馁于改过从善之心。但能一旦脱然洗涤旧染，虽昔为寇盗，今日不害为君子矣。若曰吾昔已如此，今虽改过而从善，将人不信我，且无赎于前过，反怀羞涩凝沮，而甘心于污浊终焉，则吾亦绝望尔矣。

没有什么人一生中会不犯错误，犯错误并不可怕，而是人生的道路上必须要付出的代价。和犯错比起来，真正可怕的是犯了错而不加以改正。只要知错能改，知错必改，错误就会成为帮助你上进的梯子，每犯一次错误就意味着你又获得了一次自我改进、成长的机会。只要懂得这个道理，就是盗贼也可以变成君子，社会也会给予他一条从新之路。

其四

责善

责善，朋友之道，然须忠告而善道之。悉其忠爱，致其婉曲，使彼闻之而可从，绎之而可改，有所感而无所怒，乃为善耳。若先暴白其过恶，痛毁极底，使无所容，彼将发其愧耻愤恨之心，虽欲降以相从，而势有所不能，是激之而使为恶矣。故凡讦人之短，攻发人之阴私，以沽直者，皆不可以言责善。虽然，我以是而施于人不可也。人以是而加诸我，凡攻我之失者，皆我师也，安可以不乐受而心感之乎？某于道未有所得，其学卤莽耳。谬为诸生相从于此，每终夜以思，恶且未免，况于过乎？人谓事师无犯无隐，而遂谓师无可谏，非也。谏师之道，直不至于犯，而婉不至于隐耳。使吾而是也，因得以明其是；吾而非也，因得以去其非：盖教学相长也。诸生责善，当自吾始。

老师和学生，本来就是教学相长。学生不能因为尊敬老师而隐瞒不去指出老师错误的地方，但也不能直言以犯，而忽略了师道尊严。同样，老师不能对学生过于溺爱而对其错误视而不见，但也不能仗着自己占有道理就不留情面地去当面指出，而必须采取一种委婉而诚恳的方法。这样，以朋友之道来改善师生关系，就不会再出现那种粗暴蛮横的老师和大逆不道的学生了。

从以上四条规则，可以看出王阳明制定龙冈书院的"山规"，是认真思考、下了一番苦心的，而王阳明这个"山长"也算正式走马上任了。

当天，龙冈书院的第一堂课就开始了。诸生盘地而坐，王阳明则端坐上方，随问随答。

"请问先生，"一位学生站起来问道，"我们贵州这个地方，地偏且穷，很多人到这个地方来，不是出于自愿，而是被贬。先生来到这里，也是因为后者的缘故。请问您是准备长久地住下去，还是无时无刻不想着离开呢？"

"这个问题很好。"王阳明点了点头，说道，"很多人被贬到这个地方，都想着快快离去，那是因为人的天性使然。司马迁不是说过吗？神农氏以前的历史，我不知道；至于像《诗经》、《尚书》所叙述的，从虞、舜、夏以来，人们总想使自己的耳目极尽音乐、美色的享受，使自己的嘴尝遍美食的滋味，使自己的身体快乐、安逸，而心中羡慕拥有权势、财富、才干的光荣。这些都是人的本性，所谓'趋利避害'是也。既然人本性如此，所以到了这样偏僻荒凉的地方，没有人不想着快些离开，也就不足为奇了。如果有什么人不这么想，有可以从容离开的办法而不当作一回事，那么这个人才是真正值得奇怪的。我对此也不标榜什么,如果上面改变了主意,或者我的病不容许我在这里再待下去,我自然也会离开。说实话,我之所以急忙开设书院,恨不得将自己的知识和体悟在一朝一夕之间传给你们,就是我每一天都当作在这里的最后一天来过啊!"

他这一番话推心置腹,丝毫不隐瞒自己的真实想法,朴实而真挚,众人听了之后无不频频点头。

又有一个学生站了起来,问道:"请问先生,您的身体有病,不是来到龙场以后才变成这样的,所以并不能作为借口。难道先生要离开的真正原因,不是因为昔日身贵而今日处贱,昔日在朝廷上而今日沦落山野,因为身份和地位发生变化,产生了太大的落差而不能平衡吗?如果真是这样,那么就不是一个真正的君子了。要知道孔夫子当年也曾经做过田地的丈量员、仓库的管理员,他也一样很快活啊!"

"你又不是孔夫子,怎么会知道他当日心境是快活还是悲哀?你又不是我,又怎么知道我心里具体在想什么?"王阳明接过他的话来,直截了当地回答道,"今天,我将心里话对你们说明,我始终认为,对于君子来说,致仕朝廷,接近天子,目的只有一个,就是通过影响天子来行使大道。如果不是为了这个目的而踏上仕途,那么和一个窃贼并没有什么分别。今天,我之所以在这个地方而自鸣不平,不是因为我的身体不能安适,不是为我个人的遭遇而发牢骚,而是因为我的大道不能行于天下。我知道很多人做官,都是因为家里贫穷的缘故。而我得祖宗庇佑,家里并不如何贫困;先祖留下的田地,只要好好耕种,我的一生就可以衣食无忧了。然而对一个人来说,活在这个世界上仅仅为了遮寒果腹吗?显然不是。君子处世,还有一个更大的目的,就是继承大道而推行天下,令普天之下的百姓都能在大道教化下安身立命。如果道不能行,那么就是隐退山林,过着悠闲自在的生活,也还是不能快乐啊!"

这一番关于人生意义的谈论,引起了诸人的深深思索。片刻的沉寂之后,又有一个学生站了起来:"请问先生,来到这个地方,不是做官而来,而是被贬而来;子于父母,臣之于君,都是唯命是从。如果先生有什么不满朝廷的地方,从而在心里产生拂逆和不恭,这可以吗?"

"不错。"王阳明回答,"我来到这个地方,不是做官,而是被贬;可是即使被贬,到这里也仍然是做官,并不是被罚作苦役。作苦役靠的是力气,而做官靠的是道。力气可以被更大的力气压服,而道是没有什么力量能使其屈服的。我万里而来,虽然被贬,但仍然坚持着自己的追求。如果我的追求不能实现,那么就只能离开这个环境了。虽然孝敬父母和忠诚于天子,是一样的,但那是从命,不是顺道;从命是只有妾妇从于夫君所干的事情,那并不是真正的恭敬;而君子只去做一件事情,就是顺道,只有那种恭敬,不因为君主的变化而变化,不因朝代的更迭而更迭,万世不移,亘古不变,那才是真正发自内心的啊!"

又有学生站起来问:"请问先生,您从京师而来,当知道今日之世,天子昏庸,奸臣当道。我听说圣人不敢忘天下,而今贤者皆离朝廷而去,则社稷江山不是进一步被奸人所操纵了吗?国家不是危险了吗?"

"你说得很好。圣人不敢忘天下,贤者同样不敢忘天下。然而,做什么事情,都必须要顺时识命,比如那些在大海上波涛里求生存的人,他们天生就在那么一种环境里,所以锻炼出了过人之能;而陆地上如果有人贸然去模仿他们,结果只能落得没顶之灾。我非无心匡救天下,只是没有那个能力,如果效仿先贤圣哲贸然去那么做,那么结果就像陆地上的人到了海里一样,只是徒然遭遇到灭顶之灾而已,有什么用呢?"

听了王阳明的回答,那学生又接着问:"可是,我听说只要是有益于家国天下的事情,圣贤之人,就一定会去做,而不计较利害得失。果然如先生所言,那么岂非也在用'利'与'害'作为衡量,又何来君子与小人之别?"

这番话问得很厉害,人人都紧张地注视着王阳明。王阳明却不慌不忙地回答:"圣贤处世,只是为了推行大道,用其高义而已。若行道义,没有什么是不能做的事情,也没有什么利害之分,什么都不能阻挡它。如果不去这么做,即使守着万贯的家产,也算不上什么'利'啊!当然了,话又说回来,人和人不一样,各有所能,各有所不能,这是很正常的事情。每个人都有一定的长处,也有一定的短处。只有圣人才能真正做到无所不能,无所不长。我之所以不能实现志愿,推行大道,而到处遇到阻碍,就因为我连一个'贤'字都还没有达到，与圣人比就差得更远了！你责备我不能以圣人的方法去推道行义，这是将我比较错了对象啊！"

……

一天的时间，就在这么激烈而友好的辩论中度过。包括王阳明在内，每个人都袒露襟怀，肺腑相见！

心与心在这里相接，思想与思想在这里碰撞交锋，没有任何的虚伪和矫情，字字句句，皆指本心！

经过一天的相处下来，师生之间彼此有了更深的了解。从这天起，龙冈讲学便正式成为王阳明的日常生活。他每天和学生们在一起，研究学问，探求大道。

他在龙冈这里广收弟子，尊经布道，不但在当地引起了轰动；而且声名很快传到了省城。

这天，有两个不速之客忽然从贵阳来到，拜访了王阳明的龙冈书院。这两个人，就是前面说过的毛科以及毛科的继任者席书。

这里要重点介绍一下席书，他早在来到贵州之前，就以"君子"之名而名震朝廷，是个秉性正直、雷厉风行的读书人。他曾经在山东的郯县做过知县。那个地方地广人稀，旱涝不断，老百姓深以为苦。而席书到任后，经过实地考察，一边安抚百姓，一边开发农田，大兴水利，解决了老百姓的心腹之患。与此同时，他又兴教化，办学校，育人才，以显赫的政绩而被百姓称颂。从山东离开后，席书调到了北京，任户部，进员外郎。他虽然在京师任职，却十分关心下边的情况。有一年云南发生灾害，百姓骚乱。天子派出官员去调查后，准备罢免云南地方官员上百人。对此，席书大持异议，认为弊政产生的根源，在于朝廷，而不在地方。灾异是上天对整个朝廷的示警，不应该以草率处罚云南官吏敷衍了事。他冒着触犯天颜而上了一道奏折，勇气震惊朝廷。

就是这么一位特立独行的官员，来到贵州任职。他在北京的时候，已经听说了王阳明的故事，对王阳明敢于对抗刘瑾，挺身"斗虎"的胆量钦佩不已。后来王阳明入狱，在那样一个暗无天日的地方，不但不自苦，反而聚集亡命、奸盗之徒，讲诵授学，每日里以求道为乐，还将狱中所写的诗歌，编述一集，送给狱中诸友，这就更加令人击节赞叹了：

> 累累囹圄间，
> 讲诵未能辍。
> 桎梏敢忘罪？
> 至道良足悦。
>
> 行藏未可期，
> 明当与君别。
> 愿言无诡随，
> 努力从前哲！

因此，席书来到贵州，见了毛科，第一件事情，就是打听王阳明的消息。听说王阳明在龙冈讲学，有声有色，于是便请求毛科作为介绍人，一起来拜访王阳明了。

实际上，这也是毛科和王阳明的第一次见面。不过二人已经书信往来，又是同乡。因此一见面，便如同故交旧友一样，自然就熟悉起来。

在"宾阳堂"的小小天地里，王阳明以极其隆重的礼节接待了毛科和席书。

"毛兄，上次的事情，还多亏了你从中调解，否则那位太守大人，还不知道要找我多少麻烦呢！至于上次您请我去贵阳讲学，非是我推辞，实在是因为我那时候正抱病在身，唯恐不能胜任，因此推托，毛兄休怪！"

"哪里！你我同乡，我又大你几岁，都是应该做的，小事一桩。"席书道，他从龙冈山下一路上来，见王阳明在这么一个山野之处，方寸之地，居然别开生面，创立出一番圣贤事业，也是钦佩不已："倒是贤弟你在这样一个地方，居然还能聚众讲学，使圣人之学不致中断，愚兄佩服万分！"

"是啊！"席书也道，"阳明先生，我在京师的时候，就听说你不以韩、柳之文为文，不以李、杜之诗为诗，只有志于心性之学，而专以颜、闵自期。

当时，我只道你是个不知道天高地厚的狂生。后来你以一己之力，对抗刘瑾，我也以为你只是哗众取宠而已。今日见了你于此险山恶水之中，创立这一番事业，才知道当年颜子'一箪食，一瓢饮，居陋巷，而不改其志'，的确不是虚妄之言。自古以来，圣贤事业就是代代相传，也是一代代的人去做的。如今便是轮到阳明先生了。"

"席兄谬奖了！"

王阳明自从离开京城，来到这边远之地，已经很久没有接触到像席书这样的读书人。所以，他将自己来此之后，因与当地土人交接而沾染的粗犷作风，稍微收敛了一些，彬彬有礼地道："杨雄有言：'雕虫篆刻，壮夫不为'。文章之道，如果不是有感而发，非有不得不立之言，其余皆不过空文而已。便如我在京师，与诸子文仿秦汉，诗宗盛唐，吟哦不绝。当时，我以为那些风花雪月的文字，就是继承圣贤的精神，留名千古的事业了。直到后来，抗疏直谏，受廷杖而入狱，始知文字浮躁虚化，百无一用。而真正的圣贤事业，经世之学，却是无论如何在这些文字中都是找不到的。欲行圣道，非抛弃此抱病残缺之身，亲躬亲行不可！"

"好一个亲躬亲行，这四个字从别人口中说出来，我还要怀疑；从阳明先生口中说出来，我却是一百二十个地信服。对了，我今日来此，不但要亲自探望、拜访贤弟，还有一个目的。"

席书说着，从怀中掏出一封早已拟就的信递给王阳明。

"哦？"

王阳明将信拿过来，在从窗子洒进来的一大片明亮阳光下，轻轻展开：

"近时懂诸士者，要不过属题命意，改课文，锻字句，以迎主司之意，裁新巧以快主司之目。上以是取士，下以是挟策。师舍是无以为教，弟子舍是无以为学。居今之时欲变今之习，诚艰矣！岂朝廷取士之初意乎？……"

只看了这一段开头，王阳明已经明白席书的来意。因为席书在山东之时，就致力于教化百姓，读书育人，所以对当今教育之弊，洞见甚深。当时社会上的读书风气,不过是为了功名利禄而读书。教育是完全和举业联系在一起的。国家通过科举取士,而读书人则一心为了做官而读书,至于圣人最初寓道于教,传授的那些修养心性、平治天下的大道理,在今人是全然不当作一回事的。

连中原的读书人都不把圣贤之教当作一回事,则到了贵州这样的地方,人们就更不愿意读书了。因为读书中举,这条道路对他们来说根本就是天方夜谭,所以也就提不起什么兴趣来。

"然贵之士安于土俗,诱以禄利尚不乐从,教以举业复不能治。幸有治者,日省月试又不能工,而况有大于举业者乎?舍是以教,责诚难矣!夫举业者,利禄之媒也。世之皓首一经,凡为利禄而已。以书一人推之,书少时治举业,要不过为利禄计也。然昔者借是而有闻,今者脱是而愈暗,是误天下之豪杰者,举业也。然天下士皆是而知所向上者,亦举业也。故韩子因文见道,宋儒亦曰:'科举非累人,人自累科举。'"

除了以举业、利禄相诱,还有什么能吸引他们呢?席书提出了一个大胆的设想:以圣贤之学为体,以举业之学为用,将其融合为一,这样的教育,可以在初级阶段让学生修养心性,增益自身;而到了高级阶段,其中的出类拔萃者或许就可以在举业上面一展身手,实现"平治"抱负了!

"今之教者能本之圣贤之学,以从事于举业之学,亦何相妨。执事早以文学进于道理,晚以道理发为文章。倘无厌弃尘学,因进讲之间,晤以性中之道义于举业之内,进以古人之德业,是执事一举而诸生两有所益矣!"

教书育人,根本的目的还是在于阐发圣贤之道,使人明心见性,不至于非要人人为官,个个中举。这个思想,在席书这里是很清楚的。孔子当年在杏坛讲学,私相传授,也只是为了使更多的人懂得"礼",并且寻找机会通过影响党政者去推广"礼",使圣人之教,广泽天下而已。

上 部 龙场悟道

当然了，席书光有这么好的设想还不行，还必须有这么一个能够兼顾"圣贤之学"和"举业之学"的先生。

所以，他才迫不及待地来到龙冈拜访王阳明。他早已认定王阳明正是这么一个难得的人才。

"原来席兄是为请我为诸生讲学而来！"看罢此信，王阳明感激不已，站起来，冲席书和毛科长长一揖。"上次毛兄请我去讲学，我没有去。这一次，席兄又和毛兄专程而来，我实在是不敢推辞了。世人皆沉溺功利辞章，而不知道有身心之学；举世之人，皆懂得趋利避害，独有席兄和毛兄，置举世之非而不顾，冒险枉顾，来请守仁往训官学诸生！为国求贤，不避嫌疑，此真豪杰之士，社稷之臣矣！两位在上，请受守仁一拜！"

看他动了感情，以肺腑相见，两人也连忙站起来，客气一番。

重新坐定，席书继续道："我在来的路上，和毛兄说起你，毛兄有一个疑惑，一直未解。如今来到这里，还要当面求教于贤弟。"

"哦，什么疑惑？"

"贤弟，我的那个疑惑，是因为我没有亲自来你这里看一看。如今来了，这疑惑已经解开了。"毛科笑道，"本来我不知道贤弟何以能在此穷山恶水之处安闲自乐，今已知之，只因贤弟向来怀有大志，经此历练，更加坚定向道之心，所以才能做到这一点，成此事业！"

第一个疑惑，已经解开。不过，席书却还有另外的一个疑惑："我也想问一问贤弟，但不知贤弟在这里所思所悟，所得何物？你所传授给学生的圣人之道，又是怎样的圣人之道？"

"哈哈哈哈……"听了他的这个问题，从见面开始就谨守礼节的王阳明，忽然朗声大笑起来，令席书为之一愣。

"怎么，我说错了话吗？"

"没有。"王阳明笑着道，"实不相瞒，我所传授的圣人之道，既不是孔孟之道，也不是程朱之道。"

"哦，那是什么？"席书和毛科一齐问道。

"是我的'心道'。"

"'心道'？"席书和毛科面面相觑，不解他话语里面是什么意思。

"不错，我所传授的正是我自己创造出来的一门学问：心道！"王阳明第一次和真正的学问之士介绍自己的悟道心得，侃侃而谈："两位是真人君子，我王守仁也不说什么冠冕堂皇的大话。守仁虽然从小自命不凡，然而亦有自知之明。说到底，我也不过只是个寻常之人，到此地步，亦不能免俗。一年以前，初来龙场，我也曾和那些被贬来此处的官员一样，自怨自艾，牢骚满腹。再加上断薪断粮，多苦多病，我也曾起过寻死之心，一了百了。这个念头产生以后，不怕席兄笑话，我就真的在山洞中开凿出了一个石棺，一心一意在里面等死，并且嘱咐下人：一旦发现我死了，只需将洞口封上，就地掩埋即可。"

他喝了口水，平息了一下激动的心绪，继续讲下去："一个人，如果不曾置身在那么一个漆黑一团的石棺里，是很难理解那种感觉的。身下是冰冷而坚硬的石头，周围没有任何声音，完全地归于寂静。一切都绝望到了极点，三十多年的人生岁月如同一幅幅展开的画卷，在心中展开。而我注视着这些画卷，看到那个叫作王守仁的家伙，从少年时候的任侠，到青年时代的沉溺骑射，再到后来为辞章所迷惑。我看到他时而对着竹子发呆，时而在书卷堆中苦苦探求。他究竟在寻找什么呢？他游览名山大川，到处寻找神仙、真人；他一次又一次放弃出世升仙，只为心中那无法割舍的一份人伦亲情……"

听着他动情的讲述，席书和毛科也不由被深深地打动了。是啊，同为读书之人，同为探求圣人之道，千古绝学，自己也不曾有过和他一般的经历吗？可见不论今人古人，不论天南地北，这颗求道之心，这颗追求之心，人人都是相同的。一瞬间，二人似乎有点明白什么了。

"三十七年一梦！到头来，我渐渐开始分不清楚现实与幻觉，弄不清楚是我在石棺里的这一具骷髅，真的经历了那一段芜杂荒废的人生岁月；还是我只在石头棺材中，做了一个梦。梦是会醒来的，可是如果真的只是一个梦，那个叫王守仁的人所经历的这一切又有什么意义呢？如果并没有意义，那么许多和王守仁一样的人，他们度过的一生岂非也都是毫无意义？那么，千千万万像他们一样的人，为什么要到这个世界上走这一遭？"

不知不觉，他的声音大了许多，情绪愈发地亢奋起来："我苦苦地思索着

上部 龙场悟道

这个问题，一再问自己：那些穷通了天地之道，参悟了人生真谛的圣贤，他们究竟悟出了什么？如果他们中的任何一个人，孔孟也好，程朱也罢，他们落到如此地步，换作他们躺在这石棺中，又会如何？他们那些人生的道理还能够用得上吗？当此无路可走之际，他们又会怎么办？'圣贤如此，更有何为？'这一句话，我反复问了无数遍。"

他这一连串的疑问，将席书和毛科也带入到了深深的迷思中："是啊，'圣贤如此，更有何为？'"

王阳明继续讲下去道："我就这么一边思索，一边等死，然而那死亡却迟迟不肯自己到来。于是我开始领悟出第一个道理：我们这个躯体，表面上顺从我们，穿衣吃饭，知冷知暖。实际上，它并不真正由我们自己来控制。很多人都不明白这么一个事实：终其一生，我们其实都是自己这个身体的奴役，它生，我们就跟着生；它死，我们就跟着死。在这一点上，我们与猫啊、狗啊、虫啊、鱼啊……并没有任何区别。"

"为了保全这个躯体，天底下所有的人们都在忙忙碌碌，满足它的各种欲望，眼睛有眼睛的欲望，要看好的东西；耳朵有耳朵的欲望，要听好的话语；鼻子有鼻子的欲望，要闻好的气息；嘴巴有嘴巴的欲望，要吃好的食物。每一个器官都是欲望的化身，而任何一种欲望不能得到满足，我们就会痛苦，挫折和沮丧。实际上，这些欲望有满足的时候吗？满足了一个欲望，接下来就会有一百个、一千个、一万个欲望产生；不等所有的欲望全部满足，我们这一生就走到了尽头。满足欲望的结果是最后变成了在棺材中的骷髅，难道这就是我们拥有的人生？"

讲到这里，王阳明停息了一下。他沉默着，席书和毛科也没有说话，一时间，屋子里静悄悄的，三人都没有察觉，日已移影，光线本来从南面的窗户透进来，现在却变成了从西边的窗户透进来，洒满一地。

"这个我们称之为躯体的东西，其实集合了无数的欲望，每个欲望都如同藤条枝蔓，将我们紧紧缠绕。但是否也有不被其拘束的东西呢？就在那万籁俱寂之中，我忽然听到了一种声音，一种响亮的、有节律的声音。那是什么？我忽然意识到，对了，那是我自己的心跳声。由此我想到第二个问题，眼耳鼻口,各有欲望,那么我们的心呢?心有何欲?"

"心有何欲?"席书和毛科也听得惊奇不已,这个问题实在问得太新鲜了。

是啊,既然心和眼耳口鼻一样,都是作为我们身体的一个器官,那么它一定有自己的欲望。耳好美声,口好美味、眼好美色,心有何所好呢?

"作为我们这个欲望的身体的一部分,心必有所欲。可是心之所欲,究竟是什么呢?我想来想去想不到答案。但是这个问题使我意识到,此前三十多年的人生岁月,我走遍了那么多地方,到处探询各种事物存在的道理,而最易被忽略的,却恰恰是我这颗隐藏在身体内部的心。我对它的关注太少了,而说不定天地宇宙,最大的秘密就隐藏在这里呢!我集中了全部的精神,去试图深入这颗心的内部。结果发现,以前要剖开躯体,才能见到这颗心;而现在只要闭上眼睛,停止意念,就会进入到这颗心里面。我们的眼耳口鼻,都是在我们离开娘胎以后,才发挥作用;而这颗心,却早在这一切以前已存在,并且支撑起这个生命的逐渐形成。"

"是的,生命在我们的各种欲望产生以前就已经存在,所以这颗心的里面,是有着一个先天的本来面目的。这个面目,就是我们的本心。我们的本心,非但在我们未出娘胎之前就已经存在;实则比那更早,在生命以另外的一种形式存在时候,就已经存在了。譬如江河湖海,都是水的形态;而雾露雨霜,又何尝不是水?我们的生命,一部分是精血,而凝成胎形;但也有一部分,是阴阳之气,就漂浮在看不见的虚空中!人,是秉承天地之气而生的精灵,这个本心里面,便已经包含了天地宇宙的大道,所以圣人才说,天地之大德曰生。整个宇宙,都有一种创生的本能,这是天道;地承接天道,赋物以形,孕育生命,这是地德;天地合一,道德并行,才有了这个世界上无穷无尽的、各种各样的生命,而作为我们人的本心,是从一开始就将这种'道德'蕴涵在里面的。所以,我认识到,以前去向外面的世界探求大道,妄想如朱子所言,格尽天下之物,而追求体悟道德,实在是大大的错误啊!"

"阳明先生,你的这个理论,倒让我想起了另外一个先贤陆象山。"听他这么一说,席书很自然地想到了著名的"朱陆之辩",说道,"象山先生当年不是也说过，'此心即理'，道德本自人心，何必外求？此心即宇宙，宇宙即吾心。看来，你是受了他的影响，才悟出了一套道理啊！"

"席兄说得对，也不对！"王阳明解释道，"象山先生的确给了我启发，他的理论简易明确，也的确深合我心。不过，我总觉得，象山先生和晦庵先生都没有说透。一个说心，一个说理，而不管是理先心后，还是心先理后，终究还是将心和理分了开来。我倒以为，人既为宇宙所化生，则自然包含在整个的宇宙中。譬如鱼在海洋中，鱼本身也是海洋的一部分。鸟飞翔在天空中，鸟本身也是天空的一部分。我们人生活在这个世界上，其实也都是宇宙的一部分。这一切何曾分开过？心和理也是如此，不过是同属于一物之两面罢了，互相并生并存，又何来分别先后？所以，我更倾向于一个崭新的说法：心理合一。"

"心理合一？"

至此，席书和毛科方从他的一番话中，领悟出他的一套完整的新思想。这套思想，果然前无古人，纯系自创。

"是的，一切道德，源自本心。我们每个人的本心中，早已包含着天理人伦，所以只要去观照本心，勤用功夫，譬如将本心比作一面镜子，则我们在尘世中，蒙蔽了种种的欲望灰尘，落在上面，逐渐失去本来光明的面目。我们只需要将其擦拭出来，则自然可以洞见大道。人人本来皆为圣贤，所以不须求诸外物，只证本心，大道必可直抉而出矣！"

"原来这套功夫，就是你所说的'心道'啊！"席书听他解释完以后，一时有些欢喜，又有些糊涂。

"象山批评晦庵支离破碎，我便从整体上下手；晦庵批评象山大而无当，我便从事功上磨炼。象山之长，在于知；晦庵之长，在于行；我则以为，将知和行合在一起，方能上接孔孟，而下启万世。所以，我这一套'心道'，直观地说来，就是四个字：知行合一！"王阳明最后说道。

"好，好一个'知行合一'，这真是几百年来没有人能抵达的高妙境界，不想这层窗户纸今日被你一指头捅破了！"

席书也是个聪明绝顶的人，瞬间领悟了王阳明"心道"的精髓，心中多年的疑问，亦随之一扫而光。

"圣人之学，复睹于今日！"毛科也叹道，"我能够在离开贵州之前，听贤弟你讲述这一番大道，实在是三生有幸！看来我真是来得太迟了！"

"那么，就请贤弟不辞辛苦，到贵阳官学，去训迪诸生，专讲'知行合一'罢！"

第九章

瘗旅悲歌

整整一个夏天,王阳明都沉浸在新学问体系的创造里,足迹不曾踏出龙冈书院一步。直到这天早上,一个人跑来叩响书院之门,将他从那恍恍惚惚、如痴如醉的状态里硬给拽了出来。

令王阳明无论如何都没有想到的是,这个人竟然不是别人,正是阿萝。

阿萝从王阳明离开以后,就陷入了对他痴痴的想念之中。本来,她自己也不敢肯定,对王阳明的这一份感情是真是假。可是,她那个柴扉深掩、从未有人闯入过的少女内心世界,却整个都被王阳明的影子给占满了:要么是他在挥笔疾书,要么是他在仗剑起舞,他们在一起的时间只有那么短,可是从看到他的第一眼起,她的一颗心就整个附着在他身上了!

她是那么一个骄傲的女孩子,水西多少村寨,多少达官显贵,青年才俊,向她主动示爱,她却看都不正眼看他们一眼;然而一遇到王阳明,她所有的骄傲和矜持都抛到九霄云外,只是觉得能够时时刻刻在他身边就好!

是的,无论她怎样豪放不羁,再有多少女中英雄的气概,一遇到一个"情"字,还是如同被困在天罗地网中的小鸟一样,怎样振翅挣扎,都无处可逃!

多少个夜晚,她梦到自己和王阳明在一起,在漫山遍野的杜鹃花丛中久久流连;多少次蓦然惊醒,她为这个看上去永远无法实现的美梦而心碎流泪!

妹妹的这种情形,哥哥安贵荣完全看在眼中,然而却也无可奈何,他只盼她不要这么折磨自己!

最后,阿萝实在受不了这种煎熬,她想起王阳明答应过自己,可以随时去龙冈找他的。

"为什么不去找他呢？"她终于下了决心。

于是，她就带着哥哥给王阳明的一大批物资，在一支小小的护送队伍陪伴下，离开水西，来到了龙冈。

"阿萝，是你？"

当她出现在王阳明面前时，王阳明大大地吃了一惊。这两个多月来，他一心研究学问，早忘却了龙冈山外的一切。包括安贵荣，包括这个聪明可爱的阿萝，因此见到她，他还恍如梦中。

"你……你怎么来了？"

话一出口，他就知道自己问得冒失了。他是个过来人，又有着读书人特有的心思细腻和敏感。不用说话，仅仅从阿萝望向自己的那一双眸子里，也该知道她为何而来。

"先生，你不是说过，我可以随时来看你吗？"果然，阿萝警觉到了什么似的，连忙问道，"我……是不是打扰您了？"

"不，不是，不但没有打扰到我，而且你能来看我，我很高兴！我呀，这段时间正想念你们呢！"王阳明一边迎接她，一边热情地问道，"怎么样？安大哥最近过得好吗？忙不忙？你呢？过得也不错吧！"

"我哥哥还是那么忙，他一直想邀请你再过去，却始终抽不出时间来，所以才派了我来，给先生送些东西，并要我转告先生，他一直惦记、思念着你，还叫你好好保重身体呢！"

明明是自己要来，却借口是哥哥的意思。不过，安贵荣自王阳明走后，也的确思念得紧。

"你回去后，替我谢谢你哥哥！若非他的资助，我这个龙冈书院，只怕永远也建不起来啊！"

当下，王阳明吩咐童子、仆从等将货物卸下来，自己则领着阿萝参观起书院来。

和安土司的庄园比较起来，王阳明的这个龙冈书院，实在算不上什么。然而这里的每一座建筑，阿萝却都很喜欢，什么"何陋轩"，什么"君子亭"，什么"宾阳堂"，听名字就透着有文化气息。

但当来到阳明小洞天，王阳明介绍，这里就是自己居住了半年多的地方，阿萝却忍不住落泪了。

"对不起，我们这里的人们，不知道你是这么一位稀世罕有的大贤，没有把你照顾好……"

"你这是什么话？"王阳明听了，却被她逗得笑起来，"我本来就是戴罪之身，是被贬到这个地方来，又不是到这里做圣贤，被这里的人们供养来了。说实话，如果不是我在这个山洞里悟了道，我真的只怕要面壁而死，那么你来这里，就看不到这后来的书院，也看不到活生生的我，而是一堆森然的白骨了！那个时候，你既不会认得我，自然也不会对着一堆骷髅掉眼泪。"

他这么一番自嘲的话，将阿萝顿时又给逗乐了，破涕为笑："真的吗？那么你在这里悟出了什么？"

"说来深奥，其实却简单。"王阳明道，"简单地说来，就是我们这个生命，未出娘胎之前，由不得我们做主；当这个躯体死去之后，我们也不会再知道发生了什么。也就是说，供我们所可操控的，只有这么一个个真实的当下。譬如现在这一刻，我们可以对着这个山洞哀伤不已，但也可以开怀大笑。只有在这个情境里，你才是你，而我也才是我。无数的这一刻组合在一起，就构成了我们每个人的人生。"

"先生，你这番话太深了，我听不懂。"阿萝思索片刻，摇了摇头，她第一次听到这么深奥的话，不知道什么意思。

"那么，我来给你做个譬喻吧。"王阳明自从悟道以来，简直无物不可以说，无物不可以入道，真应了朱熹的那个说法，万事万物，皆有道理。只见他随便指了指洞边上的一朵小花，问阿萝："这朵小花，你看到了吗？"

"嗯，看到了。"

阿萝随着他的手指瞧去，那不过是一朵普通的小花，并无任何的特别之处。她更加糊涂了。

"你仔细看，可能看出来什么？"王阳明问她。

阿萝仔细盯着看了一会儿，希望能从中看出什么与众不同之处。然而，那花儿的确并无特别。"看不出来怎样呵！"

"我教你一个方法。"王阳明告诉她，"你闭上眼睛，先在心中想象一件你最高兴的事情，心里高兴了，再来看它。"

阿萝闭上了眼睛。什么是最高兴的事情？自然是当日她初次见到王阳明，他那潇洒的书法和剑舞，令他沉醉。而她在月光下为他而舞的那一段，实在是平生里开心的一刻。即使现在想起来，心中都充满甜蜜。

这么想了片刻，她睁开眼睛。再去看那朵小花，小花正在一阵微风中轻摇，仿佛在冲她点头致意。

"我看出来了，它在冲我笑呢！"

她的这种感受，立即得到了王阳明的肯定："很好，你做得很好。现在，闭上眼睛，换一种心情，想一件你最悲伤的事情，心里难过了，再睁开眼看它！"

这一次，阿萝的眼前立即浮现出母亲去世那一天的情景。那一年，她才只有十岁。那天，已经多日卧病、昏迷不醒的母亲忽然醒来，挣扎着将她叫到跟前："阿萝，娘这一辈子最大的心愿，就是看到你穿上最漂亮的嫁衣，做我们水西最漂亮的新娘！只可惜娘看不到那一天了。如果那一天真的到了，你一定不要忘记了在娘的坟前烧纸祭奠，告诉娘一声。娘的在天之灵，也会看到你美丽的样子！娘永远都会为生了你这么一个又漂亮、又懂事的女儿骄傲的……"

这么想着，泪水无声无息地从脸上流下来。她难过了好一阵子，才睁开眼睛。带着泪光去看那小花，说也奇怪，那小花居然也似乎伤心不已，仿佛它也知道阿萝的心事，微微地颤抖着。"先生，它……它在哭呢……"

这一发现令阿萝惊诧不已。

"你现在明白什么了吗？你可知道，何以它在片刻之前笑，而又在片刻之后哭？"王阳明这才点明了其中的玄妙，"花还是这花，花本无心，所以花也无所谓笑，无所谓哭，在你没有看这朵花的时候，它与天地山川，同为一体，寂然无声。然而，当你去看它的时候，你的一颗心便投射在了上面。你的心是高兴的，所以花儿看起来也在微笑；你的心是悲伤的，所以花儿看起来也在哭泣。同样这一朵花，在一千个人眼中，就有一千种面目。不是这花有这么多的变化，而是人心各异。"

"先生是说，因为我的心变化，所以这朵花也跟着我变化了吗？"阿萝努力理解他的意思。

"岂止这一朵花，因为你这一颗心，你去看山，看水，看云，看天，整个这外在的世界都会变化。阴晴圆缺，本来是月亮的正常形态，千百年来从未变化；花开花落，也是四时变化，再正常不过的现象，可是，为什么有人看月残而落泪，见花落而伤心。为什么同样的世界，在有人眼里一片光明，而在另外一个人眼中却是一片黑暗？心动，则天地宇宙，皆为之动；心不动，则一切不动。"

"我明白了！"

阿萝听他说到"心动"，忽然想到，自己本来对男子正眼都不看一眼的，自从见了王阳明，如痴如醉，不正是因为心动的缘故吗？此心一动，则跟王阳明相关的一切，无不光芒四射，连这龙冈也灿然起来！

"我是这么理解的，先生你看对不对：譬如我喜欢一个人，那么我看到跟他相关的一切都是令人喜欢的；我不喜欢一个人，那么我看到跟他相关的一切都是令人讨厌的。这叫……叫什么来着？"

"爱屋及乌。"

"对了，先生那天在文章中，曾经写到过这个词语的。"想起当日王阳明写作此文，正是自己"心动"之时，阿萝不由脸上飞起一抹红晕。不过她已经顾不得那么多，只是用热烈的目光注视着王阳明："像我们这等山野之人，不可能不动心，悲伤、欢喜、忧愁，爱一个人，恨一个人……这一切都是明明白白的。不过，先生是怎样的呢？先生有没有对什么事、什么人动心的时候？"

"当然有了。"王阳明回答道，"我虽然明白其中的道理，可是却并没有修炼到那'不动心'的境界。再说，人一旦修行到那个地步，则天地宇宙，一切静寂不动；万事万物，都了无生趣。那么我们这个生命，又有什么意思？我们活着岂非便已经死了，这个活泼泼的躯体又和骷髅何异呢？"

"这么说，先生也会'心动'了？"阿萝却要的不是他这种学术上的回答，而是单刀直入，"譬如说，我现在就站在先生面前，和这朵小花比较起来,先生是对我心动,还是对花心动呢?"

"这个……"

这个问题来得非常突然,然而又不得不面对。王阳明不是虚伪之人,所以毫不犹豫地回答:"自然是对阿萝妹妹心动了。我一个大男人,面对这么一个青春亮丽的生命,这么一张花容月貌的面孔,总不能无动于衷,却反而去称赞一朵不会说话、也不会聊解我山中寂寞的小花吧!"

他这么当面称赞阿萝,令阿萝非常受用。不过毕竟是姑娘家,还是有些扭捏,脸上更灿若朝霞。

在山上转了一圈,又在"宾阳堂"中喝了一会儿茶,时候已经不早。简单地吃过午饭后,阿萝就要告辞了。

"先生,能来探望你我很开心。"虽然行色匆匆,不过毕竟见到了日思夜想的心上人,阿萝已经很满足。"如果先生不嫌弃我来打扰,那么我以后就每半个月来一次,给先生送些酒食衣物,如何?"

"那岂不是太辛苦你了?"

"我觉得不辛苦呀!反正我在家里闷着,出来在路上还可以散散心。再说,先生不是答应过教我读书的吗?我每半个月来这里一趟,不正好利用这个机会,请先生考试我所学的知识?"

这倒是一个绝妙的借口,王阳明再也没有任何的理由拒绝执行,只好答应下来:"那么好吧!"

"太好了!"

阿萝一想到从此每个月中,都有两次可以见到心上人,虽然时间间隔长了一些,不过毕竟已经有了突破。

她高兴地几乎跳起来。而她的一番情意,王阳明又何尝不知道。不过,他更懂得发乎情,止乎礼,他也知道自己在龙场终究是待不长的;而阿萝呢,她和奢香夫人一样,只能属于这里。

她不可能跟王阳明离开贵州,王阳明也不知道自己将来的命运如何。

阿萝却不能理解王阳明的这一份苦心,二人在年龄上、文化上、阅历上都存在着差距,自然思考问题也不同。

分别在即，阿萝还是觉得有些恋恋不舍。她忽然又有了一个大胆的想法。

"先生，我要回去了。你能送我一段吗？我来的时候，路上有几个地方，景致很不错呢！你在这里闷得久了，顺便一起出去走一走，怎么样？我还可以给你做向导，介绍一些好玩的地方呢！"

"好呀！"王阳明静极思动，也正想到外面去走一走。再说，有如此佳人相伴，游山玩水，必然是一件惬意之极的事情，何乐而不为？

"走吧！"

就这样，王阳明嘱咐了童子几句，便和阿萝一人一骑，离开了龙场。

脚下的这条古老驿路，是当年奢香夫人建造；而如今骑马陪伴在自己身边的这个女子，又正是奢香夫人的后裔，王阳明一时又有些恍惚起来。

初秋时节，在北方早已有了肃杀之气，一片萧瑟，空气中充斥着腐朽和死亡的气息。

可是，在这个地方，秋夏之交，痕迹并不如何明显。青山绿水，依旧那么青翠秀丽；奇花异草，也仍然争奇斗妍。生命在这个地方，是如此逍遥自在，如此安然自适，一点都不匆忙。

不过，也有令王阳明不能开怀的事情。在他们刚要出龙场驿的时候，碰到了从对面来的三个人。

这三个人，从他们的穿戴上，王阳明一下子就看出来，他们不是本地人。非但不是本地人，而且听他们的口音，竟然是来自京城。

"请问，去思州的路怎么走？"

那个老者一张口，流露出一口字正腔圆的京腔。这种京音王阳明已经有整整三年没有听到了。

"敢问这位老丈，可是从京城而来？"王阳明能在这个地方再听到京师之音，依然有着几分亲切和感动，忍不住起了探询京师故人的念头。

"咳……不错，咳……"

那老人显然对王阳明能够说一口京腔也颇为诧异。不过，他来不及多说什么，就拼命地咳嗽起来，脸涨得通红。

"对不起，让我来替家父回答吧。家父久居京师，一生读书，不曾谋得功名。这次幸而得捐了这么一个官职，所以不远万里，带着我来上任了。"

那个年轻人还只是一个少年，说话怯生生的。他显然对王阳明颇为依赖："一路上风餐露宿，家父的身体又不好。唉，真没有想到从京城到这里有这么远！而且自进入这贵州境内以来，语言不通，几次都迷了路。今天所幸遇到先生，还请先生指点一条路，我们父子好早日抵达任上。"

"原来是一个捐官！"王阳明在京师时，就知道当时有很多读书人，一辈子挣不到功名，然而做官之心不死，为了得到一官半职，不惜倾家荡产。而大部分的钱财，都被各个关节上的官员给扣留了。万贯家产，到头来常常只能换得边关荒野之地的一个小吏。这位老者看来就是这么来到此地了。

他本来想介绍自己的龙场驿官身份，可是看老者似乎染了重病，不敢多耽搁他们，只能指点说："思州离这里不远，不到一天的路程。沿着这条驿路一直走下去，就可以到达。你父有病在身，可以不必急着赶路，今晚可在蜈蚣岭那里的人家借宿，歇息一晚，明天再轻松赶路不迟！"

因为阿萝还在身边，所以他也没有多说什么，与这一行三人道了别，匆忙上马了。

一路上，阿萝快活不已，看到一朵花，就要告诉王阳明，这叫什么花；看到一棵树，就要告诉王阳明，这叫什么树。和她在一起，那种蓬勃充沛的生命活力，感染着王阳明，很快将其他的事情都抛到脑后了。

平坦的驿路，在蜈蚣岭陡然转急，蜿蜒伸向山上。岭上一共有零零星星的几十户人家，都是苗族。

沿着崎岖而古老的驿路，他们开始向山上爬去。然而偏偏天公不作美，早上还是阳光晴朗，下午却突然阴沉着天气，飘起雨来。

在这样的天气里，沿着驿路上山，是一件很费力气的事情。不过阿萝却一点都不在乎，在前面不停地招呼王阳明。

终于，他们上到了山顶。而王阳明立即被这里的风光吸引了：两峰之间，一桥相连。河水从桥下的一个大洞中穿过，在另外一端倾泻而下，成为一道横挂山前的飞瀑。水花飞溅，水声如雷。

"好一座天生桥！"

王阳明忍不住喝彩一声。阿萝早已下去到桥边，从桥洞里穿到另外一面去，就站在飞瀑之上。

"来呀，先生，到这里来！这里才好玩呢！"

她那么大胆，王阳明也咋舌不已。不过，他也不能示弱，于是用手攀着两边的灌木藤条也下去了。

站在她的身旁，隐隐的水雾扑面而来，湍急的水流就从二人的脚下泻下，咆哮着落入深涧。

似乎为了给这壮丽的景色增添色彩，本来天气已经阴沉，现在，却一下子又放晴了。太阳从云层里钻出来，万道金光洒下，顿时一条彩虹挂在涧前。对面的壁崖上，蒸腾起片片白雾，不知道从什么地方，传来阵阵猿啼。而随着视野的一下子开阔，远处的重重山峦，山梁上一个个的寨子，还有一片片的竹林，也都收入眼底。如此美景，令人心旷神怡。

"先生，你知道吗？这座桥，据说还是牛郎和织女留下的呢！"一旁，阿萝给王阳明讲解道，"当年，因为两山分开，道路不通，人们天天祷告上苍，诚心感动了天帝，命令牛郎和织女下来修桥。牛郎和织女本来在天上一年只能见面一次，如今到了这里，只顾在一起倾诉心声，忘了时间。后来，不知不觉，天就要亮了。听到鸡鸣三声，才想起来自己的任务，来不及修桥，就将两座山头向中间这么一合，撮在一起，于是就有了这座天生桥……"

听着这个传说，王阳明当然知道不可当真，不过也不能不佩服当地人的想象力。

从桥下上来以后，这秀丽旖旎的风光令王阳明诗兴大发，忍不住吟诗一首：

"水光如练落长松，
云际天桥隐白虹。
辽鹤不来华表烂，
仙人一去石桥空。
徒闻鹊驾横秋夕，

漫说秦鞭到海东。

移放长江还济险，

可怜虚却万山中。"

"先生，这诗什么意思？我不太懂，能不能给我讲解一下？"阿萝最喜欢他这种才华喷涌时的潇洒神态，只可惜他的诗对她来说太过深奥，不能理会其中的一些精微之处，因此请求道。

"这首诗的大体意思是说，在这么一个风光秀丽的地方，仙人已经驾鹤而去，只留下了这么一座石桥。那些光怪陆离的传说尽管动听，可是这座桥却不能因此而去长江济险，发挥功用，只能这么寂寞地待在万千山岭中啊！"王阳明讲到这里，叹息一声，"诗以言志，歌以咏怀，阿萝妹妹，我这不是在说这座山，我是在感慨我自己啊！我从小立下那么远大的志向，为探求大道而苦苦追求。文章之学，兵法之道，我学习这一切的目的，不正是为了有朝一日报效国家吗？可我努力了这么多年，学得一身本领，现在却也只能如这座石桥一般，寂寞地待在这山林中！"

"先生不必伤感，我哥哥总说，以先生之才，绝不会在这个地方久待，我也相信你总会有施展抱负的一天，成就一番惊天动地的大事业！"阿萝安慰他道。

她从内心里，不愿意王阳明离开贵州；可是看他现在这么睹物伤怀，她又不能不为他的际遇而暗暗落泪！

女人啊，真是个矛盾的情感动物：一方面希望心上人展翅高飞，一展凌云之志；一方面，却又希望用情感的线将他一圈圈缠绕起来，牢牢地拴在自己身边。

过了石桥，从山上下来，很快抵达了前面的"蜈蚣桥"，这也是龙场九驿，数不清的石桥中最气势磅礴的一座。

就在这桥上，王阳明和阿萝不得不分别了。因为还要赶回龙场，王阳明必须在天黑以前翻过山去。

"阿萝妹妹，回去替我向安土司问好！就说我很想念他，叫他多保重身体，我一定会再去探望他的。"

"先生，你也要保重身体！"阿萝的眼睛红红的，腮上挂着泪花，一颗心凝满离恨。

她就这么恋恋不舍地离去了。在马上，她还不时转过身来，冲王阳明挥手，王阳明也冲她挥手……

等她完全在视野里消失不见之后，王阳明才动身返回。这时候，天空中又布满了云，天色也昏黑下来。

过了天生桥，从蜈蚣岭下来的时候，天色差不多完全黑了。头顶上又飘起细细的雨丝，只有几户人家的窗户里透着昏暗的灯火。

王阳明走得累了，敲开一户人家的门，讨了一碗水喝。在喝水的时候，和主人闲聊了几句，才知道那个京官一行三人，也已经来到了这蜈蚣岭，就借住在上面的一户人家那里，歇息过夜。

"我要不要去询问一下他们关于京师的情况呢？"王阳明犹豫了一下，看看外面的天气，凄风冷雨，如果不赶快回去，再晚了只怕童子和仆人该担心了。算了，等明天早上再来这里问吧！

他谢过主人，出来后重新上路。顶风冒雨，快马加鞭，很快回到了龙冈。

这个夜晚，王阳明听着雨声入睡，在梦里也极不踏实。不知道是不是阿萝触动了他心中的某个地方，在这天晚上的梦里，阿萝第一次出现在他的梦中。她的秀丽的面容，银铃般的笑声，还有她那轻盈的舞姿，无一不美，无一不令人怦然心动……

第二天，也许因为童子怕他昨天太过劳累，没有叫醒他。等王阳明一觉醒来，已经快接近晌午了。

"糟糕！"

他还很少有这么晚起的时候。而他醒来第一件事，就是想起来要去拜访那从京师来的一行三人。

可是在这个时间，他们一定已经上路了！如果起得早，脚程快，一定早过了蜈蚣桥了，怎么追得上？

正在责备自己，童子却从外面进来了，一边给王阳明打好洗脸水，备好热毛巾，一边说道："先生，真是怪事！我刚从下面驿站回来，有路过的人说，昨天从这里经过三个京城来的官人，晚上宿在蜈蚣岭。结果只住了一晚上，早上起来那个年纪最大的就死了，不知道得了什么病，这么厉害？"

"什么？那个老者死了？"王阳明一惊，他虽然昨天看出那人重病在身，却不料只过了一晚就死了。

"唉，可怜哪，听说他的尸体就被扔在蜈蚣岭下，连敢靠近的人也没有，只有那两个一起的人在那里哭！"

听了童子的话，王阳明心头沉痛不已。这件事情发生得如此突然，他想，看来自己去打探消息之事，只能作罢了！

然而，更可怜的事情还在后面。这天下午，将近黄昏，又从驿站那边传来消息：那个老人的儿子也死去了！

一父一子，就这么稀里糊涂地把性命送在这么一个陌生而荒凉的地方，他们是去思州做官的，却连思州城是什么样子都没有能够看上一眼！

王阳明叹息着，难过得晚饭都没有吃几口。这一夜依旧风雨交加，他辗转反侧了一夜，不能入睡。

第二天，天刚亮，王阳明就动身起来了，将童子和两个仆从叫醒，嘱咐童子看守书院，他则带上两个仆从，要去替那可怜的一对父子收尸。

"虽然不知道他们叫什么名字，和我们也非亲非故，不过，毕竟都是从京城来的，又同为天朝官员。官职虽然卑微，却不可就这么暴尸荒野，有失体面，也辱没了生命本身的尊严啊！"

他带上两个仆从，扛上铁锹，带上祭奠之物，就出发了。而刚走到下面驿站，又传来消息：那个仆人也死去了！

"唉！"王阳明更难过了。听说那一行三人都是死于类似瘟疫的疾病，两个仆从露出畏缩的神色，不愿前去。

"我都不怕，你们害怕什么？"王阳明大声地斥责他们，"难道我们主仆三人，和他们有什么分别吗？"

二人也都是跟着王阳明经历过生死的，于是振奋起来，跟着王阳明一起来到了蜈蚣岭。果然，三具尸体躺在坡下，其凄惨令人不忍目睹。而当地的苗民因为他们死因不明，并不敢上前。

"就在这里挖个坑，把他们埋了吧！"王阳明含着泪水，开始在坡前用铁锹用力地挖起坑来。两个仆从，也一同在旁边挖起一个坑来。

半个时辰过去，三个坑都挖好了。王阳明等人小心翼翼地将三具尸体移入坑中，填埋之后，又点起一把火，将他们的随身物品全部化为灰烬。

因为是山野之地，只能简单地祭奠。王阳明就去岭上人家买来一只公鸡，又讨要了三碗米饭。

将鸡杀了，鸡血分别沥入三碗酒中；又将三碗米饭，摆在墓前，于是王阳明泪水滚滚，开始祝告：

"呜呼伤哉！系何人？系何人？吾龙场驿丞余姚王守仁也。吾与尔皆中土之产，吾不知尔郡邑，尔乌为乎来为兹山之鬼乎？古者重去其乡，游宦不逾千里。吾以窜逐而来此，宜也；尔亦何辜乎？闻尔官，吏目耳，俸不能五斗，尔率妻子躬耕，可有也，乌为乎以五斗而易尔七尺之躯？又不足，而益以尔子与仆乎？呜呼伤哉！尔诚恋兹五斗而来，则宜欣然就道，乌为乎吾昨望见尔容蹙然，盖不任其忧者？夫冲冒雾露，扳援崖壁，行万峰之顶，饥渴劳顿，筋骨疲惫，而又瘴厉侵其外，忧郁攻其中，其能以无死乎？吾固知尔之必死，然不谓若是其速，又不谓尔子尔仆亦遽尔奄忽也。皆尔自取，谓之何哉！吾念尔三骨之无依而来瘗尔，乃使吾有无穷之怆也，呜呼痛哉！纵不尔瘗，幽崖之狐成群，阴壑之虺如车轮，亦必能葬尔于腹，不致久暴露尔。尔既已无知，然吾何能为心乎？自吾去父母乡国而来此，二年矣，历瘴毒而苟能自全，以吾未尝一日之戚戚也。念悲伤若此，是吾为尔者重而自为者轻也。吾不宜复为尔悲矣。吾为尔歌，尔听之。"

满腹的伤感，深怀对人生的悲悯，以及对生命被放逐、流落至此的同情，再加上自伤身世，王阳明脱口而歌：

"连峰际天兮，

飞鸟不通；

游子怀乡兮,

莫知西东。

莫知西东兮,

维天则同。

异域殊方兮,

环海之中;

达观随寓兮,

奚必予官?

魂兮魂兮,

无悲以恫!

与尔皆乡土之离兮,

蛮之人言语不相知兮。

性命不可期,

吾苟死于兹兮,

率尔子仆来从予兮。

吾与尔遨以嬉兮,

骖紫彪而乘文螭兮,

登望故乡而嘘唏兮。

吾苟获生归兮,

尔子尔仆尚尔随兮,

无以无侣悲兮。

道傍之冢累累兮,

多中土之流离兮,

相与呼啸而徘徊兮。

飧风饮露,

无尔饥兮;

朝友麋鹿,

上部 龙场悟道

暮猿与栖兮。

尔安尔居兮，

无为厉于兹墟兮！"

不独哀叹这三个人的悲惨命运，王阳明甚至连自己将来死在此地的情形也描绘了出来：假如有一天，我也死在这里，你们三个人就可以从坟墓里出来找我，我们一起驾着紫色幼虎拉的车子，或者骑着色彩美丽的螭，登上那高处一起眺望故乡。以风露作为食物，与麋鹿猿猴交友。

连死亡都被王阳明描述得这么美丽，可见他经过山洞中的悟道，已经彻底超越了生死，领悟到生命和死亡是密不可分的一个整体：有生就有死，而死亡只是另外新生的开始，生生死死，永无止息，永无尽头！

第十章

知行合一

几天后,王阳明接到了席书的正式邀请:贵阳城内,文明书院已经装饰一新,两百名学子齐聚于此,专候王阳明前往训学!

为了这次讲学,王阳明也作了精心的准备。他收束精神,一个人在山洞中闭关数日,将自己这两年来默思所得,作了一个系统而简明的梳理。又将在龙冈书院教授诸生的《五经臆说》讲稿,作了全面修订。

这天,王阳明从龙场出发,也不用席书专门派人来迎接,只带了一个书箱,和童子一人一骑,飘然而来。

两年来,这还是王阳明第一次踏入贵阳城中。从龙场到贵阳,颇有一段路程。王阳明早上和童子出发,一路上并没有如何耽搁,然而到了贵阳,也已经是晌午时分了。

城门之外,席书早已经在亲自等候。在他身边陪伴的官员,大约有十来人,有他的部属,有他的朋友,也有专门慕名来一睹王阳明的风采的。这么一众人在这里排开阵势,等待一个小小的龙场驿丞,的确是一件非同小可的事情。很多过路的百姓,也都在这里聚集着,等着看王阳明是何许人。

终于,王阳明在万众瞩目里来到了。他并没有三头六臂,看上去和普通人也并没有什么不同。倒是面相清瘦,一缕长须飘于胸前,颇有几分仙风道骨。从气质上看,王阳明的确大异常人。

"来了,来了!"

"看,那个就是龙场驿丞吗?"

"听说他在龙冈盖了一个书院讲学,跟随他的弟子有上百人呢!土人都传说他是中原来的圣人。"

……

人群中一阵骚动,议论纷纷。毕竟贵阳这里和龙场不同。这里的居民,十之六七都是汉人。他们中绝大部分都是从四川、湖南、云南等地迁移过来的,加上一部分是镇守这里的汉军,后来在当地娶妻生子,依然保留着汉人的文化、生活习惯。千百年来,汉人不断地涌来,当地的土人大部分都被同化,一部分人为了保持自己的文化和风俗,渐渐退却到深山密林中去了。

在众人的注目中,席书恭恭敬敬地上前,迎接王阳明。按照官阶,他比王阳明高出很多,王阳明应该下马来参拜他。然而今日不同,今日王阳明是先生,而席书执学生之礼。所以王阳明并不下马,席书上来,见过礼后,替他牵着马缰,在前导路,引向城中。其他官员都跟在后面。

这个场面的确令人震撼。很快,走在贵阳的街道上,两旁的人们全都被吸引了,好奇地围观着。

"阳明先生受席提学之请,今日在文明书院开讲,传授圣贤大道。诸位父老有愿意听讲者,可跟随前往!"

经过官吏敲锣打鼓的宣传,很快贵阳城中人人都知道,文明书院来了个圣人。

这样一来,人潮涌动,跟随而来的人何止千百,街道一时为之拥堵,人们一齐向文明书院而来。

如此场面,王阳明却并不为所动,在马上眼观鼻,鼻观心,心入定,仿佛睡着了一样。

就这么熙熙攘攘地又走了一段路,这才来到了文明书院。和龙冈书院比起来,这官学的气派就是不一样。不但占地更为辽阔,而且房舍成片地联在一起,雕梁画栋,飞檐拱斗,甚是华丽。

书院门口,一众书院的负责人都早在束手等候。地面上洒扫了数遍,一尘不染。中间用崭新的红毯铺出来一条甬道,在阳光下夺目鲜艳。

至此,王阳明才在席书的搀扶下,从马上下来。左边是席书,右边是书院的院长,一左一右,护卫着他在地毯上向里面走去。

鼓乐齐鸣，弦管交响。那种仪式的隆重，若非经过之人是很难想象出来的。不就是一个教书先生吗？值得如此郑重其事？在一个文化已经被糟蹋得面目全非，道学沦落为科举进身、谋取功名的不二手段的年代，在贵州这么一个夷汉杂处、贫困落后的地方，人们居然对文化还有着这样的热情，有着这样发自内心的尊敬，如果一个从京城来的读书人目睹了这一幕，一定难以置信！

可是这的确又是实实在在发生的：文化这东西很奇怪，有时候，真正需要它的并不是那些达官显贵，而恰恰是那些挣扎在生活最底层的穷苦百姓。在有权、有势、有钱的人眼中，文化算得上什么？需要的时候，用来装点一下门面。不用的时候，就不知道丢到什么地方去了。可是在淳朴、纯真的老百姓那里，文化却是高高在上，是穷尽天地真理，是对人生最真切的揭示和对心灵最温柔的抚摸！他们需要文化，渴望文化，譬如人之渴思饮水，饥思吃饭。而喝水、吃饭、睡觉，这样的事情在达官显贵那里，是已经被完全忽略掉的。他们过着颠倒黑白的生活，恣意地挥霍生命，早已忘记了什么叫生活，什么叫人生！人人都有一颗心，他们的心却早已被欲望所纠缠不休，以至于彻底蒙蔽了。

而王阳明今天来这里，就是要教人擦拭这颗心上的灰尘，帮助人人寻找回真实的自己，发现光明的本心！

从这一点上说，席书不但有悟性，有见识，能够认识到王阳明的价值可贵，而且他还有着令人钦佩的行动的勇气。

进了书院的大门以后，王阳明被引到了一间宽敞明亮的大厅里。这儿，两百个学生早已正襟危坐，鸦雀无声。

正中间的一张椅子上，披花戴红，那是王阳明的位置。椅子背后，高挂着孔夫子的圣人画像。

王阳明走到台上，首先率领众人，一齐对着孔圣人的画像行礼。然后，他才转过身来，坐上讲椅。

等他坐定，席书又率领大小官员，及众学生，一齐向他行礼。偌大的教室中，只有一片衣袂振动之声。

这时候，外面也早已经围满了人。那些赶来听讲的学子，老少百姓，不能获准入内,一个个都挤在门口、窗前,聚精会神,脸上露出焦急的神情,只待王阳明开讲大道。

一切的仪式都结束后,席书率领诸人在前面一排椅子上就座。诸位学生也都屏息凝气,做好了听讲准备。

王阳明将目光逡视了一下,不慌不忙,用充沛的中气,和着抑扬顿挫的声调,先念了几句诗:

"大道即人心,

万古未尝改。

长生在求仁,

金丹非外传。

谬点三十年,

于今吾始悔。"

这几句,与其说是诗,倒不如说是一首"偈子"。这也正是当日王阳明在山洞中那个夜晚所悟出来的终极道理:从古代的先贤圣哲一直到今天,无数和他一样的人,究竟如何才能寻求到那主宰宇宙的大道呢?原来那大道并不在这个宇宙中的某个地方,它就在我们的内心深处,而且几千几万年以来,从来没有改变过。我们人类的生命,所以能作为一个连续不断的整体绵延至今,没有别的原因,只是因为我们互相关爱,能够意识到我们每个人的个体存在,都不过是生命整体的一部分。我们和一切有生命之物,和这整个的宇宙,是共生共存的,不可分割的。所以,那传说中长生不老的金丹,不必去向外在的世界追逐,只要去洞明我们的本心就可以了。

他的这种讲学方式,已经不是传统上的儒家问学,而更像是佛师升堂,点化弟子,众人听了,无不新鲜。

以这么一种方式给了众人醍醐灌顶般的震撼后,王阳明直截了当,不去讲"四书五经",孔孟程朱,而是从宇宙入手,给大家讲述了一门前所未闻的学问——心道:

"天地之大德曰生。什么是天？什么是地？圣人早就告诉我们了：乾知大始，坤作成物，乾以易知，坤以简能。天在万物生化的一刻，就赋予万物以将来生长的种子，这可以叫作成长之因；而地则是不管什么样的种子，都顺着其特性而促其发育生长，这可以叫作生长之能。有了成长之因，又有了生长之能，就有了完整的生命过程。而我们每个人，都包含在这个生生不息的过程中。

"天既有知，地既有能，则天地化育出来的一切，无不含有'知'和'能'，这是非常简单的道理。

"'知'在开始的时候，明明白白赋予万物以大的成因，至于我们每个人，每个人都有成圣成贤的可能性；然而仅仅有这种可能性还不够，还需要'能'，促使我们经过各种磨炼而抵达圣贤之境。那么这个'能'在什么地方？它不在别处，就在于我们的'行'。这个'行'是什么？就是圣人所教导我们的：开物成务，所以，我们的先祖们才有伏羲捕兽结网捉鱼，神农制耒耜以耕种，尧舜垂拱而治理天下，诸圣共为，刳木为舟，服牛乘马，发明弓矢、棺椁，'富有之谓大业'。不但让我们每个人都过上富足的生活，而且教化我们乐天知命，日新盛德。

"所以说天有知，地有能，而人有德。这个德，就包含在天赋予我们的知中。此人之所以为人也。

"既然人生而有德，那么我们为什么还要到外面去苦苦寻求呢？如果不去我们的内心追寻，它又能在哪里呢？

"所以象山先生才有一说：六经注我，万物皆备于我。六经既然是圣人用来阐述天地的大道，那么这大道一定是关于人心的。而这个人心人人皆有，所以古往今来的圣贤，不过是对我们的存在做出各自不同的描述罢了。万物皆备于我，是说我们和万事万物，都是这个宇宙所化，我们与猿猴飞鸟，虫豸虎狼，乃至一花一木，都是互相联系的，是一个整体性的生命存在，此万物一体之理也。

"天地万物，既为一体，那么以前晦庵先生所认为的那种格物穷理的方法就有问题了。天下之物，何止万千，难道一日不穷诸物。就一日不能悟其理吗？如果一生都不能参悟其理。那么我们每个人的人生岂非白来世界上走了一遭？我们又岂非辜负了天地之生？可是如果倒过来想，天生德予，它本来就在我们每个人的内心深处，本自光明，那么不须外求大道，只要向内探索，即使一步不出这书院，不知道外面世界是什么样子，一样可以成为圣贤之人，一样可以成就这个生命。

"我这么说，不是要你们从此抛弃一切圣贤之书，专心静坐，或者以为中举为官，皆是俗事。要知道，天所给予我们的这个知，不是一把椅子、一张桌子这么简单，也不是一下子就可以登堂入室、窥其奥秘的。它是无穷无尽的，需要我们每个人用一生去探寻，而且在不同阶段，便会有不同发现。所以，我有一个要求，必得在事功上磨炼，方为真知。

"所以，天之道，地之道，皆以一贯之，无非'知德行德'四个字而已。此四字同出天地，亦是一个不可分割的整体。你们千万不要又回到朱、陆之辩那样的旧路上去，争论什么先格物，后致知，还是先致知，后格物。万物一体，虽格物亦是致知，虽致知亦是格物，无分先后也。"

讲到这里，他已经不知不觉触到了当时哲学史上最大的一场争论：陆九渊和朱熹，前者主张"尊德性"，以为"吾心即宇宙""心外无物"；后者主张"道问学"，要格尽天下物，而穷诸理。

对普通人来说，或许一时难以明白其中的奥秘。而事实上，今天我们一眼可以看出，两人各执一词，一个偏重于道德修养，一个偏重于社会伦理。其实这二者之于我们这个生命，本来就是你中有我，我中有你，并没有什么先后之分。只要我们这个生命存在一天，那么这两件事情，就进行一天；而我们的生命一旦结束，则二者对我们来说也就都不存在了。王阳明正是从"死"入手，反过来思考，才一下子破解了这个迷局，从而将二者之间的对立化解，创造性地提出了"知行合一"。

当日，王阳明在文明书院的这个讲堂上，第一次提出"知行合一"这个石破天惊的思想，众人不无震惊！

在当时的读书人那里，人人可以为圣贤，可以作尧舜禹汤，这个观点已经是惊世骇俗了，而究竟如何去作圣贤，去走一条什么样的路，又是明摆着的：

要么尊朱，格物穷理；要么尊陆，立地成佛。但走朱熹的那一条路，很多人走了一辈子也没有格出多少理来，身心疲惫不堪；而走陆象山的那一条路子，又不是人人都有他那样的悟性，可以一瞬间明心见性。

而这个问题到了王阳明这里，竟然不费吹灰之力就解决了：从整体系统上去认识，从支离事业上去下功夫。不是人人都可以成为圣贤，而是人人本身都是圣贤；不是要去通过增益自己的本领来做圣贤，而是要通过减少自己的欲望，来使自己恢复圣贤的本来面目。

乍一听起来，似乎王阳明是在调和朱、陆；细一思量，就会发现，他已经在二人中间，创造出了一条新路……

第一天的讲学结束了。诸位学生中，有人听得失魂落魄，有人听得如痴如狂……

这天晚上，席书在贵阳城中最好的酒家，为王阳明安排了庆功酒宴，祝贺他首讲成功。

第二天，王阳明继续在文明书院开讲。还是那张椅子，还是那间教室，然而来的人何止多了一倍。

虽然他昨天所讲的"知行合一"对很多人来说，不能完全听懂。不过毕竟好久没有这么新鲜的学说了，人们对于新思想、新学说的出现，还是抱着非常欢迎的态度的。尤其在青年学子中，已经将王阳明视若神明。

"人生何来？曰知曰能；人生何为？知德行德。人之所以不学而能者，其良能也；所不虑而知者，其良知也。良知良能，藏于何处？在吾心也！"

昨天，王阳明的宣讲，是从孔夫子对天、地的解释入手；今天，为了进一步阐明自己的思想是孔、孟正统，他选择了从孟子开始入手讲起来。

"心之一物，你我皆有。然而这人人皆有之物，却很少有人能够说清楚它。我告诉你们，它不是一块血肉，它是有知觉的；而我们一旦死了，血肉仍在，人却失去了知觉。所以这个心，是能视、听、言、动的。它若欲视，便通过我们的眼睛；若欲听，便通过我们的耳朵；若欲言，便通过我们的嘴巴；若欲动，便调动我们的四肢百骸。它虽然只是一物，却主宰我们的整个身体。我们每个人，丢失了胳膊或者腿，还能活；嘴巴或者耳朵、眼睛失去了功能，也能活；我们的头遭遇了撞击，也还能活。可是，如果这颗心出现了什么问题，那就不能活下去了。

"所以，有心便活，无心便死；心不可见，却主于身；譬如道不可见，却主宰天地万物一样。"

"这个心，便是天，便是地，便是理，便是性，便是仁，如果失去了它，生命于我们不存在，一切也就消失了。"

"心外无物，不是说心之外什么东西都不存在。而是说，如果不能被我们的这个心所感知，那么任何的存在对我们来说，都是没有意义的。对一个瞎子来说，一朵花开得再美，也是没有意义的，因为心无法通过眼睛来感知它，所以不存在花开的喜悦，也没有花落时的感伤；同样，对一个聋子来说，世界上再美的曲子，也是没有意义的，任你在曲子里表达了怎样的情感，他只是不知。我打一个比喻来说，你们中很多从来没有到过京城，京城对你们来说就只是一个名字，而没有任何实际上的意义；如果你们一辈子就待在这个书院，那么什么京城、甚至皇帝，对你们来说也可以说是不存在的，因为你们无法感知它。"

"心即良知，心即良能。故孟夫子所说，我们每个人都有四心：是非之心、好恶之心、羞耻之心、辞让之心，一言以蔽之，良心也！"

这又是王阳明的一个发明创造。其实戳穿了也不过是一层窗户纸而已：孟子将人心一分为四，朱熹将心一分为二。其实心就是心，本来就是一个混混沌沌的整体，便如同这宇宙一般。

良心即道。

在这个意义上，再去看整个的人生，一目了然：人生的意义是什么？就是去发现我们的这个良心。然后，听从这个良心的指挥，将其当作自己一生的明师。以良心为师，则人人皆为善，世界上也就不会有那么多丑陋的事情发生了。

正因为人人皆有良心，所以顺着这良心的发展，我们才知道去做一些对的事情，而不是错的事情；去做一些善的事情，而不是恶的事情。有时候，为了整个人类社会的利益，我们甚至不惜牺牲自己个体的生命，这样的行为，就是从古到今的圣贤所一直称颂的"仁"和"义"了。

天所赋予我们的良知，又非我们人类所独有。它充斥在天地间，化身为无数的生命，但那些生命因为没有我们人类的这一颗"心"，所以自己没有能力将其完整而清晰地呈现出来。这就需要我们用自己的这一颗"良心"去感受。如果我们将自己的这颗"心"从我们的形体里释放出来，则天、地、鬼、神……一切之物，都会活泼起来，生动起来……

所以说，心生万物，心外无物。我们的心，和这个宇宙的秉性是一样的，是具有创生万物的本能的。

"故曰：人者，天地万物之心也；心者，天地万物之主也。心即天，言心则天地万物皆举之矣。"

接下来，王阳明又对"良心"做了更为详细的讲解：什么是我们每个人都有的良心？它不是一个虚幻的概念，而是一个实实在在的存在。一颗完整的良心和这个宇宙一样，是一个独立而完整的系统存在。构成这个系统的，主要包括三大体系：良知、良意、良情。其中，良知又是良心的主体。

"知是理之灵处。就其主宰处说便谓之心，就其禀赋处说便谓之性。孩提之童，无不知爱其亲，无不知敬其兄。只是这个灵能不为私欲遮隔，充拓得尽，便完全是他本体。便与天地合德。自圣人以下，不能无蔽。故须格物以致其知，知是心之本体，心自然会知。见父自然知孝，见兄自然知弟，见孺子入井，自然知恻隐。此便是良知。"

因为是天地所赋予，是我们从未入娘胎之前，就已经带来的"种子"，所以这个"良知"是普遍存在的，并非是圣贤所独有，甚至并非我们人类所独有。连我们所鄙视的禽兽，甚至也是有良知的。

那么，圣人又为什么比普通人更能感受到这个良知存在呢？就是因为他能超越自身，而从整个宇宙中去感悟，从一花一草，从一虫一兽，从普通人司空见惯的现象中去体悟自身的本来面目。

圣人也并非什么都知道，不过，他们的确比普通人更了解天道；圣人也并非不会犯错误，不过圣人一旦体认到自己的行为与天理相悖，便会立即自觉地改正。一个人如果能做到这一点，就是孔夫子所说的"成人"了。

并不需要如朱熹所说，去格尽天下万物，那样所学习到的不过是关于自然界的表面知识和社会伦理中的一些基本道理。最根本的道理其实不在别处，就在我们的内心。只有那才是使我们区别于动物的独立存在。而如果没有一个个独立的、完整的个体的"成人"，又何来社会、天下？

心即良知，心之发处，便为良意。

人心并非一个完全静止的存在，它和这宇宙运行的秩序差不多是一样的。天地之间充满着"气"，因此而产生了四季变化，春去秋来，夏冬交替。这种看不见，然而无所不在的"气"同样充盈在我们的身体里，我们的心随着这"气"的变化，同样会产生变化，于是就产生了"意"。

"故曰：身之主宰便是心，心之所发便是意，意之本体便是知，意之所在便是物。心者，身之主也，而心之虚灵明觉，即所谓本然之良知也。其虚灵明觉之良知应感而动者，谓之意。有知而后有意，无知则无意矣。知非意之体乎？意之所用，必有其物，物即事也。如意用于事亲，即事亲为一物，意用于治民，即治民为一物，意用于读书，即读书为一物，意用于听讼，则听讼为一物。凡意之所用，无有无物者：有是意即有是物，无是意即无是物矣。物非意之用乎？"

意，是行动的导向和开始。在行动还没有发生的时候，是没有善恶之分的。不过这种导向在一开始却已经决定了：要么是趋向于善，要么是趋向于恶。而这"意"一经发动，方向既定，结果也就注定了。意，又可以看作心和物之间的一种灵媒。如果没有意的存在，则心无法及物；而如果没有意的存在，则外物无法为心所感应，相对而言，和不存在没有什么差别。

意，是心的发动，而在心之外产生物。而与此同时，在心的内部，则产生了"情"。

"喜、怒、哀、惧、爱、恶、欲，谓之七情，七者俱是人心合有的，但要认得良知明白。比如日光，亦不可指着方所，一隙通明，皆是日光所在。虽云雾四塞，太虚中色象可辨，亦是日光不灭处，不可以云能蔽日，教天不要生云。七情顺其自然之流行，皆是良知之用，不可分别善恶；但不可有所著。七情有者，俱谓之欲，俱为良知之蔽。然缠有着时，良知亦自会觉，觉即蔽去，复其体矣。此处能勘得破，方是简易、透彻功夫。"

就心而言，就好像太阳被遮蔽在云层中，看起来似乎阳光不在了；其实那阳光一直是存在的。云层不可能永久遮蔽太阳，那些各种各样的情感，就像短暂堆积的云层一样，很快会散去的。

什么是情感的本体呢？这个本体就是"光明"。每个人在晴朗、光明的阳光下都会心情舒畅，此谓之"乐"。

"乐是心之本体，虽不同于七情之乐，而亦不外于七情之乐；虽则圣贤别有真乐，而亦常人之所同有，但常人有之而不自知，反自求许多忧苦，自加迷弃。虽在忧苦迷弃之中，而此乐又未尝不存，但一念开明，反身而诚，则即此而在矣。"

心即性，性即理，心即理。

"性一而已。仁、义、礼、智，性之性也，聪、明、睿、知，性之质也，喜、怒、哀、乐，性之情也，私欲、客气，性之蔽也。质有清浊，故情有过不及，而蔽有浅深也。私欲、客气，一病两痛，非二物也。"

……

不知不觉，这一天又过去了。众人甚至都没有察觉到时间流逝，一个个如痴如醉，叹服不已。

等到第三天，王阳明再次登上讲台，不但席书率领众官员来听讲，连最高长官、贵州总督也被惊动了，特地允许衙署放假一天，城中各级官员，全部来听王阳明宣讲。

不独上层全部聚集，下面的百姓，也皆听说王阳明讲学盛况。消息传到水西，安贵荣和妹妹阿萝，也赶来了。

小小的教室，已经容不下这许多人听讲。于是讲堂被迫挪到了外面的院子里。众人皆露天席地而坐，王阳明的椅子被安放在高高的台阶上，放眼望下去，来的人黑压压一片，身着各种服饰、各种身份、各个年龄段的人们，整整齐齐地坐在地上，每个人都聚精会神，鸦雀无声。

这无疑是贵阳城中最值得纪念的一天，也无疑是王阳明人生里最为重要的一个时刻。

太阳升起来了。微微的风吹拂着，头顶上的天空里没有一片云彩。王阳明的一颗心，便也如万里长空般，清澈见底，一片澄净。

"乾称父，坤称母，予兹藐焉，乃浑然中处，故天地之塞，吾其体；天地之帅，吾其性。民吾同胞，物吾与也。大君者，吾父母宗子；其大臣，宗子之家相也。尊高年，所以长其长；慈孤弱，所以幼其幼。凡天下疲癃残疾、惸独鳏寡，皆吾兄弟颠连而无告者也。"

这天，他上来先引用了一段张载的《西铭》，作为自己的开场白，为自己今天的宣讲作了一个概括：万物一体。

人与天地万物，都是一个整体。然而这个整体，不是简单的人与环境的从属关系。不是那种自然的状态，而是通过每个人的自身努力，建设一个天下人人都可以享受良好秩序的大家庭。

"仁者，以天地万物为一体，莫非己也。认得为己，何所不至？若不有诸己，自不与己相干。"

这是程颢的话，也是在前人那里首次提出"万物一体"的具体概念，王阳明则继续将这一个概念，发展为一套整体上的学问体系：

"故曰：大人者，以天地万物为一体者也，其视天下犹一家，中国犹一人焉。若夫间形骸而分尔我者，小人矣。大人能以天地万物为一体也，非意之也，其心之仁本若是，其与天地万物而为一也。故夫大人之学者，亦惟去其私欲之蔽，以自明其明德，复其天地万物一体之本然而已耳；非能于本体之外而有所增益之也。圣人之求尽其心也，以天地万物为一体也。……盖圣人之学无人己，无内外，一天地万物以为心。"

这个思想，才真正是王阳明当日在山洞中所悟出来的精髓：圣贤功夫，不是去外求，而只向自心求；不是去拼命增加自己的所谓知识和学问，而是要不断地去消灭自己的欲望。每减去一份私欲，则功夫就精进了一层。而当所有这些私欲都被消灭了以后，那么本心自然就光明了！

这个思想，听起来和朱熹的"存天理，灭人欲"如出一辙。然而这里面又存在着一个巨大的分别：朱子所言，是强迫别人去消灭私欲，而存天理；而王阳明则要求每个人自觉地去减少自己的欲望。一个是强迫别人去做，一个是通过修炼而促使自己自觉去做，其中境界，高下立判！

"明明德者，立其天地万物一体之体也。亲民者，达其天地万物一体之用也。故明明德必在于亲民，而亲民乃所以明其明德也。"

"是故亲吾之父，以及人之父，以及天下之父，而后吾之仁实与吾之父、人之父与天下之父而为一体矣；实与之为一体，而后孝之明德始明矣！视吾之兄，以及人之兄，以及天下人之兄，而后吾之仁实与吾之兄、人之兄与天下人之兄而为一体矣；实与之为一体，而后弟之明德始明矣！君臣也，夫妇也，朋友也，以至于山川鬼神鸟兽草木也，莫不实与亲之，以达吾一体之仁，然后吾之明德始无不明，而真能以天地万物为一体矣。夫是之谓明明德于天下，是之谓家国治而天下平，是之谓尽性。"

在这里，王阳明将自己的本心，比作一个创生的"原点"，从这个原点推出去，就好像往一潭池水里丢入了一块石头，自然会激荡起涟漪，一圈圈地扩散开去。一个人，首先必须要善待自己的生命，其次，将这种情感推广至对待自己的父母兄弟，再从家庭内部推广到社会上去，待人之父母如己之父母，待人之兄弟如己之兄弟，再以此类推至君臣、夫妇、朋友……甚至自然万物，则这个小小的我，一层层推出去，最终就会与天地合为一体。这样，就变成了由"明明德"的原点，而产生了"天下平"这么一个令人欣喜的大局面，实现了"人我无间"的理想。

这种"人人皆可行道"、"人人皆可成尧舜"的模式，还有一个巨大的突破，就是一改原来的"借君行道"模式，而创造性地提出了一种"借民行道"。王阳明在山洞中所悟出来的，就是"道"并不一定非要去借助一位君王，去通过君王的权杖指挥天下的百姓行动。其实，每个人都是自己的君王，只要每个人自己能体悟大道，认真地行动起来，那么，这样自下而上，就等于整个天下都行动起来了。这和"借君行道"最后的结果是一样的。但不同的是，这样更易于行动。

连续三天，对自己的"心道"体系作了一个全面的阐述。为了证明自己的思想不是凭空捏造，无中生有，王阳明又提出了佐证：

"故曰：昔圣人之法天地，立人极，忧后世，而作《六经》，犹富家者之父祖，虑其产业库藏之积，其子孙者，或至于遗亡散失，卒困穷而无以自全也，而记籍其家之所有以贻之，使之世守其产业库藏之积而享用焉，以免于困穷之患。故六经者，吾心之记籍也；而六经之实，则具于吾心。"

他举出了人人都熟悉的《六经》，然而却不是要解释《六经》，而是用来证明自己的新学说：

"《六经》者，常道也。其在于天谓之命，其赋于人谓之性，其主于身谓之心。故曰：心也，性也，命也，一也。通人物，达四海，塞天地，亘古今，无有乎弗具，无有乎弗同，无有乎变者也，是常道也。其应乎感也，则为恻隐，为善恶，为辞让，为是非。其见于事也，则为父子之亲，为君臣之义，为夫妇之别，为长幼之序，为朋友之信。是恻隐也，羞恶也，辞让也，是非也，是亲也，义也，序也，别也，信也，一也，皆所谓心也，性也，命也。"

原来，《六经》所记载和阐述的，无非是沟通人和物，畅达于天下，充塞天地间的大道而已，而这永恒不变的道，就是我们的"心"。

从古到今，看起来沧海桑田，盛衰无常，其实我们的这一颗"本心"，从来都没有变过；它以后也不会变。

我们所有的历史，都是关于这一颗心的历史；我们所有的创造，也都是从这颗心创造出来的。

天道创造了宇宙，而我们的心则创造了人类社会。我们的心和宇宙始终是联系在一起的整体存在。

"以其言阴阳消长之行，则谓之《易》；以其言纪纲政事之施，则谓之《书》；以言其歌咏性情之发，则谓之《诗》；以言其条理节文之著，则谓之《礼》；以言其欣喜和平之生，则谓之《乐》；以言其诚伪邪正之辨，则谓之《春秋》。是阴阳消长之行也，以至于诚伪邪正之辨也，一也，皆所谓心也，性也，命也。"

《六经》各有自己所专门指的方向，从天地自然到人世伦理，从喜怒哀乐到人心正伪，都讲到了。

看起来，《六经》包含了那么多的东西，一个人似乎一生中都无法穷尽，其实，《六经》只不过是我们的心而已。它是我们心中所有道德的总纲领和我们所有在现实生活中行动的总指南。从这个角度去重新认识《六经》，就会发现，原来《六经》所讲的只是这一颗本心：

"《六经》者非他，吾心之常道也。是故《易》也者，志吾心之阴阳消息者也；《书》也者，志吾心之纪纲政事者也；《诗》也者，志吾心之歌咏性情者也；《礼》也者，志吾心之条理节文者也；《乐》也者，志吾心之信息和平者也；《春秋》也者，志吾心之诚伪邪正者也。"

在这里，王阳明第一次将传统社会的《六经》引入了每个人的心灵世界中。心中自有天地万物，正如用孔夫子的那一套学问可以指导现实社会的运行一样，如果每个人用这套学问来治理自己内心的社会，那么，每个人就会在里面达到和谐与喜乐，从而使生命更加充实、丰富。

不知不觉，又是一天过去了。最后，王阳明在宣讲结束的时候，吟哦一诗：

"道在险夷随地乐，
心忘鱼鸟自流形。
未须更觅羲皇事，
一曲沧浪击壤听。"

和两年前初来贵州，一副怨天尤人的样子比较起来，悟道之后的他，简直已经变成了快活的神仙，甚至弄不清楚自己是不是已经化身为那高飞的鸟儿、畅游的鱼儿，即使人间的伏羲作卦，效仿天地，再精妙的摹仿，又哪里比得上大自然的本原构造？

当王阳明讲完，从讲台上站起来，全场的学生，包括总督在内，无不一齐起身，掌声如雷。

"太好了，讲得太好了！"

"真不愧当今圣人啊！"

人们纷纷赞叹着，许多人还围着王阳明，久久不肯离去。

"喂，先生——"

人群的外面，阿萝挤不上前来，忍不住高声叫道："我和哥哥也来看你了，我们在这里呢！"

循着她的喊声，王阳明这才看到，安贵荣也来到了文明书院。不过他被人群包围着，一时过不来，只能远远地挥手致意。

晚上，总督亲自摆设宴席，为王阳明庆功。王阳明一番应酬之后，告辞出来。

外面，阿萝早已在等着他了："先生，跟我来。"

她带着王阳明来到闹市中的一处酒楼上，安贵荣已经在那里等着他了。

"大哥，对不起，让你久等了。"

"哪里，贤弟，你现在可是活圣人了，大哥想见你一面，不容易呀！哈哈。"

入座之后，阿萝亲自给王阳明斟满了一碗酒。等他和安贵荣互相敬酒完毕，阿萝也端起了酒杯："先生，你今天讲得真好！我敬你一杯！"

"好！"王阳明端起酒碗，一饮而尽。

阿萝本来见了王阳明就兴奋，如今喝了酒，越发地双颊飞红。

她是蛮夷女子，不可能完全懂得王阳明所讲的道理。不过，她早已看出，王阳明是胸怀抱负的奇男子。从看见他的第一眼起，她就相信，他将来一定会做出一番惊天动地的事业来。和他比起来，阿萝觉得从前那些围绕在自己身边，只懂得一味献殷勤以求欢的男子，简直一点丈夫气概都没有。

那日在天生桥上，王阳明的一番慨叹，犹在眼前；而今日又见了他在万众瞩目之下，宣讲济世安民的大道。那份气度，那份追求，更是直追古人，而在今世，只怕很难有人能跟他比肩了！

"来，先生，我再敬你一杯！"

"行了，阿萝，王兄弟连着讲了几天的学，应该很累了，让他少喝点吧。"

安贵荣也非常兴奋，他和王阳明一见如故，趣味相投，英雄惜英雄，早看出他是散落在山林间的珍珠，是卧在深潭中的潜龙，一朝得志，必然是个了不起的大英雄、大豪杰。今日见了他的圣贤风范，更是心折。"不知道你在这里讲学,要到什么时候?一讲完了,就到我那庄园去,好好地歇息几天。反正岁末将至,干脆,你就在我那里,和我们一起好好地过一个年。我把庄园里地下埋的酒都搬出来,咱们喝个一醉方休,怎么样?"

他这个邀请,王阳明自然求之不得。可是,王阳明接下来的一番话,却令安氏兄妹措手不及:

"多谢安大哥的美意!兄弟识得你这么一个大哥,也不枉我来贵州一趟。更何况又有阿萝妹妹陪伴,休要说在你们那里过年;依照我的意思,我真想一辈子住在那里,永远都不和你们分开。不过——"

说到这里,他叹了一口气,说道:"不过,我从正德二年被贬,至今年年底,正好三年。谪期已满,上面又给我下了新的诏令,让我立即到江西庐陵上任。"

"什么?你要离开这里了?"

这个消息突如其来,令安贵荣大吃一惊。阿萝更是不能接受这个现实,泪水顿时夺眶而出。

"先生……你……要走了?这么快?"她哽咽着,再也顾不得失态,对王阳明不舍之情,溢于言表。

"唉,我也不想这么快离开,可是人在宦途,身不由己啊!"王阳明无奈地道,"其实,不知不觉,离家已经三年。家中慈母老父,都牵挂得紧。我这几天来,不是一直在宣讲'心道'吗?何为'心道'?为人子女,不敢忘怀父母养育之恩,这就是心道啊,也是千百年来不易的大道!我本来的打算,是在谪期满后,回家去奉养双亲,从此终老山林!唉,如今看来,这个愿望又不知道什么时候才能实现了!"

王阳明想到自己家乡的亲人,尤其想到已经年近九十高龄的祖母,不由地流下了两行清泪。

"贤弟说得对!"听他提到了双亲的养育之恩,安贵荣也不由地眼圈红了。他知道不能再挽留王阳明,只能安慰他:"我虽然是山里人,不懂得你讲的什么心道,不过,你所说的心道即孝道,这一定是天下最大的道理。乌鸦反哺,小羊跪乳,为人子女者,唯孝为先。如果一个人连孝顺自己的父母都做不到，那他真的是连禽兽都不如了！只不过，人生之事，实难预料。贤弟你虽然人在宦途，可是毕竟还有亲人，彼此常相牵挂。唉，我和阿萝呢，就是想要尽孝道，也没有这样的机会了！"

他长叹一声，一时沉默。王阳明也沉默了。二人一口气喝了几大碗酒，却又更增添了离别之情。

"可是，先生，你走了，这儿的书院怎么办？"阿萝依然无法接受这个现实，道，"你辛辛苦苦创办了这番事业，如果你一走，岂非后继无人？你总不能眼睁睁看着自己的一番心血，就这么随风而散吧？"

"我已经想好了，在这里选择得意弟子，让他们继承我的衣钵。书院是一定要继续办下去的。至于我嘛，早已下定决心：走到哪里，就把圣贤事业做到哪里！我到了庐陵以后，要做的第一件事情，就是创办一个新的书院。我想，那里纵然条件再差，也不会比龙场的条件差吧？哈哈！"

想着自己仿效孔、孟，而延续洙泗之风的情景，他又忍不住纵声大笑起来，颇有几分疯癫之态。

"那么，先生，我们说好了，等你书院建成，我第一个去做你的学生！"阿萝不能忍受从此以后见不到王阳明，无论如何，她都要给自己找一个借口。而这是最好的借口！

"只可惜，我不能和阿萝一起去做你的学生！不过，你放心前去，这边的事情，我自会帮你照料。"安贵荣也信誓旦旦地向他保证。

众人一畅谈起未来，果然离别的情绪被取代了，很快又被笑声包围。

这么又开始喝酒。这时候，正好酒楼的戏台上，一场傩戏表演开场。

灯火通明中，王阳明一边和安贵荣频频举杯，一边观看着表演。看着那些在灯光下光怪陆离的面具，听着那紧张的鼓点，以及演员在打斗中发出的声声尖利的呼啸，忍不住又口占一绝：

处处相逢是戏场，
何须傀儡夜登堂？
繁华过眼三更促，

名利牵人一线长。
　　稚子自应争诧说，
　　矮人亦复浪悲伤。
　　本来面目还谁识？
　　且向樽前学楚狂。

　　这一顿酒，一直喝到第二天的早晨。天下无不散的筵席，最后，分别的时刻还是来到了。
　　"贤弟，"安贵荣那么一个坚强的汉子，拉着王阳明的手，也忍不住痛哭失声。"你我兄弟这一别，不知道什么时候才能再见面啊！保重，保重！"
　　"大哥，"王阳明哽咽着，心里有很多话要说，但却说不出来，只能和安贵荣紧紧地拥抱在一起。
　　"保重，大哥！"
　　"保重，贤弟！"
　　声声"保重"，催人泪下。当王阳明和阿萝也轻轻拥抱的时候，她的身体在他臂弯中颤抖不已。"先生，我……会想你的……"
　　"好好照顾自己，阿萝！"
　　他们兄妹就这么恋恋不舍地离去了。
　　几天之后，王阳明带着一童二仆，终于离开了龙冈。
　　那是一个飘雪的日子，他没有告诉更多的人，可是这天来为他送行的人，何止百千。
　　连一向抱病在身，颤颤巍巍的老驿丞，也在众人的搀扶下来了。他拄着拐杖，艰难地走上前来，拉着王阳明的手，却说不出什么来，只是一个劲地流泪。
　　在众人不舍的告别声中，王阳明上了马，和仆从在众人的目送下，走入了漫天的风雪中……
　　王阳明就这么离开了贵州。一路风雪，一路吟哦，一路流连。他发自内心地爱上了这个地方，即使在夜晚的梦里，也总梦见自己还在龙冈山上的书院里，还在草堂中时而抚琴，时而吹箫……

正德五年的除夕之夜来到了。在前赴庐陵的小舟上，王阳明一方面归心似箭，渴望见到祖母、父亲、兄弟，妻子儿女；一方面，他又无法不怀念在贵州度过的日日夜夜，无法忘记龙场的百姓，更无法忘记水西的安贵荣，还有那个多情的阿萝，那一双美丽而纯净扑闪着的大眼睛……

【下部】

我心光明

第十一章

虎溪传道

从龙场出发,依旧是沿着两年前来的路线,王阳明在镇远买了一条船,从潕阳河沿水而下,出了贵州。

一路上,江水滔滔,扁舟独行。其时已经临近除夕,过往船只大都是匆忙回家去和亲人团圆的。只有极少数像王阳明这样天涯孤旅的远行客,在这样的时刻还要去一个遥远而陌生的地方。

为了不过分伤感,王阳明吩咐在一处江岸上,买了一些灯烛、瓜果,以为守岁之用。除夕的这天晚上,童子和仆人就在舟上,摆了一个小小的宴席,以为庆祝。毕竟,他们是高兴的:终于从龙场那个地方九死一生地逃出来。虽然不能回家乡,不过江西之地,总比贵州强得多吧?

王阳明却和他们的心思不同。在龙场两年,他已经深深地爱上了那个地方,爱上了那里的风土人情。尤其像安贵荣、阿萝,以及龙场诸生,一个个都是那么淳朴、率性,那么襟怀坦荡。

两年中,呼吸着清新而自由的空气,和山野之人不必拘礼,倾心相交,王阳明觉得,那实在自己多年来最开心的一段岁月。甚至他多年以来,一直罹患肺病,在龙场也似乎减轻了许多。

小船在江面上漂流着,从两旁的江岸上,不时传来阵阵鞭炮声,以及隐约的火光,似乎还夹杂着小孩子的欢笑声。

江面上,偶尔有擦肩而过的客船,船上的艄公,也都不忘在这样一个喜庆的时刻互致祝福。

经过河汊密集的地方,数船并排,船上的人们也忍不住彼此招呼。最好的招呼方法，自然莫过于歌声了。

　　斯情斯景，令王阳明心潮澎湃。他牵挂着家乡的亲人，也牵挂着在贵州的朋友。而现在，他只能借诗抒怀了：

扁舟除夕尚穷途，
荆楚还怜俗未殊。
处处送神悬楮马，
家年迎岁换桃符。

远客天涯又岁除，
孤航随处亦吾庐。
也知世上风波满，
还恋山中木石居。
事业无心从齿发，
亲交多难绝音书，
江湖未就新春计，
夜半樵歌忽起予。

　　在这样一个辞旧迎新的时刻，每个人的心头都会翻腾起许多思绪。有对过去一年的回顾，也有对新的一年的憧憬。而这个新年对王阳明来说尤其不同，因为他刚刚从贵州那样一个地方离开。

　　在去贵州之前，他只知道那是一个万山丛中、虫兽出没的地方。到了那里，才知道虽然条件差了一些，人却并非一个个都是凶神恶煞，相反，那里的人们比起京城中的所谓礼仪饱学之士，更可爱许多。

　　为什么没有受过教化的人，可以以赤子之心坦诚相待，而那些所谓有知识、有文化，知书达礼的读书人，却一个个城府深沉，为功名利禄所误？正是通过这么强烈的对比，王阳明意识到从前半生之谬：一切功夫，其实并不在书本中，而在自己的本心中。人贵有心，此人与禽兽根本之别；而如果本心被过

下　部　我心光明

多的欲望蒙蔽了,那么可想而知,人的一些举动和禽兽多么相像,甚至有的如刘瑾之流,连禽兽都不如!

在从前的岁月里,王阳明和众多人一样,只知道拼命去外界求所谓的"道";到了贵州以后,他却发现,只有通过去减少自己的欲望,去不断地发现自己清静的本心,如同将一面布满尘垢的镜子擦拭出来,那么,"道"自然就会显现出来。

这个道理,听起来似乎很简单,可是,如果没有贵州那得天独厚的环境,如果没有当地土人那淳朴真诚的本性,王阳明只怕穷其一生,也还是不可能悟到这个道理。所以,一想到贵州,王阳明现在的心境和两年前沿着这条路初去的时候截然不同:那时候的他,心里充满迷惘和对未知的恐惧;而现在,则是充满流连,和对那些美好日子的回忆!

新旧交替,除夕之夜就这么过去了。等王阳明一觉醒来,船已经进入了湖南境内的芷江。

行不多远,就来到了一个古老的驿站——罗旧驿。这也是当年王阳明初赴贵州,久久徘徊的地方。

那时候,王阳明将自己和流放至此、苦苦行吟的屈原联系在一起,想象着屈原当年将自己比作湘君,架着一叶扁舟,往来于沅水江面,痴心寻找着美丽而多情的湘夫人却不得的那种情形:

帝子降兮北渚,目眇眇兮愁予。
袅袅兮秋风,洞庭波兮木叶下。
白薠兮骋望,与佳期兮夕张。
鸟萃兮苹中?
罾何为兮木上?
沅有芷兮澧有兰,思公子兮未敢言。
荒忽兮远望,观流水兮潺湲。
麋何食兮庭中?
蛟何为兮水裔?

> 朝驰余马兮江皋,夕济兮西滋。
> 闻佳人兮召予,将腾驾兮偕逝。

为了能够与自己的心上人约会,不惜付出自己全部的所有,屈原多么希望自己可为国效力,一展自己的丈夫之志、宏伟抱负啊!

和屈原一样,当日的王阳明,也有着满腹哀愁,也有着强烈的建功立业的思想,他也曾经在这里写诗抒怀:

> 客行日日万峰头,
> 山水南来亦胜游。
> 布谷鸟啼村雨暗,
> 刺桐花暝石溪幽。
> 蛮烟喜过青杨瘴,
> 乡思愁经芳杜洲。
> 身在夜郎家万里,
> 五云天北是神州。

不但写诗,王阳明更写了一篇赋,借吊屈原之名,进一步抒发了自己被贬出京师,前程渺茫的幽怨、哀思:

> 山黯惨兮江夜波,
> 风飕飕兮木落森柯。
> 泛中流兮焉泊?
> 湛椒醑兮吊湘累。
> 云冥冥兮月星蔽晦,
> 冰崚嶒兮霰又下。
> 累之官兮安在?
> 怅无见兮愁予。

下 部 我心光明

高岸兮嵚崎，
纷纠错兮校枝。
下深渊兮不恻，
穴濆洞兮蛟螭。
山岑兮无极，
空谷谽谺兮迥寥寂。
猿啾啾兮吟雨，
熊罴嗥兮虎交迹。
念累之穷兮焉托处？
四山无人兮骇狐鼠；
魍魉游兮群跳啸，
瞰出入兮为累奸宄。
嫉累正直兮反诋为殃，
昵比上官兮子兰为臧。
幽业薄兮畴侣，
怀故都兮增伤。
望九疑兮参差，
就重华兮陈辞。
沮积雪兮碉道绝，
洞庭渺藐兮天路迷。
要彭咸兮江潭，
召申屠兮使骖。
娥鼓瑟兮冯夷舞，
聊遨游兮湘之浦。
乘回波兮泊兰渚，
睠故都兮独延伫。
君不还兮郢为墟，
心壹郁兮欲谁语！

郢为墟兮函崤亦焚，
谗鬼逋戮兮快不酬冤。
历千载兮耿忠愊，
君可复兮排帝阍。
望遁迹兮渭阳，
箕雁囚兮其伴以狂。
艰贞兮晦明，
怀若人兮将予退藏。
宗国沦兮摧腑肝，
忠愤激兮中道难。
勉低回兮不忍，
溘自沈兮心所安。
雄之谀兮谗喙，
众狂稗兮谓累扬。
已为魑为魅兮为谗媵妾，
累视若鼠兮佞貂有泚。
累忽举兮云中龙。
迷晻霭兮飘风；
横四海兮倏忽，
驷玉虬兮上冲；
降望兮大壑，
山川萧条兮涛寥廓。
逝远去兮无穷，
怀故都兮蜷局。
日西夕兮沅湘流，
楚山嵯峨兮无冬秋。
累不见兮涕泗，
世愈隘兮孰知我忧！

下部 我心光明

因为被奸人所害，有才华，敢于进铮言的正直之臣，不能够留在天子的身边，而总要遭到小人的谗害。这在古往今来都是相同的，为什么天子总会被那些无能宵小所迷惑，为什么这个国家总要经受那么多的磨难呢？每想到这些，我的心里总是充满忧愁，然而又有谁知道呢？

也许，每一个被迫踏上谪途，从罗旧驿这个地方经过有襟怀抱负之士，都会发出相同的感慨。因为，从这里再向前走，就已经离开了传统上的华夏天朝的范围，而是要进入所谓的夷地了。处在汉与夷的边界，人们会停下脚步，思索一番，感叹一番，是再正常不过的事情。

对一个人来说，被迫离开自己的国家中心，而流放四夷，这并不是什么可怕的事情；但如果将一个人，从一种他早已经习惯和依赖的文化中放逐出来，将其投入到另外一种完全陌生的文化系统中去，那无疑是一次精神上的死亡，是一个将"人"变成"鬼"的痛苦过程。所以，屈原也好，王阳明也好，一到这里，文风之中，无不鬼风大盛，阴气弥漫。他们在思念国君，其实更是思念那种也许此生再也不能回去的文化系统！而那里才是他们真正血脉相连、赖以安身立命的精神家园！

所以，屈原才在民间流落二十年，苦苦等待君主的召唤，在写了无数脍炙人口的经典诗作后，依然选择了沉江而死。

而王阳明则是幸运的。他在九死一生的环境里，当所有外部世界的通路都被堵死以后，被迫叩开自己的心门。于是，在那里，他发现了一个前所未觉的世界，并且因此而创造出一种崭新的方式：从此不再回到原来的那个文化系统去，让生命摆脱一切的桎梏，而返回本源！

如此一来，生命无处不可以停留，无处不可以与这个世界融合在一起。事实上，生命本就如此。

如今，两年过去了，从满腹牢骚前去龙场，到现在恋恋不舍地离开，短短两年时间里，王阳明的思想却已经发生了天翻地覆的变化。他不再迷恋原来那个既成的文化系统，他如今更相信自己，既然一切文化都是圣贤所创造的，那么自己也具有圣贤之能，为什么不可以另外创造一套文化呢？什么汉，什么夷？什么文明，什么野蛮？那所有的分野，其实一切都是不存在的，只是人心被蒙蔽罢了。其实所有的人都是一样的；只要按照每个人固有的良心去做事，那么，就好像每个人都打着一个灯笼在黑暗里走路，所有的灯光汇集在一起，黑暗也就不可怕了。

无汉无夷，无善无恶，人性光明，自在本心。这就是王阳明在贵州两年最大的收获。他终于从那个看不见的文化系统里突围而出，向死而生。

现在，仍旧是轻舟一叶，仍旧是行驶在这江面上，一去一回，貌似无甚差别，实则却天地迥异。

> 辰阳南望接沅州，
> 碧树林中古驿楼。
> 远客日怜风土异，
> 空山唯见瘴云浮。
> 耶溪有信从谁问，
> 楚水无情只自流。
> 却幸此身如野鹤，
> 人间随地可淹留。

那些不可改变的事情，那些无法阻挡的历史进程，就让它们顺其自然，自己去发生好了！白云苍狗，流水无情。我们处身其中的这个历史，其实也遵循着天地宇宙的大道，生生杀杀，盛衰有时。而我们这些被命运裹挟着的人又能做什么呢？不过是顺从我们的这个生命，当高兴的时候，我们就放声高歌，饮酒作乐；当悲伤的时候，我们就饮酒消愁，纵情痛哭。笑过之后，哭过之后，并不因此而在我们的本心中留下什么。天上有日月星辰，人间有四季景色，而我们的心，就是一位匆匆的过客。我们只需要去静静地注视着这一切，做一个无言的观者。

就像山野里的鹤一样，时而流连水中，顾影自盼；时而冲天而起，翔舞云霄。一切都是随心所欲的。

生命是有限的，为什么非要给自己背负那么多，宛如一辆车子因为负重过多而无法前行呢？

小船在王阳明的滚滚思绪里，继续前行，很快来到了溆浦江口。王阳明继续用诗歌记叙他的行程：

> 溆浦山边泊，
> 云间见驿楼。
> 滩声回远树，
> 崖影落中流。
> 柳放新年绿，
> 人归隔岁舟。
> 客途时极目，
> 天北暮阴愁。

经过江门崖，他又作了一首诗：

> 三年谪宦沮蛮氛，
> 天放扁舟下楚云。
> 归信应先春鹰到，
> 闲心期与白鸥群。
> 晴溪欲转新年色，
> 苍壁多遗古篆文。
> 此地从来山水胜，
> 它时回首忆江门。

山水重重，然而王阳明一颗思念的心，却早已飞去了自己即将上任的地方。毕竟，在江西境内，他还是有着诸多朋友的。要知道，当年他娶妻就是在江西，而他在学问上真正的启蒙，也是在那里。

不过，虽然归心似箭，沿路经过的地方，有个地方还是一定要停留的，就是沅陵。

对所有的读书人来说，沅陵是一个不得不来的朝拜圣地。其境内有一座二酉山，山上有一个洞，据说正是当年尧的老师隐居之地。他不顾舜要禅让天子之位给他，而非要在这里隐居，其实是为了守护二酉洞中的黄帝藏书。利用这些上古传下来的典籍，广行教化，夷人尽被收服。

后来，这个洞又一次延续了中华文化的薪火：东周灭亡，秦始皇帝一统天下，焚书坑儒，诸子百家典籍几乎全部被付之一炬。只有一个叫作伏胜的博士，不忍将藏书交出，将上千册的书简偷出咸阳，一路上经历了无法想象的艰难困苦，最后终于来到这里。在洞中，他一住十几年，直到秦朝灭亡，刘邦建立汉朝，他才将这些书简献出来，成就了大汉文化。

从那以后，这个小小的二酉洞，就成为一个神圣的所在，历代读书人精神上的一座圣殿。

两年前，王阳明初经沅陵，也曾专程来到这二酉洞，并在洞前立誓：继承圣贤之志，传播文明薪火。

然而，真正给他指出一条开悟之道的，却不是二酉洞，而是在酉水和沅江交汇点上的龙兴讲寺。

王阳明一生最崇拜马伏波，而沅陵境内正是老当益壮的伏波将军最后埋骨所在。毕竟，再显赫的武功，也不能一劳永逸地解决汉夷之间的冲突问题。于是，李世民在坐了天下后，弃武从文，教化天下，在这个汉夷冲突激烈的地方，修建了这座龙兴讲寺，寺名中而带一个"讲"字，含义深远。

王阳明是幸运的。他第一次来到龙兴讲寺，就见到了这里的主持惠休大师，而且相谈甚欢。

一直喜欢访道问僧的王阳明，和惠休大师谈论了很多。当然，他最关心的，还是自己此去龙场的休戚吉凶。"大师，你能告诉我，我如何才能像二酉洞中的先贤们一样，在蛮荒之地传播文明的薪火呢？"

惠休大师很欣赏他的志向，也知道他慧根深厚，将来的成就一定不可限量。于是，就带着他在寺中走了一圈。"你注意到了没有？这座佛寺和你到过的其他佛寺，有什么不一样的地方？"他似乎在考察王阳明。

下部 我心光明

"嗯，我发现这座寺庙的山门，和寺院的主体建筑大雄宝殿不在一条中轴线上，这在别的地方很少见。"王阳明不愧是经常出入道观寺庙的，一下子就发现了问题所在。

惠休大师微微一笑，说道："施主难道不明白吗？这叫倚山就势，便是我佛教义的精髓了：顺其自然。只这四个字，天下无去不得之地，无做不成之事！"

一语点醒梦中人，王阳明有了这四字真言，果然信心满满，到了龙场后，随遇而安，一夕悟道。

重新归来，经过沅陵，王阳明第一件要做的事情，自然是迫不及待要去拜见惠休了。

然而，龙山讲寺依旧香火鼎盛，可是主持却已经不是那个惠休大师了。

询问之下，才知道惠休大师已经在一年前坐化圆寂，王阳明再也见不到这位佛法精湛的老朋友了。

故人已去，不过龙兴讲寺这里的环境，还是令王阳明难以舍去。他从贵州一路行来，旅途疲惫，正好在这里歇脚。白天和寺中的高僧一起探讨佛理，晚上则一个人在庙中静坐参禅。古松苍苍，闲鹤悠悠。南方春早，天气正在一天比一天转暖，而且还下了几场蒙蒙的烟雨。

就是在这么一个如诗如画的地方，他昔日经过沅陵周围，所结识的几个学子也闻讯来拜见他了。

这几个人，见于历史记载的有：蒋信、冀元亨、唐愈贤、刘观时、王嘉秀等。他们都是在两年前，当王阳明从这里经过的时候，或者陪他同游，或者前来问学，深慕王阳明在京师的文名，更钦佩他不畏强权，敢于直接对抗刘逆的凛然正气和铮铮铁骨。所以，他们一直在关注着王阳明，也听说了他在龙场办书院，又在贵阳开讲，盛况空前的情况。如今，王阳明谪满归来，他们自然欢呼雀跃，立即赶来与其相见了。

当下，就在龙兴讲寺里，众学生再一次以隆重的拜师之礼，重新叩见了王阳明，并且一齐邀请他在此多驻足几日，将他在贵州所悟出来的那一套新的学问，以讲学的公开方式传授给大家。

而王阳明呢，自然求之不得。他在贵州两年，虽然也收了很多学生，可是毕竟不如这些沅陵学子，秉承华夏正统，所学根底，皆是孔孟程朱的路数。

> 曾向图书识道真，
> 半生良自愧儒巾。
> 斯文久已无先觉，
> 圣世今应有逸民。
> 一自支离乖学术，
> 竟将雕刻费精神。
> 瞻依多少高山意，
> 水漫莲池长绿萍。

他丝毫也不隐瞒自己此前的谬误：从书本上求道，结果半生的功夫都白白浪费了，实在愧对头顶上的儒巾。读书人应该具备的那种气质和尊严，已经很久没有看到了；然而像二酉洞中的山野逸民，是不会就这么断绝继承道统、传播薪火的。自从圣人之道被错误地当作支离事业，很多读书人都只在雕琢文字、修饰辞藻上下功夫，却不过是将精神空自虚耗了而已。与其这样，还不如到自然中去追寻，去学习天地那种"无心"而创造出一切的生生不息的活力。

听说王阳明要在龙兴讲寺开讲，沅陵附近的学子纷纷赶来，将龙兴讲寺搅得一团喧嚣。

这天，又是一个晴朗温润的日子。众学子一早就在大殿前的空地上坐好了，专心致志地等候王阳明开讲。

王阳明不慌不忙，登上讲坛以后，首先屏息凝气，拈了三炷香，去炉中点燃，袅袅的烟火气息缭绕中，众人只觉得仿佛圣贤再世，更加敬畏。

开讲之前，王阳明照例口占一诗：

> 无声无臭独知时，
> 此是乾坤万有基。

> 抛弃自家无尽藏,
>
> 沿门持钵效贫儿。

这是辰中诸子第一次听到王阳明完整而系统的"心道"。王阳明也毫不客气,将他们比作一个个托钵沿门乞讨的叫花子。为什么自己的家里藏着无穷无尽的宝贝,却偏要去求于别人呢?直截了当地点出诸生所存在的学问上的方向性错误后,王阳明将自己多年来所走过的人生道路,和他们一一印证,而这也正是他的"心道"与众不同的地方:

以心传心,心心相印。

"你们在座的诸位,都是年轻有为的学子,我和你们这么年轻的时候,也曾经醉心于书本,一心追求成圣成贤。可是经过多年的学习和探究,我却发现自己离成圣成贤越来越远。似乎先人给我们指出的每一条道路都走不通。然而他们自己本身又是如何做到的呢?不错,人皆可以为尧舜,这个道理我是一直坚信不疑的。可问题是,哪条道路才是我们应该去走、又能走通的呢?"

他提出的是一个普遍性的问题。平心而论,并非所有人都想成为圣贤,但也的确有一部分人,天资聪慧,胸怀大志,一心想成为能够为君王之师,能够为天下制定秩序,一言而为万世法的人。

正如有的人追求做官,有的人追求发财,有的人追求出名,有的人的追求,就是做圣贤。听起来有点骇人听闻,其实本身并无可厚非。但问题是,又有谁能指点出来一条切实可行的道路呢?

这个问题一提出来,众人就被紧紧地吸引住了,聚精会神地听下去。

王阳明继续讲道:"为了找到这条道路,我遍寻诸子,搜枯百家,却一无所得。就这么稀里糊涂地过了许多年。后来,一次特殊的机缘,使我有机会在铁柱宫遇到了一位无为道者。那个故事你们想必有人也听说过,为了听他宣讲大道,我甚至错过了一生中最重要的日子。而当日那个无为道者和我讲了什么呢?无非是八个字:养生一说,无过一静。他告诉我,老子清净,庄子逍遥,唯有清静,然后才能逍遥也。可别小看了这一个'静'字,它是道家全部思想的精髓,也是天地本来的面目。"

"只可惜，我那时候还不能理解他的话。后来，过了十年，我在九华山中，又遇到一个道者，人称蔡蓬头。我听说他是个得道之士，连续几次去拜访他，他都不肯见我。后来，终于见着了，不管我执什么礼节，他都不愿意与我深谈。后来，我再三行礼，他才告诉我四个字：'不忘官相'。"

"他的话点醒了我，成圣成贤，只在儒术。遁入深山，固然可得大道，然而不能救济天下苍生，却非我所愿；而如果一味执着于天下之事，纷纷扰扰，却又与清静、逍遥的宗旨相违背，怎么办呢？"

"再后来，我听说九华山上，更高的悬崖绝壁的山洞里，住着一位得道的高人，我便不顾一切地去拜会了。冒着九死一生的危险，我爬上了山崖，进入山洞，在那里找到他，并一直等到他醒来。他见了我很惊讶，问我是怎么上来的，我便跪求向他请教如何才能找到一条成圣之路。而他却只说了一句话：'周濂溪、程明道是两个好秀才！'等我第二次再去找他，人已经不见了。"

回顾自己当年苦心求道的经过，王阳明亦不免有诸多感慨。每个人的一生中，都会有很多机缘。然而，这些机缘本身，并不足以就此改变你的人生。真正的改变，在于你是否能抓住这些机缘，并且善加利用。

"就这样，又过了许多年。一直到了被贬龙场之后，百无聊赖，忽然一日我想起那句话：'周濂溪、程明道是两个好秀才！'于是，我恍然大悟，真正的成圣成贤的道路，其实早就摆在面前了！"

"那些日子里，我在山洞中，将周濂溪的《太极图说》，还有程明道的《定性》《识仁》两篇文章，合在一起，反复揣摩。然而数月过去，一无多得。终于在一个夜晚，我悟出来一个道理：易传有云：'乾以易知，坤以简能'。易者，简者，皆减也。何不将这个道理运用在读书上？枝蔓删去，主干不就露出来了吗？于是，我用这个方法，先去做《太极图说》的功课，层层减去，最后只剩下了一个字。你们猜一猜，这个字是什么？"

他停顿了一下，故意将这个问题丢给众人。

果然，每个人都开始在心中默默背诵起《太极图说》来：

无极而太极。太极动而生阳，动极而静，静而生阴，静极复动。一动一静，

下部 我心光明

互为其根。分阴分阳，两仪立焉。阳变阴合，而生水火木金土。五气顺布，四时行焉。五行一阴阳也，阴阳一太极也，太极本无极也。五行之生也，各一其性。无极之真，二五之精妙合而凝。乾道成男，坤道成女。二气交感，化生万物。万物生生，而变化无穷焉。唯人也得其秀而最灵。形既生矣，神发知矣。五性感动，而善恶分，万事出矣。圣人定之以中正仁义而主静，立人极焉。故圣人与天地合其德，日月合其明，四时合其序，鬼神合其吉凶。君子修之，吉；小人悖之，凶。故曰："立天之道，曰阴与阳。立地之道，曰柔与刚。立人之道，曰仁与义。"又曰："原始反终，故知死生之说。"大哉易也，斯之至矣。

只有短短的三百余字，然而正是这三百余字，却是上承孔孟，下启程朱。

在这之前，历史上有过著名的秦始皇帝"焚书坑儒"，人们对于孔孟的学问，从传承的角度看，就只接上了人伦之理、社会秩序这一支，所谓"君君、臣臣、父父、子子"。这一套大道理用来治理国家、安定社会，是没有什么问题的。可是，如何用来"安心"，却悬而未解。

这个问题，直到周敦颐崛起，才从唐时传入中国的佛学里，从一个叫寿涯的寺僧所传的偈子里找到了答案：

> 有物先天地，
> 无形本寂寥，
> 能为万象主，
> 不逐四时雕。

这首偈子，据说始作者是南朝时期一个傅大士。他应梁武帝之召至金陵宣讲佛法，头顶道冠，脚踏儒履，身披袈裟。梁武帝问见了很奇怪，问他："你是佛吗？"大士默默指了一下头上的道冠。武帝又问："那么你是道人吗？"大士又默默指了一下脚下的儒履。武帝又问："那么你是儒士？"他却又默默地指了指自己身上的袈裟。后来，这一道冠、僧服、儒履的"法象"，又被称为"儒行为基，道学为首，佛法为心"。这条路，便是后来周敦颐走的路子。

周敦颐将从穆修手中得来的《无极图》一变而为《太极图》，佛、道两家的精神一齐注入儒家，由外而内，创造出了一条全新的道路，直通孔孟。据说，他曾经向一位祖心大师请教，如何是佛家"教外别传"之旨。祖心大师对他说："只消向你自家屋里打点。孔子谓'朝闻道，夕死可矣。'毕竟以何为道，夕死可耶？颜子不改其乐，所乐何事？但于此究竟，久久自然有个契合处。"从儒学入道，周敦颐后来授学二程时，也曾将同一个问题问其弟子。后来，这个问题也被后世的儒生们一再问及。然而周濂溪和程明道却都没有明确的回答。周敦颐由此作了《太极图说》，而程明道终其一生，也只留下了两篇文章：《定性书》和《识仁篇》。

史载，当日周敦颐明心见道，见窗外草色青青，苍松挺立，便作了一个偈子：

> 昔本不迷今不悟，
> 心融境会豁幽潜。
> 草深窗外松当道，
> 尽日今人看不厌。

既然周敦颐的这一颗"妙心"，正是从释、道二教启迪而来，刻苦自砺，然后精思入神，成其大道。那么，在凝聚他一生学问和心血的这篇《太极图说》中，到底给了王阳明什么指点呢？

众人想了半天，都没有人猜到，王阳明删减到最后的那一个字究竟是什么？

"让我来告诉你们吧！"最后，还是王阳明自己揭晓了答案，"这最后的一个字，就是'生'。"

"'生'？"

众人再也没有想到，会是这么简单的一个字。于是一个个更加集中精神，细听王阳明分解。

"天地之大德曰生。万物与天地一体，故万物皆受这一个'生'字。一经入形,既成为'命'。当生命形成以后,影响我们的因素,又是什么呢?不外两方面,一方面是'形',一方面是'气'。一旦成'形',就会必然向着毁灭的道路奔去,这是谁都无法选择的,所以叫作'成者必将坏,聚者终将散';'气'则充盈在天地间,永远都没有穷尽的时候。'气'又分为阴气和阳气,阴阳交感,不停地发生着变化。阴气和阳气中最清秀的那一部分,为人所得,就有了'心'。"

"这个'心',不是我们和飞禽走兽,所共同具备的那一个被血气充斥和包围着的血肉之心;而是我们人所独有的'神'。只有通过这个'神',我们才能与天地万物交感,而产生'意'。通过'意'的作用,于是我们就有了'知',就懂得了善恶之分,正邪之辨,是非之明。"

"所以说,天地有心,是为大道;天地之心,便是人心。人心混沌,无善无恶。若辨本心,必须通神。而如何通神,则需要我们来坚持修炼我们收放心的功夫。如何修炼,我教你们:只捡那山清水秀,且多洞穴的地方。中夜静坐,就会感觉到大团大团的气息从地下的各个窍穴中升上来,弥漫在身体周围。在这种漂浮在辽阔的虚空一般的静寂里,就会感觉到自己的这颗心渐渐安定下来,最初是寂然不动,此谓之诚;然后开始体验到天地和万物一体的完整存在,此谓之敬。从诚、敬入手,就会感觉到'神'的存在。那时候,我们就连通了自己的本心。"

"当你看到自己的本心,发现它被一团充沛的气息所包围,处在圆满流转的沛然状态,这就叫'至知'。"

从人人皆知的《太极图说》中,王阳明竟然悟出了如此许多的新鲜道理,众人听了无不叹服!

第一天,讲完了《太极图说》以后,王阳明便率领众人,晚上就在寺庙中静坐养心。

第二天,王阳明继续为众人讲说《定性书》,这本来是张横渠向程明道请教"定性未能不动,犹累于外物,何如?"的一封书信,对此,程明道以自己一生所学,给予了简单而明快的回答:

所谓定者，动亦定，静亦定，无将迎，无内外。苟以外物为外，牵己而从之，是以己性为有内外也。且以己性为随物于外，则当其在外时，何者为在内？是有意于绝外诱，而不知性之无内外也。即以内外为二本，则又乌可遽语定哉？夫天地之常，以其心普万物而无心；圣人之常，以其情顺万物而无情。故君子之学，莫若廓然而大公物来而顺应。《易》曰："贞吉悔亡。憧憧往来，朋从尔思。"苟规规于外诱之际，将见灭于东而生于西也。非为日之不足，顾其端无穷，不可得而除也。人之情各有所蔽，顾不能适道，大率患在于自私而用智。自私则不能以有为为应迹，用智则不能以明学为自然。今以恶外物之心，而求照无物之地，是反鉴而索照也。《易》曰："艮其背，不获其身；行其庭，不见其人。"孟氏亦曰："所恶于智者，为其凿也。"与其非外面是内，不若内外之两忘也。两忘则澄然无事矣。无事则定，定则明，明则尚何应物之为累哉？圣人之喜，以物之当喜；圣人之怒，以物之当怒。是圣人之喜怒，不系于心而系于物也。是则圣人不应于物哉？乌得以从外者为非，而更求在内者为是也？今以自私用智之喜怒，而视圣人喜怒之正，为何如哉？夫人之情易发而难者，唯怒为甚。第能于怒时遽忘其怒，而观理之是非，亦可见外诱之不足恶，而于道亦思过半矣。

张横渠亦是个一心成圣成贤的人物。他最大的志向就是"为天地立心，为生民立命，为往圣继绝学，为万世开太平"。他曾经有一首诗，借写芭蕉，将自己的人生理想和探学心得抒发出来：

芭蕉心尽展新枝，
新卷新心暗已随。
愿学新心养新德，
旋随新叶起新枝。

这同样充满着深刻的禅理，将天地宇宙中包藏的生生不息的"生机"含蓄地揭示了出来，三个"心"字，都是在强调宇宙之"本"；七个"新"字，则是在不断暗示太虚之气的"化"的功用。

宇宙就是"一本万殊",万物就是"气"生生不息,周而复始的循环变化所化育出来的结果。气有阴、阳、清、浊之分,所以得天地之灵气而化生出来的"人",就会有区别开来的贤、愚、善、恶。太虚被称为"天",气化的功能被称为"道",二者合在一起被称为"性","性"与外物触觉而产生"心"。性,又分为两种:一种是太虚之气,化生万物,是一种至善状态,这叫作天地之性;另外一种,是太虚之灵气,化而为人,人有贤、愚、善、恶之四种,所以又产生了"气质之性"的不同。天地之性,已经和谐至善,所以也就不存在"定"与"不定","变"与"不变"的问题。而气质之性,因为存在着贤、愚、善、恶不同,所以就存在一个昏、浊、劣、恶趋向于良、善、纯、全的问题。

如何去变化自己的气质,使自己从普通人成为一个与天地之性合而为一,至于至善的圣人呢?这是张横渠一生都在思考的问题。他给程明道写信,问的也正是这个问题的根本答案。

作为周濂溪最得意的弟子,程明道自然不会和张横渠一样,去纠缠什么贤愚善恶,而是一针见血地指出:

性无内外。

一个真正做到"定性"的人,一定是动亦定,静亦定。性是不分内外的,如果还分出内外,那么只能说没有做到真正的"定"。

既然性无内外,内心之性和外在之物,都是一个统一的存在,那么就不存在迎合、刻意的状态了。

天地之心,是赋予万物以心,而自己是没有私心的;圣人之情,是以万物之情为情,而自己是没有私情的。

君子之学,全部的目的,就在于修炼一颗浩大包容、公平无偏的"心",不管外在的世界如何变化,事物如何繁杂,都只按照事物之理,随机处理。这样一来,内心不起任何的波澜变化,外界也就不存在能使心变化的诱惑。如果不懂得这个道理,只是要去消除外在的诱惑,那么一个诱惑被克制了,另外一个新的诱惑就会生出来。如此我们的一生,岂非白白浪费过去了?

普通人所以不能做到"定性",不是因为其他缘故,而是因为被各自不同的性情所遮蔽，从而偏离了"大道"。这就好像站在一面镜子的背面，而想要去看到镜子里的影像，怎么可能呢？

正因为每个人都有"私心""私情"，所以就会产生一些所谓的智巧，其实都是私欲的蒙蔽。

如果抛弃了这些，不再刻意地去分别、执着，就会处在一种"无事"的状态。内与外的对立消失了，"性"就能安定了；当"性"安定了，那么就能够感通万物，而事理就会自己从镜子里照出来了。

所以说真正的圣人，永远都不会被外在事物的变化，而激荡其内心的涟漪。圣人表现出高兴，是因为该事物值得令人高兴；圣人表现出愤怒，是因为该事物的确令人愤怒。但这都不是圣人根据自己的喜好判断，而动的"私情"。在人的情感作用中，最容易发生而又最难克制的，就是发怒。只要能在要生气的时候，立刻忘掉生气，从而去理智地思考是非的道理本身，那么就差不多懂得道了。

这天，王阳明将《定性书》这篇文章重新给众人提起，对他们说道："我和你们一样，读这篇文字，不知道几千几百遍了。可是虽然懂得了要'定性'，却偏偏不知道'性'如何去'定'！定性之道，在于合内外。合内外之道，一言以蔽之，'敬以直内，义以方外'。"

"敬"就是怀着一颗敬畏的心，带着一种崇高的感情，去将自己的内心世界无限扩展，最终与天地合而为一。这个过程不是将心熄灭，而是去将心灯拨旺，其方法和释、道二家截然不同。

既然有了个人修行所秉持的方针，那么，便也有了一个对外行事的原则：顺理而行，是为义。

一个人，仅仅涵养内心的功夫还不够。譬如要为孝，不能只守着一个"孝"字，而必须去行孝。

其实，这个"义以方外"，后来到了朱晦庵那里，也正是他一生所主张的"格物致知"。

先"敬"然后"格物"，通过不断地"致知"，最终就会达到成圣成贤的境界，这就是朱晦庵指出来的一条道路。

然而这条道路，王阳明却发现走不通。在经过多年的困惑以后，他在龙场的山洞里找到了答案。

"诚心正意，此谓之敬；格物穷理，此谓之知。然而，诚心是向内的功夫，格物是向外的功夫。然而内外既然合一，则这两般功夫，其实也是一般功夫。那么这功夫说到底又是什么呢？"

"我经过多日的思索，直到一日在读《易传》的时候，忽然读到这么一段话：'神也者，妙万物而为言者也。动万物者莫疾乎雷，挠万物者莫疾乎风，燥万物者莫熯乎火，说万物者莫说乎泽，润万物者莫润乎水，终万物始万物者莫盛乎艮。故水火相逮，雷风不相悖，山泽通气，然后能变化，既成万物也。'原来天地万物，都是一体，没有绝对独立的存在。水与火相交，雷与风相交，山与泽相交……咸，感也，柔上而刚下，二气感应以相与……天地感而万物化生，圣人感人心而天下和平。观其所感，而天地万物之情可见矣！天地万物之间，既然不可以哥裂开来，那么将其联系在一起的又是什么呢？那就是'感'。何者能感？心也。天与地感，万物化生。圣人以自己之心而感于他人，所以天下大道行焉！原来一切的奥秘，都只在我们的这一颗心中。用我们的这颗心去感知一朵花，会感觉到花的哀伤、花的欢乐；用我们的这一颗心去感知人伦，会感受到一个失去儿子的母亲的哀痛，也会感觉到一个农夫经历了一年劳动后收获的喜悦。我们的欢乐也好，悲伤也好，都只是顺应万物的本来面目。而我们的这一颗心，则随着万物的发生、变化而不停地去感应，生出种种情思。明白了这个道理之后，我才知道，原来以前我所怀疑的朱晦庵所说的一切，并没有错；他错的地方，是在于没有指出如何将我们内在的'心''意'与外在的'物''理'之间建立起联系。而这个建立联系的方式，就是要依靠我们的'心'通过'感'，去将内外沟通，心、意、物、理联系在一起。故曰：圣人之道，不在别处，就在我们的这一颗'心'中。不须外求，只需去像对待一面布满灰尘的镜子那样，将污垢擦净，将这颗心的本来面目擦拭出来，那么，这颗心自然就会感通万物，自然就是良知。"

……

不知不觉，一天的时间又过去了。晚上，众人又继续跟随王阳明静坐。

第三天，王阳明接着前两天的话题，继续给众人讲述《识仁篇》：

学者须先识仁。仁者浑然与物同体，义、礼、知、信皆仁也。识得此理，以诚、敬存之而已，不须防检，不须穷索。若心懈则有防，心苟不懈，何防之有？理有未得，故须穷索，存久自明，安待穷索？此道与物无对，大不足以名之。天地之用，皆我之用。孟子言："万物皆备于我。"须反身而诚，乃为大乐。若反身未诚，则犹是二物有对，以己合彼，终未有之，又安得乐？《订顽》意思乃备言此体。以此意存之，更有何事？"必有事焉而勿正，心勿忘，勿助长"，未尝致纤毫之力，此其存之之道。若存得便合有得。盖良知、良能，元不丧失。以昔日习心未除，却须存习此心，久则可夺旧习。此理至约，惟患不能守。既能体之而乐，亦不患不能守也。

这篇文字，是程明道晚年在洛阳讲学，答弟子之问而作，也是其一生思考和智慧的结晶之作。

对一个读书人来说，这个天地赋予我们的生命，其意义是什么？就是不仅仅要保养这个身体，而且要"识仁"，就是要懂得我们与这个所置身其中的天地宇宙，是什么样的关系。天、地、人是一个完整的系统，人既是一个独立的存在，又是这个整体存在的一个组成部分。

人之所以为人，在于人不但能体认自己与周围环境的关系，而且能将体会到的道理，反过来作用于环境。将对自己身体的爱护，对生命的敬畏之心，推广到整个的周围环境中去：尊重和掌握自然规律，并且效仿这种规律，在社会环境中建立和谐的秩序，以外应天地，内顺自心。

在这篇文章中，可以清楚地看到，程明道是立足于孔子所提出的"仁"的根本思想，而又结合了孟子所提出的"心"的理论，明确地指出，在天道与人心之间，存在着某种必然的联系。

他承认，仁即等于道，是宇宙的本体，而这个"仁"，同时又正是我们的本心。这个本心和宇宙一样，不是静止的，而是在不断变化，具有自我转化、提升的功能的。它统摄一切，创生一切，从这个本心出发，则我们应接外物，就会自觉地表现出义、礼、智、信等道德形式。

从这个意义上来说，每个人的一生，其实都是一个不断向内探索和展开的连续不断的过程：我们所做的一切，其实都不过是在尽心、存心、养心而已。我们的这颗心，才是真正值得我们关注的。

孟子对此有一个很有名的比喻：家里养的鸡和狗丢失了，人们都知道去将其找回来；而我们的心灵迷失了，却很少有人懂得去寻觅。

连孔子也早有感慨：我们的身边有那么多简单的道理，鸟雀离巢久了，飞得疲倦，尚且懂得回巢，给自己寻找一个安歇和栖息的地方，可是我们有那么多的人，却不懂得安顿自己的心灵！

一个人如果一味向外在的世界中去探索，那么他很快就会迷失自己，荒芜心灵，忘记出发的初衷；而一个人，如果不断地向心灵深处探索，就会不断地发现，自己和这个环境的紧密联系，体悟到生命存在的真正奥妙。

只有真正明了自我，懂得这个生命存在的真谛，从这个新的起点出发，他才能找到正确的方向。那个方向，是无数圣贤们一再指明了的方向；那条道路，也正是无数的圣贤哲人们所走过的道路。

这天，王阳明给众人阐述《识仁篇》，同样不讲冠冕堂皇的大道理，而从自己在山洞中所思、所悟讲起：

"从《太极图说》中，我悟出了一个'生'字，明白了心即道的道理；从《定性书》中，我悟出了一个'合'字，明白了'性无内外'、'心外无物'的道理。而沿着《识仁》所指出的'反'的路子，我展开了一连串向内在心灵的探索，仿佛在黑暗的山路上摸索着行走，前方的灯火渐渐光明起来。终于，在一天晚上，我体验到了那种乐，那时如潮水般不断涌来的愉悦感觉。不是来自外在，而是就在我们内心的深处，仿佛一棵青翠苍劲的大树，忽然在一夜之间，绽开了满树花朵。

"原来生命一直就在这里，从我们每个人生下来的那一刻，它就在静静地等着我们去发现，去抵达它；而它对我们每个人的要求，也都是一样的，就是要不断地超越我们这个有形的躯体，去扩展、提升到无限。

"在我们的内心，通过涵养功夫创造出一个辽阔无边的、能容万物的世界，给我们的心以无限的空间，这就是我们作为人存在的根本意义；而如何做到让我们的这颗心，去与外在的现实融合呢？这条路，其实你们每个人都是知道的，每个人都可以学习并且通过在事功的磨炼上去达到的。它是这么一个连续不断的过程：明明德，亲民，至于至善。

"明明德，就是成为一个'大人'。它不是指年龄上的成人，区别于孩童；而是指那些在心灵上真正实现了超越的人。他们能够懂得万物一体的道理，并且能够将天下看作一个大家庭，将每个人都看作自己的父母、兄弟、姐妹，都是这个家庭血脉相连的一部分，就会以对待父母、兄弟、姐妹的心去对待。如果能做到这一点，没有人我界限的，就是大人；如果仍旧执着于人我之分，就是'小人'。'大人'能够做到以万物为一体，不是他有意去这么做，而是他的心指引他去这么做；不但是'大人'的心具有这种本领，就是'小人'的心，其实也具有这种本领。当我们见到孺子之入井，自然就会生出恻隐之心，这是我们的心与孺子合而为一体了；见鸟兽之哀鸣，必有不忍之心，这是我们的心与鸟兽合为一体了。见草木之摧折，必有悯恤之心，这是我们的心与草木合为一体了。见瓦石之毁坏，必有顾惜之心，这是我们的心与瓦石合为一体了。这些都是'大人'和'小人'共有的'心'，亦即'一体之仁'。而所以'大人'能够听从这本心的指引，'小人'却违背了本心，是因为'小人'被私欲遮蔽了本心，动于欲，蔽于私，利害相攻，忿怒相激，所以，'小人'虽然也内心怀有一颗仁'心'，在外在上却表现出无所不为其恶。如果'小人'摒弃自己的私欲，就会发现内心深处根植的天命之性，而自然灵昭不昧者，这就叫作'明德'。至于'大人'，如果一不小心被私欲蒙蔽，那么就会沦为和'小人'一样了！

"明明德者，立其天地万物一体之体也，亲民者，达其天地万物一体之用也。一个人，如果明明德以后，一定会做到'亲民'。如果不这么去做，那么就没有真正明明德。我们敬爱自己的父母，以及别人的父母，以及天下人的父母，然后我们的心才真正溢出我们的身体，而将那广泽的仁慈推广到了天下。那样一来，被我们称为'孝'的明德就出现了；依此类推，我们团结我们的兄弟，珍惜我们的朋友，夫妇之间相敬如宾，以至于山川、鬼神、鸟兽、草木……只要我们真正做到去亲近，将我们内心的'一体之仁'推而广之，那么，礼、义、智、信……，所有的'明德'也都会出现了。那时候，天地万物真正恢复到'一体同仁'的本来面目，则明明德于天下，就是圣贤们所说的'家齐国治而天下平'，就是'尽性'了！明明德、亲民，当这两件事情做到极致，就是'至善'了。上天赋予我们的这颗本心，本来是无善无恶，纯然至善的，是全然光明洁净的。它是明德的本体，所以又叫作'良知'。当这个良知没有受到任何损伤、污染的时候，它是完全充沛的、满盈的，是就是是，非就是非，轻重厚薄，无不顺着天地自然的本来面目。

"然而，长久以来，人们却不知道在我们的内心里，怀有这么一面光明的镜子。他们只知道用自己的头脑，向外面的世界寻找，穷尽万事万物，以为那里面蕴涵着天地的大道，以为至善在外。这么做的结果，就是穷尽一生，从零碎的事物里得到的是全部是支离的关于天道的认识。明明德、亲民之学大乱于天下，已经很久了。

"明德，亲民，必须以至善作为自己的终极追求。如果不设定这么一个界限，不确定这么一个规矩，那么，要么在空口上流于清谈，要么在私心人欲上过于膨胀。所以说，明明德、亲民而不止于至善，亡其本矣。"

就这样，王阳明一边结合自己的实悟，一边返诸求证《经》、《书》，以及圣人之道，无不吻合。

连续几天，王阳明都在阐述自己的"心道"。他讲得兴致勃勃，众人也听得趣味盎然。毕竟，在当时那样一种权宦当道、死气沉沉的社会气氛压抑下，能够听到这种别具一格、无拘无束的心性之学，令人耳目一新。

和众人心情一道开朗起来的，还有这龙兴讲寺的山水花草。天气在迅速地转暖，桃花也早开遍山野……

讲学结束以后，接下来王阳明要众学子潜心作业，将自己心中的疑惑写出来，自己代为解答。

而闲暇之余，他就和诸位得意门生，一起到山中去游览，观赏桃花盛开的美景，欣赏虎溪山的秀丽风光。

自从谪居贵州以来，王阳明的心情从来没有这么好过。不但因为有了这么多倾心追随的学生,更重要的,是他在思想上有了一片可供驰骋的广阔天地。这种"心心相印"的精神享受,的确可遇而不可求。

这种精神上的愉悦和轻松,在他给即将来这里探望他的一位故友杨名父的题壁留诗中可以看出来:

> 杖藜一过虎溪头,
> 何处僧房问惠休。
> 云起峰间沉阁影,
> 林疏地底见江流。
> 烟花日暖犹含雨,
> 鸥鹭春闲自满洲。
> 好景同游不同赏,
> 篇诗还为故人留。

多么清新畅快的文字,多么悠闲自在的心情,不再有幽怨,也不再有哀愁,甚至也不必再故作姿态,去谈什么要去做闲云野鹤,终老山林了。

王阳明生命中的春天正在到来,他人生中新的一页就要翻开了!

离别的日子终于到来了,这天,在诸位学生为他举行的送别宴会上,王阳明手举酒杯,感慨良多:"谢谢大家!在这段日子里,你们给了我这么多的快乐。和你们在一起相处,是我谪居两年以来,最快乐的一段时光。如今我就要离开你们去赴任了,心里有万分的惆怅,不知道说什么。不过,我还是要叮嘱你们,继承前圣的遗志,去践行天地的大道,不是一件容易的事情。做的人很少,而如果有人去做,却会遭到众人一致的非难。如果不是真正的英雄豪杰,只怕是无法坚持到底的。你们既然已经从我这里得闻大道,我也告诉了你们修行的方法,希望你们互相鼓励帮助,一起在这条路上走下去,千万不要堕入浮华和虚幻的声名追求中,而要实实在在做事情。记住,不要忘记了我教你们静坐的方法。我们毕竟和释、道不同,我们不是要进入他们的境界,而只是用这样的方法来消除心中的杂念,收敛和约束我们那放纵的心性,犹童之牧牛也！有几句话，是你们一定要写在墙壁上，每天诵读思索的：'才学便须知有着力处，既学便须知有着力处''学要鞭辟入里着己''君子之道暗然而日章''为名与为利，虽清浊不同，在其利心则一''谦受益''不求异于人，而求同于理'……

"另外，我并不反对你们去走举业功名的道路，连我自己不也在宦途上吗？我只是要你们记住：不患妨功，惟患夺志。做学问，博功名，其实并没有矛盾的地方，关键要把持住自己的一颗心。得失之间，进退之间，只要你能时刻听从自己内心的正确指引，那么你就算得道了！

"至于治学修道的方法，每个人各有不同。不过，我还是想告诉你们，有几个共同的地方：立志、恒心、省察、克治与谦逊。立志、恒心，省察，克治，这四个道理，不用我说，我想你们也都很明白了。我重点说一说'谦'。何为'谦'？卦云：亨。君子有终。《易传》则说：'天道下济而光明，地道卑而上行。天道亏盈而益谦，地道变盈而流谦，鬼神害盈而福谦，人道恶盈而好谦。仲尼是这么称赞《易》之《谦》卦的：'谦，尊而光，卑而不可逾，君子之终也。'所以说，地不谦不足以载万物，天不谦不足以覆万物，人不谦不足以受天下之益。地载万物，海纳百川，我们如果想成就一番大事业，就必须虚怀若谷，和乐坦易，方能成就光明俊伟的大道。"

……

在沅陵虎溪山上的龙兴讲寺里，逗留了一个多月以后，王阳明又继续上路了。

这一次，他的身影不再孤单。除了原来随行的书童和两个仆从，跟随他的又多了几个学生：蒋信、冀元亨、唐愈贤、王嘉秀、吴鹤。原来的小船坐不下了，他们只好又重新租了一条大船。

沿沅水而行，王阳明本来打算沿途不再停留，直趋洞庭。可是偏偏天公不作美，从离开沅陵之后，一路上大雨连绵。河水在不断地上涨，等行至武陵，已经不能再继续向前走了。

无奈，王阳明只好在武陵一处叫作潮音阁的寺庙里住了下来，静静地等候雨过天晴，河水消退。

> 高阁凭虚台十寻,
> 卷帘疏雨动微吟。
> 江天云鸟自来去,
> 楚泽风烟无古今。
> 山色渐疑衡岳近,
> 花源欲问武陵深。
> 新春尚沮东归楫,
> 落日谁堪话此心?

站在寺庙前面的高台上,望着淅淅沥沥的春雨,从空中如同看不见的一根根丝线,随风飘落。王阳明不由地羡慕起那些在山林上空自由来去的鸟儿。它们是多么自在啊,想飞到什么地方都可以。而自己呢,即使已经来到这传说中的桃花源附近,却不能得其道路,而到深处探寻。

朦胧的烟雨终于停了。夕阳西下,又将度过一个寂寞而清冷的夜晚。心里话对谁说呢?

> 台下春云及寺门,
> 懒夫睡起正开轩。
> 烟芜涨野平堤绿,
> 江雨随风入夜喧。
> 道意萧疏惭岁月,
> 归心迢递忆乡园。
> 年来身迹如漂梗,
> 自笑迂痴欲手援。

不过,这思乡之情,毕竟又是幸福和甜蜜的。在夜晚的梦里,他又回到了故乡,梦见又和亲人、朋友在一起,兴高采烈地一起喝酒,一起谈论道德文章。是啊，任何一个身在旅途的人，都隔着迢迢的山水，除了将自己的思念之情借梦境来排遣，还有什么更好的办法呢？

幸而，在这寂寞的山寺里，也不是全无事可做。习惯了出入山寺庙堂的王阳明，很快又收敛自己的心，做起了功课。

雨霁僧堂钟磬清，
春溪月色特分明。
沙边宿鹭寒无影，
洞口流云夜有声。
静后始知群动妄，
闲来还觉道心惊。
问津久已惭沮溺，
归向东皋学耦耕。

在龙场那样的地方，他尚且能悠然自得；为什么在这么一个小小的寺庙里，自己的心中会如此纷乱呢？人心真是捉摸不定，而孟夫子所说的"收放心"的功夫，真是一点都放松不得啊！

一旦静下心来，就会发现，原来寺庙里的僧斋，竟然是如此的别有风味；而仔细想一想，很多急急忙忙要去做的事情，其实我们并不能真正改变什么。世事的变迁，永远都不会符合我们的心意。我们真正能把握的，也不是虚无缥缈的将来，而只是眼前这一段闲适的时光，看山看水而已。

尽日僧斋不厌闲，
独余春睡得相关。
檐前水涨遂无地，
江外云晴忽有山。
远客趁墟招渡急，
舟人晒网得鱼还。

　　　　也知世事终无补，

　　　　亦复心存出处间。

　　在潮音阁等待的这段日子里，众学生都不在他的身边。因为他们既然决定跟随王阳明去庐陵，总要在这段时间里回家去准备一下，顺便与家人告别。等过了几日，他们重新回来与王阳明聚首，天已放晴，江水也恢复了正常水位。于是，师生一道，又高高兴兴地登船出发了。

第十二章

庐陵理政

半个月后,王阳明终于抵达了庐陵。但他没有想到,等待自己的竟然会是这么一个"烂摊子"。

庐陵这个地方,历史上就有"吴头楚尾"之称,不管是楚国,还是吴国,都曾经将其划入过自己的疆界。可见自古以来,这个地方就是一个经济、文化都非常发达的地方,是一方风水宝地。

然而,伴随着商业繁荣,生产富足,随之而来的却是令人不堪忍受的苛捐杂税。既然人人都将其视为一块肥肉,则不管是哪一任的官员,都想到这个地方来"捞"上一把,结果反而使得其成为"重灾区"。

听说,就在王阳明来这里之前,上几任的官员,都是和当地的豪绅互相勾结,串通一气,变着法子立什么名目:木炭、牲口、杉木……一项项的摊派加起来,每年上交的税银都差不多要翻一番。

如此重压之下,百姓岂能忍受?免不了就有抵抗暴政、冲突流血事件发生,所以当地的民风就出了名"强悍"。

王阳明一路上还沉浸在诗书文章里,盘算着来到庐陵,如何将自己教化百姓的理想付诸实施。

可是,等他一踏入庐陵县城,才发现不是那么一回事。庐陵的百姓消息灵通,听说新来了一位县官,而且这位新上任的县太爷,以前还是一位京官,敢于对抗大宦官刘瑾的正直之士。所以早在几天前,百姓就在等着王阳明了。一得到他入城的消息,百姓蜂拥而来,拦轿喊冤。

"王大人,您可得为我们做主啊!"

"这赋税一年比一年重，我们根本活不下去呀！"

"听说王大人在京城就敢于主持正义，请您一定要为我们上书喊冤，替我们减免赋税哪！"

……

在一片人声鼎沸中，王阳明的轿子一步前进不得。而围观的人却越来越多，于是，王阳明只好下了轿，扶起身前的几个老人。又大声对众人道："你们有什么冤情，都可以说。不过，这里不是办案的地方，你们且请先选出几个代表，然后到衙门去。等弄清楚原委，我自然为你们做主！"

听了他的话，众人才让开一条路，蜂拥跟在王阳明的轿子后边，到了县衙。

进了县衙，王阳明顾不得风尘仆仆，立即升堂。很快，事情的原因弄清楚了：原来，朝廷派在吉州府的一名宦官，为了讨好京城的上司，特地在庐陵增加了一项税收：葛布。而庐陵本地并不出产这种东西。百姓们如果要完成差事，就只能以钱代替。这样无理的摊派，百姓自然难以接受了！

"原来如此！"

王阳明一听，也觉得这件事情不合理。虽然征收赋税是政府的权力，可是也不能这么胡乱摊派吧？

"你们放心，这件事情，本官已经知道了。本官这就连夜起草公文，报告上司，力争免除这项税赋。"

他拍着胸口向百姓保证，可是百姓们却对他将信将疑，又围着哭诉了半天，才散去了。

等百姓走后，王阳明也陷入了为难。他深知这是自己来庐陵后第一件事，办得好不好，将关系到自己能不能在当地百姓心目中树立权威。可是他又的确没有办成此事的把握，怎么办呢？

当天夜里，他辗转难眠，不顾旅途疲劳，就在灯下，精心写就了一份报告：《庐陵县为乞蠲免以苏民困事》。

"……正德五年三月十八日，本职方才到任，随蒙府差该吏郭孔茂到县守，并当拘粮里陈江等，著令领价收买。据各称本县地方，自来不产葛布，原派岁额，亦不曾开有葛布名色，惟于正德二年，蒙钦差镇守太监姚案行本布政司，备查出产葛布县分，行令依时采办，无产县分，量地方大小，出银解送收买。本县奉派折银一百五两。当时百姓嗷嗷，众口腾沸。江等迫于征催，一时无由控诉，只得各自出办赔贩。正德四年，仍前一百五两，又复忍苦赔解。今来复蒙催督买办，又在前项加派一百五两之外。百姓愈加惊惶，恐自此永为定额，遗累无穷。兼之岁办料杉、楠木、炭、牲口等项，旧额三千四百九十八两，今年增至一万余两，比之原派，几于三倍。其余公差往来，骚扰刻剥，日甚一日。江等自去年以来，前后赔贩七十余两，皆有实数可查。民产已穷，征求未息。况有旱灾相仍，疾疫大作，比巷连村，多至阖门而死，骨肉奔散，不相顾疗。幸而生者，又为征求所迫，弱者逃窜流离，强者群聚为盗，攻劫乡村，日无虚夕。今来若不呈乞宽免，切恐众情忿怨，一旦激成大变。为此连名具呈，乞为转申祈免等情……"

对于百姓生活的疾苦，王阳明是知道的。在龙场两年，他深知民生之不易。如果百姓不能忍受过重的捐税，那么就只能铤而走险，从而激成"民变"，这绝非是危言耸听，而只在顷刻之间。

将这封呈给吉州府的公文，又抄了一份送给江西布政使司，等王阳明忙碌完毕，一夜已经过去了。

然而他却没有睡觉，而是亲自将给吉州府的这封公文送了去。当着吉州府上司的面，他说得很清楚：

"我虽然刚到任上，然而一路行来，境内的情况已经有所了解。不但百姓生活困苦，而且盗贼横行，风气大坏。我以为这多是地方父母官的过错，而不能怪罪到百姓的头上。百姓不过要求有饭吃、有衣穿、有屋住而已。可是地方父母官却不恤民情，只知道一味加赋摊派，献媚上级，中饱私囊。民困如此，而不能救；心切时弊，而不敢言。这样活着又有什么意思呢？我王守仁在京城的时候，就不能善事上官，所以也从来没有想到过安处下位。如今我到了这个职位上，随时准备被再次免去职务，贬谪蛮夷。虽然如此，我也不能为了自己免祸，而失信于民。我已经答应百姓，免去没有道理的税赋，减轻他们的负担，不逼迫他们为盗为匪。如果我帮助他们实现了心愿，而他们在交纳其他的税赋方面，仍然有拖延、故意不交的情形发生，就请处置我一个人，责问我失职之罪，将我的官职免去。那样，我就是死了，也心甘情愿了。"

他这么一番话，义正词严，而又情真意切，吉州府的上级也被感动了，立即答应了他的请求。

于是，王阳明上任第一件事情，就是免除了庐陵百姓的不合理的赋税。这一举动立刻为他赢得了民心。

可庐陵这个地方，又毕竟是个龙蛇混杂之地。不灭的文化薪火在这里传递着，也培养了一批文化无赖。

最有名的，就是这里的人喜欢辩"理"，一件再小的事情，也能上溯孔孟，扯到尧舜圣贤的身上去。

很多人大部分的精力，都用在了打官司——"健讼"上。对他们来说，每天跑到衙门里告状，简直不是一件苦差，反而成为一桩乐事。很多职业讼师，一天到晚聚集在衙门里，辩理争讼。

而对于王阳明来说，一来身体本就不好，多年患病；二来，他的时间宝贵，哪里能将这么大好的生命时光，都放在和这些人去穷辩词理，去处理那些鸡毛蒜皮的小事儿上？他很快招架不住了。

不过王阳明毕竟是王阳明，他很快想出来一个主意，高挂"免战牌"，以称病为由，不再上堂。

这天，人们一早起来，就看到在县衙门口的公告栏上，贴出来一纸公文，上面写着：《告谕庐陵父老子弟》。

庐陵文献之地，而以健讼称，甚为吾民羞之。县令不明，不能听断，且气弱多疾。今与吾民约，自今非有迫于躯命，大不得已事，不得辄兴词。兴词但诉一事，不得牵连，不得过两行，每行不得过三十字。过是者不听。故违者有罚。县中父老谨厚知礼法者，其以吾言归告子弟，务在息争兴让。呜呼！一朝之忿，忘其身以及其亲，破败其家，遗祸于其子孙。孰与和巽自处，以良善称于乡族，为人之所敬爱者乎？吾民其思之。

王阳明的这一招很厉害,他从庐陵整体的文化传统上指出,在这么一个人文荟萃的地方,怎么可以以"健讼"为自豪呢?只因为一时的意气之争,而不顾这么做是不是有违圣贤之道,是否合于"礼"。那么,就是赢得了官司,却因此而败坏了风气,不是要遗祸整个庐陵的子孙吗?

这一招"釜底抽薪",果然高明。告示一出,立即在庐陵百姓中引起了强烈的反响,状子少了一半。

接下来,王阳明利用这段赢得的时间,在庐陵县城内外四处走访。他发现,因为瘟疫流行,很多人家都出现了门户倒闭,一家人死光的情形。而因为害怕被瘟疫所传染,有时候出现的情况,更令人悲哀:即使一家人有父母感染瘟疫,子女也立即离家而去,结果导致父母不是病死,而是被活活饿死。一家之内,尚且如此,则邻里乡亲,更是避得远远的。人与人之间的感情,真是淡漠到了极点。

面对这种情形,王阳明痛心疾首。难道作为父母官,就这么眼睁睁地看着这局面持续下去吗?

经过几个夜晚的不能安枕,他终于想出来一个办法:问题还是要从根本上去解决。要想消除人与人之间的这种隔阂、冷漠,只能从"心"上入手。开国之初,朱元璋就曾经用过这样的办法:在各乡各存,都设置劝人向善的"两亭":一个叫作"申明亭",凡是犯了偷盗、抢劫,或者因为斗殴、伤风败俗等行为而被官府定罪的,一概予以公布,以为警示;一个叫作"旌善亭",凡是有敦行孝义,有热心公益事业,乐于助人者,也一概予以张榜,以为表彰。

看起来,王阳明不去处理衙门里堆积的公务,而去抓这么小小的事情,有点舍近求远;然而,他既然作为"心道"的创立者,自然知道每个人皆有一颗"本心",而这么做的目的,正是使人的"本心"发现,那么,一切的偷盗行为,抢劫行为,伤风败俗的行为,也就从根本上杜绝了。

这个方法一经推行,果然乡间村头,风气大为改善。人毕竟都是要面子的,如果不是逼不得已,谁愿意去做坏事,而臭名远扬,被千夫所指呢?一人作恶,整个家族以及子孙后代都会受到谴责,这份压力可非同小可。

从根本上遏制了人心涣散,刹住了恶风劣俗后,王阳明又继续发布公告,

情真意切地晓谕百姓：

今灾疫大行，无知之民，惑于渐染之说，至有骨肉不相顾疗者。汤药饘粥不继，多饥饿以死。乃归咎于疫。夫乡邻之道，宜出入相友，守望相助，疾病相扶持。乃今至于骨肉不相顾。县中父老岂无一二敦行孝义，为子弟倡率者乎？夫民陷于罪，犹且三宥致刑。今吾无辜之民，至于阖门相枕藉以死。为民父母，何忍坐视？言之痛心。中夜忧惶，思所以救疗之道，惟在诸父老劝告子弟，兴行孝弟。各念尔骨肉，毋忍背弃。洒扫尔室宇，具尔汤药，时尔饘粥。贫弗能者，官给之药。虽已遣医生，老人分行乡井，恐亦虚文无实。父老凡可以佐令之不逮者，悉已见告。有能兴行孝义者，县令当亲拜其庐。凡此灾疫，实由令之不职，乘爱养之道，上干天和，以至于此。县令亦方有疾，未能躬问疾者，父老其为我慰劳存恤，谕之以此意。

王阳明真不愧是坦荡君子。本来县中瘟疫流行，此乃天灾，他却首先怪到自己身上，一力将责任承担了下来。他主动承担罪责，又恳请乡里父老，主动承担起劝诫、教化百姓的责任，甚至表示，只要有能做出道德楷模的，不管什么人，自己一定亲自上门去感谢。这种姿态，绝非造作。

谕告父老，为吾训诫子弟，吾所以不放告者，非独为吾病不任事。以今农月，尔民方宜力田，苟春时一失，则终岁无望，放告尔民将牵连而出，荒尔田亩，弃尔室家，老幼失养，贫病莫全，称贷营求，奔驰供送，愈长刁风，为害滋甚。昨见尔民号呼道路，若真有大苦而莫伸者。姑一放告，尔民之来讼者以数千。披阅其词，类虚妄。取其近似者，穷治之，亦多凭空架捏，曾无实事。甚哉，尔民之难喻也，自今吾不复放告。尔民果有大冤抑，人人所共愤者，终必彰闻，吾自能访而知之。有不尽知者，乡老据实呈县。不实，则反坐乡老以其罪。自余宿憾小怨，自宜互相容忍。夫容忍美德，众所悦爱，非独全身保家而已。嗟乎！吾非无严刑峻法以惩尔民之诞，顾吾为政之日浅，尔民未吾信，未有德泽及尔，而先概治以法，是虽为政之常，然吾心尚有所未忍也。姑申教尔。申教尔而不复吾听，则吾亦不能复贷尔矣。尔民其熟思之，毋遗悔。

对于那些拦路喊冤，埋怨他不开公堂，不处理争讼的百姓，王阳明的态度也很坚决：不是我没有能力为你们明断是非，而是现在正是农忙时节，我一开公堂，即使一个小小的案子，也会牵连到很多人。且不说谁对谁错，只这么牵连下去，大家终日里只忙于口头上争讼，农事却白白耽误了。所以，他奉劝众人：如果只是一些意气之争，小事就不要到衙门里去告状了，自己调解完事。如果真的有什么大奸大恶，有什么伤天害理的大案，我也会在访查中知晓内情的。对于那些无赖之徒，他的口气也很强硬：我不是没有做官的阅历，也不是不知道使用严刑峻法。之所以我不这么做，是因为我的内心不忍。如果再有人一味地捣乱生事，那么就别怪我不客气了！

这么软硬兼施，将局面镇压住以后，王阳明便有了更多的时间，去详细推行自己无为而治的新政：

居城郭者，十家为甲；在乡村者，村自为保。平时相与讲信修睦，寇至务相救援。庶几出入相友，守望相助之义。今城中略已编定。父老其各写乡村为图，付老人呈来。子弟平日染于薄恶者，固有司失于抚缉，亦父老素缺教诲之道也。今亦不追究，其各改行为善。老人去，宜谕此意，毋有所扰。

将各个乡村有名望的长者聚集起来，告诉他们，你们对青年人的成长与道德修养是有责任管教的。不要一味只将他们推给官府管理，让年轻人多去从事生产，你们负责劝人向善，各有分工。老少各司其职，各有作为。

就这么忙忙碌碌，一转眼，进入六七月间，天气炎热，又连续几个月没有降下一滴雨。很多乡村的饮用井水、泉水都干涸了。人畜饮水都发生了困难，有的地方甚至为争水出现了械斗事件。

今天时亢旱，火灾流行，水泉枯竭，民无屋庐，岁且不稔。实由令之不职，获怨神人，以致于此。不然，尔民何罪？今方斋戒省愆，请罪于山川社稷，停催征。纵轻罪。尔民亦宜解讼罢争，息心火，无助烈焰。禁民间毋宰杀酗饮。前已遣老人遍行街巷，其益修火备，察奸民之因火为盗者。县令政有不平，身有缺失，其各赴县直言，吾不惮改。

作为一方父母官，王阳明又一次对天灾负责，声称因为自己不够称职，得罪了神人，才引来这场大灾。他主动戒斋自省过错，又主动向山川诸神请罪。停止催促征收税赋，将那些犯了轻微过错的人都从监狱里放出来。不但自己诚心谢罪，而且要求百姓停止争讼，械斗，熄灭心中火焰。

看起来，他的这些做法有些迂腐可笑。然而根据他的"万物一体"的理论，人人心中私欲大炽，欲火熊熊，焉能不影响到周围的环境，从而破坏了江河湖海，山川林木之间的气息流动。气息不通，则雨润不至。如果能够熄灭心头火焰，人人内心清凉，那么这气息与天地感应，自然就会迎来甘霖。

正当他亲自戒斋求雨，又命令全城百姓禁止宰杀、酗饮之时，城中又发生了一起火灾。一户人家不慎起火，很快火势连绵，一下子将近千户人家的房子都烧着了。幸而扑救及时，否则不堪设想。

对于起火原因，王阳明亲自到现场做了调查。原来是因为街道太窄，居住的人家太过密集的缘故。而解决的方法，其实很简单：凡是临近夹道的居民，每户人家向里面退进去五尺，道路宽敞了，就有了一条可以迅速扑灭火势的救急通道。以前人们不是没有想过这一点，只因为各为私利，争执不休。

于是，王阳明经过耐心劝导众人，达成了一致协议后，又发出了一道公文：

今与吾民约，凡南北夹道居者，各退地三尺为街；东西相连接者，每间让地二寸为巷。又间出银一钱，助边巷者为墙，以断风火。沿街之屋，高不过一丈五六，厢楼不过二丈一二。违者各有罚。地方父老及子弟之谙达事体者，其即赴县议处，毋忽。

然而修建火巷，却不是一件小工程。其中牵扯到各方利益，盘根错节。很快居民和城中守卫军队，因为争执火巷的问题，又发生了冲突。军民之间的这种矛盾由来已久，王阳明也不好立即着手处理。如果偏袒军队，那么地方上的百姓肯定不干；如果偏袒地方百姓，那么军队肩负保卫之责，到时候如果军中哗变，岂非事关重大？所以王阳明左思右想，还是以劝谕为上：

在县之人，皆请抑军扶民。何尔民视吾之小也？夫民吾之民，军亦吾之民也。其田业吾赋税，其室宇吾井落，其兄弟宗族吾役使，其祖宗坟墓吾土地，何彼此乎？今吉安之军，比之边塞虽有间，然其差役亦甚繁难，月粮不得食者半年矣。吾方悯其穷，又可抑乎？今法度严厉，一陷于罪，即投诸边裔，出乐土，离亲戚，坟墓不保其守领，国典具在，吾得而绳之，何强之能为？彼为之官长者，平心一视，未尝少有同异。而尔民先倡为是说，使我负愧于彼多矣。今姑未责尔，教尔以敦睦，其各息争安分，毋相侵陵。火巷吾将亲视，一不得，吾其罪尔矣。

他没有正面去指出百姓和军队谁对谁错，而只是指出，双方其实都是一个利益相连的整体，谁也离不开谁。所以，双方不应该互相指责，更不应该发生冲突，而应该各安其分，各守其职。

最后，还是在王阳明的亲自监督下，才最终使这条争执了多年的"火巷"建成。

这么一条条连续发布政令，王阳明在当地百姓中的权威迅速确立。

接下来，他又清理监狱，将那些没有犯什么大错的人，全部从监狱里放了出来。他的目标很清楚，监狱里一个犯人都不留。

就这样，王阳明的政治理想迅速成为现实：监狱里没有犯罪的人，街道上没有争执斗殴的人，乡村里没有偷盗的人，家族里父母兄弟之间没有不敦行孝义的人……

仅仅几个月的时间里，王阳明就将乱作一团的庐陵政事，理得有模有样。

然而，如果一味只是沉浸在整肃民风、处理政事上，王阳明就不是王阳明了。一来他的身体常年抱病，根本不容许他做这么多烦琐的工作；二来他是个追求心灵自由和精神澄净的智慧之士,怎么会容许这些事情来搅乱心神?所以,他将更大的着眼点,放在了传承庐陵文脉上。

说来也巧,从王阳明的衙署出来不远,就到了奔流不息的赣江岸边。江中心双水夹流之处,一座浓荫遮蔽、绿竹森森的小洲上,隐隐透露出雕梁画栋,飞檐走壁。而这里正是庐陵文化的积淀之地:白鹭洲书院。

沿着一座古朴而沧桑的石桥,从江岸缓步上去,就蹀入一个与俗世完全隔离的另外世界中。

书院正门,高悬一块大匾,上书"白鹭洲书院"五个大字,书法精湛,是南宋理宗皇帝的手笔。

当年,在一次科举考试中,仅仅庐陵这个地方,就一下子考中了四十个进士。其中为首的一个,甚至考中了状元,大魁天下。这个人就是后来名垂青史的文天祥。

这四十个进士,大部分都曾经在这座江心上的书院中读过书。而文天祥更是在这里接受了系统的教育。他从少年时代起,在这里和朋友们一起坐看江水,远眺白鹭,就曾经许下过志愿:"必祀先贤也!"

文天祥口中所说的先贤,是书院的建造人吉州知府江万里在书院落成时,在里面树立的"六君子":程颐、程颢、周敦颐、张载、邵雍、朱熹。文天祥胸怀大志,青年时就将这些圣贤作为自己的榜样了。

果然,仅仅在这里读了一年书,文天祥就中了状元,得到皇帝的称颂,而他后来更以自己的凛然正气,无畏的气节,殉国以后,在世间留得英名,也在白鹭洲书院永远地留下了贤名。

如今,王阳明又踏着文天祥等人的足迹,来这里祭拜先贤,也来这里成就自己的道德声名了。

在白鹭洲书院,王阳明应弟子们之邀,重开讲堂。知县大人要在这里登坛开讲,消息立刻传遍了全城。

这天,一个阳光灿烂的日子,王阳明正式登上了白鹭洲书院的讲堂。无数的先贤们曾经在这里传播大道,今天,王阳明决心在这里恢复道统,重拾先贤们的教育事业。他深知,严刑峻法,并不能使一个地方的民风真正从根本上扭转；唯有从人心的教化上入手，才能一劳永逸。

而久已不闻圣贤教诲的庐陵百姓，经过几个月来和王阳明的打交道，也已经确信：王阳明就是他们一直在苦苦期待的那个父母官。他不但替民生的疾苦着想，更重要的是，他能帮助人们重建庐陵文化，从内心深处帮助人们重新建立自信，恢复到以前圣贤教化、春风化雨的和乐状态。

毕竟，生活上的富足，可以一蹴而就；然而精神上的丰富和文化上的哺育、道德上的教化，却非一朝一夕可以成就。

怀着殷切的期望，人们一到早就扶老携幼，从四面八方来到了白鹭洲书院。这座曾经被天下学子敬慕，视为精神圣地之一的古老书院，已经在江水拍击和白鹭呷鸣中寂寞了太久，也冷清了太久。

面对一双双渴望的眼睛，一张张满是期许的面孔，王阳明不慌不忙，率领众人首先拜过了先师孔夫子，又逐一拜过六位先贤，然后，他入座以后，静心平气，先吟出一诗：

> 万死投荒不拟回，
> 生还且复荷栽培。
> 逢时已负三年学，
> 治剧兼非百里才。
> 身可益民宁论屈，
> 志存经国未全灰。
> 正愁不是中流砥，
> 千尺狂澜岂易摧！

这也是王阳明讲学的一个特点：不管在哪里，他上来都是从自己的亲身经历出发，字字句句，皆是亲身经历！

他丝毫不掩饰自己的遭遇：因为得罪了朝廷的权贵，他被流放到万里之外的蛮荒之地。连他自己都抱定了必死的决心，在踏上流放之路时，就已经和家人做好了诀别的准备，甚至写了绝命书！

可是，没有想到，自己却意外得到命运的青睐：不但没有死在那瘴疠横行、虫兽出没的地方，而且因祸得福，在那里豁然而悟，解决了困惑自己多年的问题，也打通了成圣成贤的玄关。

再次得到回归人生正途的机会，已经过去了三年光阴。只可惜自己没有百里奚那样的治才，不能为百姓做出更大的贡献。虽然如此，也始终想着锤炼出文天祥那样的英雄气节，一旦家国有难，即使自己没有能力去做中流砥柱，也要义无反顾地扑上去，对抗那高过千尺的巨澜！

他如此这般袒露襟怀，赤诚相见，的确有古之圣贤遗风，众人无不为之叹服，专心听讲。

"道，一也，心也，仁也。"

王阳明所讲的，仍然是他所发明的一套心学。所不同的是，经过这段时间在庐陵理政，经过了一番事功上的磨炼，他的学问更加通俗易懂。

"今天，来这里听讲的人，有做官的，也有百姓；有上了年纪的，也有年方弱冠的；有读书之人，也有耕田渔樵之人。我不问你们是干什么的，也不问你们不同的年龄、身份等，我只问一个问题：什么是你们共同拥有的？你们都涌到这样一个地方来，听我在这里讲解，究竟想得到什么？"

他提出的问题，一下子令众人都沉默了。每个人都在思索：自己来这里的目的是什么呢？

"什么是你们共同拥有的？就是每个人都有一颗光明洁净的本心。但你们每个人的这颗本心，又都好像年月已久的铜镜一样，变得斑垢驳杂起来，遮蔽了本来的光泽。而这些侵蚀我们本心的什么呢？就是我们每个人的欲望。它们就像一张张蛛网一样，将我们的本心给缠蔽住了。常人之心，被无数的私意、习气所纠结、缠蔽，而从来不懂得去清除、整理，结果就会像藤蔓一样，将我们的心死死缠住；时间久了，我们既听不到本心的声音，也因为失去了其光泽而迷失在外物中。

"而圣人又是怎么做的呢？从古到今，他们做的功夫都是一样的：就是痛加刮磨，时刻警惕，不使自己的本心受一点污染，即使我们的眼睛看不见的纤尘细毫，在本心那里也无所遁形。每日里做此功夫，时刻保持本心的清洁光明，自然就可以识得圆融的仁体，据此去做事情，无不合理。

"所以，我要教你们的这个办法，其实很简单：就是一个'减'字。我们每个人都想一想：是要满足一千个欲望，还是克服自己的一个欲望？欲望是永远都不会被满足的，满足了一个，就会生出另一个，甚至带出十个、百个、千个……而当我们克服了一个欲望，我们就在本心的镜面上去除了一粒尘埃。不停地这么去做，将我们本心的镜子保持光明洁净，等没有一丝一毫尘埃遮蔽，我们就抵达圣贤们所在的那个地方了。

"在我去龙场以前，我的人生一直处在拼命地加的过程中；而从到了龙场以后，我的人生就一直处在不断地减的过程中。然而我发现我们越是给自己身上加更多的东西，我们的本心就被遮蔽得越厉害；而当我们试着去减少一点的时候，哪怕只开通一个小孔，有一点光亮从这个小孔照进去，我们就会被吸引，我们就会从这个发窍处出发，去追求不断地将自己内心敞开，一直到镜子全部擦亮。

"万物一体，天地相通，我们的人心，就是连接天地的那一个发窍处。如果不开通这个小窍，那么，一旦这小孔被蒙蔽了，天地也就被蒙蔽了。我们的内心漆黑一团，外在的一切也都失去了本来面目。如何从这被蒙蔽的、漆黑一团的天地中找出来一点光明？不是去从外在入手，如朱夫子所说，今日格一物，明日格一物，那样只怕耗尽一生的光阴，也不能见到光明透出来的那一刻。怎么去做呢？唯有一个字：静！

"静，静以守心，静以去欲。我们每个人其实一生都在做一件同样的事情：牧心。我们都是手拿鞭子的牧者，而我们的心却是那不安分的牛，经常趁我们不注意跑到田野里去，迷失在水草丰美的河岸边。如果我们任意放纵其迷失，时间越长，它就越滋长野性，从而更加难以驯化。所以，每天给自己一段时间，将自己放逐于外的本心找回来，这应该是我们每个人每天的基本功课。"

每个人都听得入了神。王阳明将他们带到了一个闻所未闻、见所未见的境界。

而他们每个人又的确都处在一种心灵被"蒙蔽""缠结"的状态里。如果不去识破，不去清除，这种"蒙蔽"和"缠结"就会一直增加下去。一个人如果在这种状态里，稀里糊涂地度过一生，那么作为一个人的生命，又和作为一只蚂蚁，一条虫子，猫狗鸡鼠之辈，有何分别？

人，之所以为人，就在于人具备普通的动物所没有的高等级能力。这种能力是什么？就是人能够意识到，自己在做什么，并且能够去分析，自己这么做，是好的还是坏的；这种基于内心的良知基础上而做出的判断，不但将影响自己的下一步行动，也将对周围的环境和人产生影响。

人和动物一样存在着本能，但人和动物又不同，在于人可以克制自己的本能，可以对自己那些来自身体深处的欲望进行克制。例如口腹之欲，一味地贪婪美食美味，同时也给身体带来了疾病；当意识到疾病可能危害到身体健康时，人们就会主动管住自己的嘴巴。这是最简单不过的。

生而为人，所以高贵，就在于人身上有着所有的动物都不具备的"人性"。"人性"不是后天形成的，而是生来就作为我们人的属性，是潜藏在我们身体里面的，它就是我们的本心。如果我们不去觉察它，不去清理各种欲望，而使本心如一尘不染的铜镜那般洁净明亮，那么我们就偏离了作为人的轨道。人性不在外面，它就在我们每个人的本心里。所以王阳明才指出，每个人只要通过"静心"就可以得到它。

在这里，王阳明没有直接点出，当我们作为人被异化，当我们的心被外物所迷，会有怎样严重的后果。不过在他当时所处的那个时代里，这种异化的现象已经非常普遍：以朱熹为代表，他所提出的"格物穷理"的观点，提出"存天理，灭人欲"其实就是对人最大的摧残，是极端的异化。事实上，朱熹是否认了作为一个人存在的全部合理性。一个脱离了社会的，脱离了伦理纲常和各种既定秩序的人，在朱熹那里是不被认可的。因为他觉得这样的"人"不合乎"理"。

可是，人就是人，人并不是为了合乎理而生的。这是一个简单的、不可更改的事实，朱熹却视而不见。

对此，王阳明一开始也坚信不疑。为了使自己能够成为一个合乎朱熹所规范的"人"，三十多年的岁月中，他一直走在一条错误的道路上。

下 部　我心光明

他多么想成为一个真正的、大写的人啊！可是只有到了流放贵州，到了龙场的穷山恶水中，在那么一个困顿不堪的地方，无处可退，无路可进，他才意识到：自己本来就是一个活生生的人，一个奇妙的、完整的生命存在！作为一个人的全部特征，他都具备，那么他为什么还要去成为一个人呢？他本来就是啊！正是从这个发现出发，他意识到自己从前所遵循的朱熹指引的方向和道路，全部都错了！

人，并不需要在社会中才能确定自己的价值，用各种各样的条条框框去测量后，才被判定你是否是一个"人"。那种只有合于"礼"，只有一行一动都符合几千年前的道德规范，才能被称为"人"而非"禽兽"的古老方法，实在可笑。难道一个人被称为"禽兽"，他就真的会成为"禽兽"，而不是一个"人"了吗？反之，社会上又有多少人，是在打着人的旗帜，披着一身光鲜的所谓"人皮"，而实实在在干着"禽兽"的勾当。

可见，关键不在于外在的环境给予你的评判，而取决于你内心的良知的指引：一个真正良知发现，听从自己内心作为"人"的那一面召唤的人，绝对不可能干出"禽兽"的勾当。

这便是王阳明为什么要创立一门"心学"的根本原因：他已经发现，不是先贤们的教导不够多，也不是社会上的道德规范不够完善，相反，这些在几千年的岁月中都已经做到了极致；而之所以没有更多的人去遵守，之所以还有那么多表面上道貌岸然的君子，在背地里干那么多伤天害理的事情，之所以还有那么多的人肆无忌惮地公然为恶，一切的根源，不在外部，而在内部。不是人们不想去成圣成贤，去做对别人有益、对社会有贡献的事情，而是人们想这么做也不可能。因为人们的心已经被蒙蔽得太久了，而要将这颗心打磨擦亮，使其重现光明，又绝非易事！

"道不动，心不动，性不动，天地宇宙，亘古不变。"

他开始结合庐陵当地思索，在从前是一个人文荟萃，文章节义之邦，然而为什么到了今天，却沦落到面目全非的地步？从前的人们害怕为恶，时刻担心自己做了错事，与小人同流合污；可是今天的人们却正好相反，害怕做善事，害怕自己因为不能同于流俗，而遭到周围人们的嘲讽。

这真是一个莫大的讽刺。从古到今，道并没有变化，那么是什么变化了呢？

答案只有一个：人心。

人心是容易变化的，这和水流是同样的道理。在经过不同地形的时候，水就会变成不同形状；同样，人心在不同的时代里，也会有不同的模样。

人心的变化并不可怕，真正可怕的是人们对这种被扭曲的、污染的心灵习以为常，反而将这种"变态"当作了"常态"，将这面被尘垢锈住的镜子当作了自己的本来面目，那可真是悲哀了！

那么，应该如何去做功夫，如何去进行自己的学习呢？对此，王阳明结合自己的实践，做出了回答：

"故曰：一，天下之大本；有此根本，然后才能有用。一既为本，何者为用？精也，天下之大用也！"

"和你们中的很多人一样，我在刚开始学习的时候，也牢牢循着先贤们指点的道路：学贵专，我在少年时代学习棋艺，三年的时间里，对棋艺之外的东西不闻不问，结果三年内没有对手；学贵精，我后来学习文词，文必宗汉，字句必求锤炼，所以在京师博得了一些小小的声名；学贵正，青年以后，我开始专心于圣贤之道，开始后悔以前浪费了光阴在学棋和辞章上面。然而我的心依旧无所安适，这是为什么呢？

"后来到了龙场，我才明白，同样都是学道，学棋、文词，都是荆棘小途，很难走得通。只有专于道，才能叫作专；只有精于道，才能叫作精；如果只是专注于棋艺，那叫作'溺'；如果只满足于文词，那叫作'僻'。这二者都从道出，然而距离道实在差得太远了。必须将全部的精神都集中到道上来，唯精唯一，只有这样，我们才能走上光明平坦的远途。"

不知不觉，一天的时间过去了。

第二天，来这里听学的人更多，小小的白鹭洲书院已经容不下这么多听讲的人了。为了防止出事故，王阳明下了一道公告，从第三天起，暂停在白鹭洲书院的讲学，而将讲堂移至城外的青原山中。

青原山，素有"江西第一胜景"之称。山中有一座建于唐时的净居寺，香火鼎盛。后来，六祖慧能门下的首席弟子行思禅师，在六祖圆寂后，继承佛法，来到这青原山中，弘扬"顿悟"之法，被尊称为"七祖"。

不独行思，从那以后，又有无数的文人墨客、僧人俗人，到这里来修身养性，参禅悟道，连朱熹也来这里讲过学。

而王阳明在青原山中讲学的地方，正是当日朱熹讲学的地方。曾经沿着朱熹的"道问学"一路走来的他，今天终于独辟蹊径，创立了一门独一无二的学问，不再对偶像仰面而视，而是和他平等地坐在一起了。

> 一即具多名总相，
> 多即非一是别相；
> 多类自同成于总，
> 各体别异现于同；
> 一多缘起理妙成，
> 坏住自法常不作。
> 唯智境界非事实，
> 以此方便会一乘。

既然是在朱子讲学的地方，自然不能不提起朱子的学问。王阳明这天在青原山开讲，一上来就直指朱子学问的核心：理一分殊。

朱熹在青年时代，同样曾经出入佛、老，后来拜在大儒李侗门下，才正式回归了儒学。他的思想中，佛、老先入为主，的确留下了明显的痕迹。著名的"理一分殊"思想源头，便是"华严禅"。

华严宗认为，一切万有相入无碍，多能容一，一能容多，一中有多，多中有一。一法即一切法，一切法即一法。相即无碍，融摄无间。万物一体，一即万，万即一。

在这里，无体无用，浑然一体，理即事，事即理，理含事，事含理，理与事相即相入，事以理为体，理以事为用，一理摄万事，万事归一理，理寓于事，事统于理。这种"理事双修"，到了青原的南宗一派，便演化成为"即事而真"。

> 灵源明皎澈，
> 支派暗流注，
> 执事元是迷，
> 契理亦非悟。

青原一派明确指出，心是灵源，物是支离。单纯地执于事，执于心，都是错误的。必须即事即理，贯通事理，即事见真。永恒不变的"理"就蕴涵在无穷无尽的门类事物中。物有"物理"，性有"性理"，从物理上观，万物各有自己的面目；从性理上看，万物统摄于一。

既然万事万物都各有其理，那么，"即事见真"，就要求从万事万物中，识别出"性理"，即物求道，理不离事，事必有理。所谓山青水绿，鹤唳猿啼，处处有妙机。

有一个很有名的比喻："月映万川"。天上只有一个月亮，这便是性理；而天上这一个月亮，在地上无数的水中，却映出来无数的倒影，这便是"物理"。

理虽然只有一个，物却可以有千百万不同的形态；无论怎样的形态，都离不开一个理字。

据说，朱熹深受"华严禅"影响，生平最崇仰的德韶禅师，曾在通玄峰顶洗澡，忽然有悟，写下一偈：

> 通玄峰顶，
> 不是人间。
> 心外无法，
> 满目青山。

在一个修禅的人来说，当他到达顶峰的时候，就已经远离了这个尘世；既然心中已经证悟，则在他的眼中，无处不是清净苍翠的禅境。此所谓"佛法现成，一切具足。"

然而，"心外无法"到了朱熹这里，却变成了"即物穷理"。理只有一个，但也是无穷无尽的，就分殊体认理一，由殊相穷究共相。

> 春山朝荣，
> 秋堂夜空。
> 即事即理，
> 无幽不穷。

每遇一事，即探求其理；随事以观理，以察天下之理；即理以应事，以明天下之事。应该说，朱熹提出的这个办法，笨是笨了一些，不过对于大多数人来说，还是有用的。从每一个具体的事物中，去探求、摸索，从而推测出通行于天下的大道，这种循序渐进的功夫，正适合大多数的普通人。这很像北宗神秀一派的"渐悟"，然而也有一个问题：很多人吃了一辈子的苦，格了无数的物，终身修行，却等不到悟的那一天。也就是说，这条路并不能确保每个人都能走到它的尽头，在无尽的岁月中，只有少数人能抵达彼岸。更多的人则是半途而废。

而王阳明则在经过一番挫折后，对朱熹指出的这条道路提出了怀疑。他是从结果上来倒推的：既然按照这条路子，并不能保证每个人都能抵达悟境，也就是说，在"人"当中存在着差别，有的人可以成为圣贤，而有的人却不能成为圣贤了？这么一来，岂非和先贤所说"人人皆可为尧舜"抵触了么？人人皆可为尧舜，这一定不会错的；人与人之间，也不应该存在什么分别，这也是王阳明一直坚持的。尤其到了贵州以后，王阳明发现，本来以为蛮夷之人，与中土之人大不相同；等到了那里，才发现并无差别。既然人与人无甚差别，那么有的人能够成圣成贤，有的人却只能永远在尘世中沉沦，一定是朱熹的道路出了问题！

于是，从这里着手，王阳明重新接续南宗一派慧能的路子，直指人心，重新提出"当下一悟，即可成佛"。

和朱熹"月映万川"式的学说不同，王阳明的这一套心道，可以用"一叶知秋"来加以概括。

一片树叶从树上打着转儿飘下来，这是最正常不过的自然现象。那些在自然界里自由自在的小动物们对此是不会有任何察觉的。可是只有作为天地之心的人，却从中可以感受到生命的悲凉。自古以来，中国的文人墨客，都有伤秋、悲秋的传统，留下了多少笔墨诗文。为什么秋天这么令人多感？不因为别的，只因为人心所蕴，是整个宇宙天地，饱含对生命的情意！好生而恶杀，这是天道，也是人心；看到一个小生命呱呱坠地，而心生欢喜；看到一片树叶落下，想到整个秋天里，将有无数的花草枯死，树叶凋零，而对生命的逝去充满不可挽回的惆怅。

可以看出，和朱熹比起来，王阳明整个来了一个"翻转"：即物穷理，就会不知不觉执着于物，而物不可穷，所以就会出现理的迷失和支离，难怪陆九渊要嘲笑朱熹为"支离事业"；而王阳明则提出此心即道，作为主体的我不再去外求于物，而是内求于心。以心证道，道无处不在。

由此可见，在"悟"的这一点性灵上来说，王阳明比朱熹高出来许多；而若没有在龙场的炼狱，也不可能有王阳明的这一番开悟。

为了表示自己的学问是重新接续南宗禅的一派，也为了表达对南宗的敬仰，讲学完毕，王阳明又特地手书四个大字："曹溪宗派"。

就这样，从八月开始，一直到九月间，王阳明在青原山中日间讲学，夜晚就和众学生静坐。

一天，忽然一个从外面传来的消息，打破了青原山中平静的讲学的生活：有人从京师带来惊天喜讯——刘瑾伏诛了！

"真的吗？"王阳明乍听之下，简直不敢相信自己的耳朵。已经自谓修炼到静心入定，万事不萦于怀的他，在确定这个消息无误之后，还是忍不住喜极而泣。他早知道会有这么一天到来，但没想到会如此之快！

"苍天有眼哪！"

他按捺不住自己激动的心情，整肃衣冠，焚香沐浴，敬谢天地，又对着京师方向给皇帝下跪磕头。

　　面对着众弟子的纷纷祝贺，他意识到，自己将在不久后离开庐陵，和他们在一起的时日只怕不多了！

　　果然，刚进入十月，一纸命令下来：着庐陵县令王守仁，即刻动身进京面圣，另候调用！

　　一切都是在王阳明意料中的。他平静地收拾着行李，并不去猜度自己此行见了天子后，会有什么飞黄腾达。学生们因为不能跟随他入京，惋惜不已，一个个前来告别，王阳明仔细嘱咐他们，勤于学问，但更要在事功上磨炼。

　　从青原山回到庐陵衙门，闻讯赶来送行的百姓，已经在外面挤得水泄不通。很多人都流下了眼泪，为他们失去这么一位仁心厚德的青天老爷而伤感。离别在即，王阳明也颇为动情，拉着乡亲们的手，勉励他们要将这文章节义之邦的声名保存下去，自己虽去，但已经留下教化，只要按照这些规矩去做，人人都为善止恶，良知在胸，那么庐陵的文脉一定能永续不灭！

　　从城内一直送到城外，所过之处，街巷皆空，人人垂泪。王阳明也是泪光盈盈，直到最后，不得不挥别众人，上车而去。

　　就这样，王阳明结束了在庐陵的这一段岁月。依旧是轻车简从，迎着萧瑟的秋风，和一童二仆一道，他们又踏上了北上京师的漫漫旅途……

第十三章

京师重逢

这一年十一月的晚些时候,北京城里飘飘扬扬,降下了入冬以来的第一场雪。

踏着满天的飞雪,王阳明回到了京师。

从正德二年初春出京,到正德五年的年底,离开京师的时间,算起来只差两个月,就满四年了。

四年,在人的一生中也许并不算如何漫长,可是对王阳明来说,这四年实在发生了太多的事情,他经历了九死一生的考验,思想上更发生了翻天覆地的变化。如果说,离开北京时候,他还是个一心关注国事、效忠朝廷的耿直臣子,那么,重新回到北京来的这个王阳明,却已经是一个参透天地宇宙奥秘,对人世有了透彻了解的大彻大悟的智者了。曾经高高在上、气焰熏天的刘瑾已死,然而即使他不死,王阳明也不再视他为自己平生最大的敌人。在如今的王阳明看来,世间一切事情的发生,都是人们的心灵投射在外界的反映。而发生在自己身上的这一系列风波,其实都源于自己内心那种追求成圣成贤、青史留名的强烈渴望所致。

不是刘瑾,而正是他自己的内心,造就了他的这段人生经历。如果没有刘瑾出现,也还会有"王瑾",赵钱孙李等人。总之,只要他内心里那熊熊燃烧的火焰不曾熄灭,他的命运就无法更改。

刘瑾之死,当然是王阳明人生中的一个转折点。然而皇帝还是那个皇帝,他可以宠信刘瑾,也可以宠信其他的什么人。所以,重要的是王阳明自己做出了改变。他不再相信传统的那种所谓"借君行道"的方式,通过步步高升,成为帝王之师，然后借助帝王的权威去影响和感召天下。

那条道路也正是孔子试图走过的，然而连孔子都失败了，最后惶惶如丧家之犬，只能在杏坛开课授徒。

孔圣人尚且如此，自己又怎么能够期望厕身庙堂，居于一人之下，万人之上呢？那样的机遇千载难逢，如果一生中都等不来那样一个机会，那么弘道传经，教化天下，这样的事情又交给谁去做呢？

不，不能期望世界上的每个人都有成圣成贤这样宏伟的目标。有志于传播大道的智勇之士，毕竟凤毛麟角。虽然人人在理论上都有成圣成贤的可能，然而太多世俗的人们，因为欲望太多，而蒙蔽了自己的良知。只有极少数天赋卓越、性灵超群的人，才能意识到这一点，反躬其身，然后下定决心，为自己选择这样一条道路。

现在，王阳明就正走在这条道路上。自从龙场悟道以后，他的这个目标已经再清晰和明确不过。而且，更重要的是，他已经不再将希望寄托在任何人身上。能够遇到一个明君，固然是好事，即使不逢其时，也可以转而走出来一条自己的道路。

通过龙场讲学，虎溪传道，庐陵磨炼，如今的王阳明，已经和四年前出京时候的王阳明大不相同。还是那熟悉的城门，还是那宽阔的、笔直的街道上，然而他已经脱胎换骨了。

此番进京，他对自己能够升迁，并不特别地看重，相反，他的真正目的只有一个：在京师传播心道！

毕竟，和贵州、湖南、江西那些地方比起来，京师才是全国的政治和文化中心，影响力不可同日而语。而在京师所荟萃的天下才子，一个个都是学界领袖，大师巨匠，也绝非那些边陲山野的读书人可比！如果能够在京师将心道传播开来，而被众人广泛接受，那才能证明其价值！

抱定这个打算，王阳明不动声色，来到北京后，就先在府右街南端一处叫作大兴隆寺的地方落下了脚。

这座大兴隆寺，原名庆寿寺，最早建在金时，后来元取代了金，又对这座寺庙进行了大规模的修缮。寺中以两座八角形密檐式砖塔而著名，一座高九级,塔名为"海云大师灵塔";一座高七级,塔名"可庵大师灵塔"。这两位高僧都曾经是寺院的主持,名重一时,深受敬仰。

但大兴隆寺真正出名,却是因为后来这里来了一个叫作道衍的主持。这位道衍和尚,就是辅佐朱棣最终坐上龙椅,成为明成祖的姚广孝。他也因为功高被授予"资善大夫太子少师"的高爵。然而,他却谢绝了一切封赏,依然住在庆寿寺中,吃斋拜佛,修书订经,直到以84岁的高龄"跌坐而逝"。后来,为纪念他,在庆寿寺中设立了少师影堂,供奉其画像和遗物。再后来,重修庆寿寺,正式更名"大兴隆寺",又称"慈恩寺"。

王阳明以前在京师做官的时候,就经常和朋友们一道来这里游玩。他喜爱这里的清幽古朴,也景仰道衍和尚以出世之心,做入世之事的那份超然、洒脱,钦佩他的大智大勇。在他看来,这才是真正了悟佛法精义的一代高僧。那些只知道跪伴青灯古佛的和尚,一生与红尘无染,又哪里能体现出佛陀"普度众生"的慈悲之义?

一切有为法,都必须在事功上磨炼。古往今来的圣贤,无不经历艰难困苦,最后方有所成,就是这个道理。

在大兴隆寺住下来后,王阳明一边等待皇帝接见,一边给自己在京城的几个朋友捎去音讯。

不出意料,第一个赶来看望他的朋友,便是那个他在流放途中一直念念不忘的湛甘泉,也是当时送他出京、吟《九章》而送别的唯一知音。

说起来,王阳明和湛甘泉一见如故:湛甘泉是当时一代大儒陈白沙的衣钵弟子。而王阳明的启蒙恩师娄一斋,与陈白沙乃是同窗,在谈论学问的时候,就对陈白沙多有推崇。在拜师娄一斋以前,王阳明已经久仰陈白沙的大名;从娄一斋那里回来,王阳明更对陈白沙的思想钦佩不已。

原来,这位被尊为当世"圣人"的白沙先生,早在当时,就已经痛感士风颓废,文章空洞,人人读书都只为功名利禄,圣贤事业反而无人承继。于是,他大张旗鼓地反对朱熹的所谓"正统",提出了自己的一套"自得之学":

诗到尧夫不论家,

都随何柳傍何花；
无住山僧今我是，
夕阳庭树不闻鸦！

　　白沙先生门下，是典型禅宗的"以心传心"的法门，来他门下学习，人人都必须学一门静坐的功夫，各自观心，自见本性。学贵自得，每个人都是一个独一无二的存在，每个人读圣贤教诲，也都有自己不同的理解。这个"不同"，便和当时千篇一律的八股取士的学风区别了开来。

　　当时，湛甘泉拜在白沙先生门下，为了表明自己的志向，将参加科考的"路引"焚毁，以剖心明志。白沙先生对这个弟子非常器重，将自己全部学问倾囊相授，帮助他悟出了"随处体认天理"的大智慧。最后，白沙先生更以"达摩西来、传衣为信"的隆重方式，将衣钵传给了他。

　　正是带着这么一套惊世骇俗的学问，湛甘泉在为师服丧满三年后，遵母亲心愿，参加科考到了北京。天意使然，在北京，湛甘泉结识的第一个朋友就是王阳明。当时王阳明已经开始授徒讲学，立志成圣成贤。湛甘泉慕名而来，以"白沙学"传人的身份谒王阳明。王阳明和他一番谈论下来，大为惊讶，说："我做官二三十年，从来没有见过这等人物！"而湛甘泉也对王阳明钦佩有加："我半生游历，观于四方，从未见过这等俊才！"二人彼此欣赏，一见订交，相约共倡圣学。

　　应该说，从王阳明到贵州以后，静坐观心，务求自得，这一系列的做法不难看出来，他受湛甘泉的影响还是很深的。

　　正是将白沙一脉的"学贵自得"的自由精神发挥到了极致，他才能中夜而悟，自创心学一派。

　　"守仁贤弟，一别四年，为兄想得你好苦啊！"

　　一见面，湛甘泉就真情流露，拉着王阳明的手，上上下下，将他一通打量。让他惊讶的是，本来王阳明体弱多病，瘦削的脸颊上，一年四季也没有多少血色。而这几年在蛮荒之地，亲身参与劳作，风吹日晒，不但病情没有加重，反而身体似乎健康了许多，脸色也由苍白变成了黝黑。

"若水兄，小弟也是无时无刻，不在思念兄长您啊！"王阳明也激动得和湛甘泉双手紧握，语音哽咽。

从年龄上，湛甘泉比王阳明大着六岁，然而因为在京城养尊处优，又加上每日里静坐养心，白白胖胖的，反而不如王阳明满脸的沧桑，看上去反而要更老一些。

别后重逢，二人之间自然有说不完的话题。刚一坐下，湛甘泉就迫不及待地问起王阳明来："守仁贤弟，快给我讲讲，你在给我的信中说，在那里悟出了一套独创的'心道'，并且建起了书院，还收了很多的弟子，那究竟是怎样的一套学问？还有，你在那边这几年是怎么过的？快说给我听。"

他有那么多的问题，而这些话又不是一句两句可以讲完的。好在王阳明已经回到了京城，他们有得是时间，也不急在这一时半刻。王阳明为他泡上一壶茶，一边品着香茗，一边将自己如何出了京城，如何被刘瑾的人追杀，九死一生，侥幸逃过大劫，最后决心赴龙场赴任；到了龙场以后，如何不适应那里的环境，如何一个人居住在山洞里，寂寞地推演《易经》，听到凄凉处，湛甘泉忍不住潸然落泪。

然而当王阳明讲到从玩易窝搬到小洞天，并且在洞中一夕而悟"圣人之道，吾性自足"的道理，人生一举扭转，在当地土人的帮助下，建起了龙冈书院，开学讲课，将圣贤事业开展起来；又与安土司结下了深厚的友谊，在贵阳书院的讲课更引起轰动，湛甘泉忍不住击节而叹："贤弟于穷困孤绝之时，尚且不忘圣贤事业，开拓出如此局面，真大丈夫也！"

接下来，王阳明又讲到离开龙场，前往庐陵，途中在虎溪传道，弟子益众；到了庐陵，如何治理政事，如何在白鹭洲书院、青原山中讲学，一桩桩，一件件，听得湛甘泉啧叹连声，羡慕不已。"真没想到，贤弟身陷这一场大风波中，非但不是祸，反而因祸得福，冲破了生死玄关！和你比起来，为兄实在惭愧得紧！这几年的光阴，竟是白白虚度了！"

"若水兄这是哪里话？若非在京之时，兄常以醍醐相灌，我在龙场，纵然吃尽千般苦，受万般罪，又哪里能开悟？说起来，我能有今日，实在是得益于兄教诲之功，以及白沙先生再传之德！"王阳明这一番话，倒不是客气之辞。

他和湛甘泉半师半友，而湛甘泉为人襟怀豁达，对于从白沙先生那里继承来的一套学问，并不藏私。王阳明在龙冈、贵阳、虎溪、庐陵等地，教诸生"静坐""自悟"……这些方法，很多都是从湛甘泉处学习而来，也可以说是对白沙一脉的发扬光大了！

如果说，那个时候湛甘泉可以做得王阳明的老师，那么，从贵州回来，王阳明则可以做湛甘泉的老师了。

此时此刻，他在境界上已经和湛甘泉不可同日而语。湛甘泉仍旧坚守自己"随处体认天理"的那一套，其实还是禅宗的"即事而真"、"即事即理"，走的还是"支离"的路子。

而王阳明却已经将事理合一，心性合一，将"心"作为统摄天下万物的本源，"心外无物"。

湛甘泉有几句话，是概括自己学问的：

> 天地不能不生人，
> 生人不能不生心。
> 生心不能不生性，
> 生性不能不生道。

在他的思想中，也包含了"心""性"与"道"，并且指出，天地是通过人心，来体现为道的。

这个思想，乍一看上去，与王阳明的"心道"并没有明显的不同。但湛甘泉也指出："我的这一颗心，不是方寸之心，而是与万物合一之心。"也就是说，这颗心不是内在的，而是外在的。

对此，王阳明明确地给予了反驳，指出：天地以人为心，人只有一颗内在的心，而并无外在之心。内在的这颗心，除了血肉，还有精神。而精神又分为两种：一种是道德的精神，一种是宇宙的精神。普通人通过修炼，可以达到道德的精神层次；而只有圣贤之人，也就是将私欲完全摒弃以后，才可能达到宇宙的精神层次。像湛甘泉所说，与万物合一之心，其实并不存在。

尽管两个人在思想上存在着分歧，然而这并不影响他们的友谊。毕竟在共同的追求上，他们都立志要继承圣贤事业，要将圣人之学发扬光大。有了这个共同的使命，他们的心贴得更近了。

渐渐地，随着到大兴隆寺来探望王阳明的朋友增多，这一片佛门清静之地也变得喧嚣起来。

作为因反对刘瑾而被获罪、如今成为有功之臣而被召见的臣子之一，王阳明的前途一片光明。他是状元王华的儿子，又和白沙的衣钵传人湛甘泉一起共倡圣学。很快，来大兴隆寺拜访的人更多了。

这其中，有一个叫作黄绾的官员，是王阳明的上级，官至后军都督府都事，听说了王阳明的声名，经过友人推荐，来到了大兴隆寺，一见之下，即对王阳明的学说大为倾心，立即以弟子礼相待。

就这样，在距离皇宫一墙之隔的地方，王、湛、黄三人开辟出了一片新天地，公务之余，日以讲学为乐。

不久，王阳明在晋见了皇帝以后，他的新的任命也下来了：南京刑部四川清吏司主事！

刚刚回到北京，又要到南京去上任。对于这个结果，王阳明并不放在心上，倒是湛甘泉和黄绾二人，无论如何舍不得王阳明，于是通过在朝中的关系，帮助王阳明改授了一个留在北京的职务：吏部验封清吏司主事。

重新得到留在北京的机会，王阳明从大兴隆寺中搬出来，住到了和湛甘泉一条街上的地方。

从此以后，三人正式制定了一系列的会讲制度，只要不是公事，三人必定在一起，轮流主讲圣人之学。

而随着他们这个小团体的名声日益扩大，来要求拜在王阳明门下的人也越来越多：方献夫、穆孔晖、顾应祥、郑一初、应良……从几个人，逐渐扩增到了十几人，最后到了几十人之多。

这场由王、湛、黄三人掀起的"心学"风暴，整整持续了一年。最后，终于引起了朝廷的注意。

正德六年十月，王阳明官升文选清吏司员外郎。而湛甘泉却接到了一个特殊的差使：奉命出使安南。

从京师到安南，路途何止万里之遥！这情形到有点当年王阳明被流放贵州，所不同的，那是在明处，而这一次，却是在暗处。

然而圣意难违，湛甘泉还是不得不上路了。送别之时的情形，一如当年湛甘泉送别王阳明。当年，湛甘泉曾经作《九章》，而今，王阳明也作了《送别》二首，以抒发离别之情，安慰湛甘泉：

其一

行子朝欲发，
驱车不得留。
驱车下长阪，
顾见城东楼。
远别情已惨，
况此艰难秋！
分手诀河梁，
涕下不可收。
车行望渐杳，
飞埃越层邱。
迟回歧路侧，
孰知我心忧！

其二

我心忧以伤，
君去阻且长。
一别岂得已？
母老思所将。
奉命危难际，

流俗反猜量。
黄鹄万里逝,
岂伊为稻粱?
栋火及毛羽,
燕雀犹栖堂。
跳梁多不测,
君行戒前途。
达命谅何滞,
将母能忘虞。
安居尤阴护,
关路非崎岖。
令德崇易简,
可以知险阻。
结茆湖水阴,
幽期终不忘。
伊尔得相就,
我心亦何伤!
世艰变倏忽,
人命非可常。
斯文天未坠,
别短会日长。
南寺春月夜,
风泉闲竹房。
逢僧或停楫,
先扫白云床。

在当时那个以车马代步的年代,万里远行,不啻生离死别。怀着当年湛甘泉送自己出京一样的沉重心情,王阳明一面劝慰湛甘泉,要路上注意安全,保重自己的身体，一面又鼓励他："自从孔子的高足颜子逝去后，圣人之学也跟随着消失了！曾子承接正统，传于孟子，过了两千多年，又有周、程接上这个道统。从那以后到现在，圣人之学又不知道被披上了多少伪装！如今那些所谓的学者，表面以圣人门徒自居，实际不过是一群雕琢字句、记诵辞章的迂夫而已！只有真正学仁义、求性命的君子，即使流于杨、墨、老、释之偏，我也以为他们是俊杰贤士，因为他们懂得为自己的心灵求一个安顿的方子。只有这样的人，才配与之讨论圣学之道。

"我从少年起，就不懂得学习，结果陷溺于邪僻，一晃就过去了二十多年。幸而后来回归了正途，乃沿周、程之说求之，始有所得。不但我自己这么做，并且得到了一二同志。甘泉兄你就是上天赐给我的良师益友啊！我从你那里学来的东西太多了，不管别人如何讥笑你的'自得'之学，是空洞无用的'禅学'，我却坚信，这是真正出自圣贤之门，是当今第一等的大学问！自相交以来，我与甘泉兄，意之所在，不言而会；论之所及，不约而同；对于追求圣贤之道，我们从来都没有犹豫过。

"今日一别，不知道何时能再相见。我唯一担心的，是圣人之学难明而易惑，习俗之降愈下而益不可回，任重道远，希望甘泉兄永远不忘你我的志愿，将圣人之学一路洒播，像我在边夷之地一样做成一番事业！则你我兄弟虽然远隔万里，而心相契；有了你我这样痴心之人，圣贤事业是不会就这么中绝的。离别毕竟是短暂的，我们终还会有相逢的那一天。到时候，我们再一起继续探讨圣学，一起将文明的薪火传播下去！"

……

有了他这番劝慰的言辞，湛甘泉心情好了很多，洒泪而别，向安南而去……

湛甘泉走后，王阳明和黄绾二人继续坚持讲学。然而黄绾的身体却支持不住了，不得不以疾告归。在送别黄绾的酒席上，王阳明有感朋友的纷纷离去，不由地发出感慨。他更痛感当时一些反对之士，对他们这个弘扬圣贤事业小团体的污蔑、攻击，忍不住提笔写了一首诗，来送给黄绾：

> 古人戒从恶,
> 今人戒从善;
> 从恶乃同污,
> 从善翻滋怨;
> 纷纷嫉娟兴,
> 指谪相非讪。
> 自非笃信士,
> 依违多背面。
> 宁知竟漂流,
> 沦胥亦污贱。
> 卓哉汪陂子,
> 奋身勇厥践。
> 拂衣还旧山,
> 雾隐期豹变。
> 嗟嗟吾党贤,
> 白黑匪难辩!

在这个比自己小五岁的弟子身上,王阳明寄托了多么高的期望啊!黄绾虽然不以学问见长,不过他是一个有道德追求、有侠肝义气胆的人。他的品行在京师也是为人所敬慕的,而王阳明的"心学",一个最大的特点就是学与行的贯通合一,知而必行,行必真知,黄绾正是这么一个人!

对于这次离别,黄绾自然也是满心伤感。他很感激王阳明对自己的栽培和期望,同时也想借此多请教一些做学问的方法。此前,他所尊崇的是"克苦工夫",将自己关在一个书室中,终日不食,罚跪自击,无所不至。又做了一个小册子,分为左右两部分,一部分刻着"天理"二字,一部分刻着"人欲"二字。发一念由天理,以红笔点之;发一念由人欲,以黑笔点之。每十天做一次统计,以视红黑多寡,来检验自己的学习效果。如今,临别之际,他又请求王阳明训诫自己,王阳明虽然不赞成他这么严厉地对待自己,却对他的精神很赞赏，仔细叮嘱：

"君子之学，唯求明心。我们每个人的本心，原来都是清静光明的，一尘不染的。然而因为我们的欲望太多，结果蒙蔽了本心。而我们的积习太多，又损害了我们的本心。所以，真正要做学问，一定要从为'去蔽'与'斩习'两个方面入手。这二者都是内在的功夫，不必外求。

"让我来给你打一个比喻。我们的心和水是一样的，本来一泉清凉，然而污水流了进来，于是就变得浑浊了，时日一久，就会臭了。我们的心又好像是一面镜子，本来光明无尘，外面的灰尘堆积起来，就失去了光泽。孔夫子曾经告诉过颜渊：'克己复礼为仁'，孟轲也说过'万物皆备于我'、'反身而诚'。什么意思？就是这些都是我们内在的功夫，仁、道都只存在于我们的本心里。世人不懂得这个道理，一味外求，结果就好像将污水引进来，以求清澈；将灰尘堆积上去，以求光明，不是颠倒了么？

"自宗贤和我相遇，并且以师礼执我以来，我很高兴看到你这么有志于圣贤之学。你以前读书，不是不勤奋；然而沿着那条路子，越勤奋就离圣人之道越远；那不是你的过错。你入我门下，我已经给你讲了这么多，今天离别在即，我只送你八个字：'吾党之良，莫有及者'。

"唉，如今你就要离去了，我最好的臂膀失去了！不过我相信，你回去后，将在天台、雁荡之间结庐，传播心学！总有一天，我将会去那里和你相会，到时候，我们再一起共研圣学吧！"

这么勉励、叹息一番，二人洒泪而别。黄绾回去后，果然沿途传播王学，并且成立了书院，专讲心学。

如今，王阳明又是一个人了。先是送走了湛甘泉，接着又送别了黄绾，身边的左膀右臂都去了，北京虽大，王阳明却未免觉得孤单。不过，幸好还有一些弟子，朝夕问学，王阳明不忍拂逆他们的一番热情，坚持讲学不辍。

然而他离开北京的日子也终于近了。第二年，他首先被晋升为考功清吏司郎中。接着，又被升为南京太仆寺少卿。

而王阳明也又一次厌倦了北京的生活。北京固然有这么多的文化人，有着这么好的问学环境，可以论道谈玄。然而，在北京一个最大的问题，就是做学问往往容易流于空谈，而想如王阳明所要求的，在事功上磨炼，则很少有实践的机会。北京虽大，朝廷上下却只有那固定的一班臣僚，而且一个个拉帮结伙，基本上都被皇亲国戚、大族世家所把持着，互相利益盘根错节。如果要他们做出改变，是根本不可能的事情。

所以，这段时间，反而不如王阳明在贵州、江西等边远之地，过得快心称意。他早就想离开了。

说来也巧，正好这时候，王阳明的妹婿徐爱也在这一年升了南京工部员外郎，可以陪伴他一起到南京去了。徐爱可以说是最早拜在王阳明门下的弟子之一，王阳明被贬之前，在京讲学，徐爱就已经是他忠实的追随者了。如今，有机会同往南京，徐爱便决定和王阳明一路同行。正好，王阳明思乡心切，已经征得了上级同意：准许回越省亲。他们又可一路做伴。

算起来，从上一次奔赴龙场之前，回家辞别过亲人，到这一次离京，已经五年了，王阳明始终没有机会再回到家乡。五载思念，多少牵挂！如今，在五年的岁月里经历了无数磨炼、伤痕累累，却也因此脱胎换骨、重获新生的游子，已经成为一代圣贤的王阳明，终于要回家了……

第十四章

第一等事

从踏出京师的那一刻起,王阳明的一颗心便插上翅膀,飞回到了千里之外浙江的老家:

五年未曾归省,家里的一切都还好吗?第一个浮上脑海,时常令他牵挂的自然是祖母岑夫人。老人家今年已经九十多岁的高龄,以她的身体之健壮,精神之旺盛,突破百岁应该不是难事。可是即便如此,对一个这样年纪的老人来说,和最钟爱的孙子一下子分别数年,还是太过残酷了。当年,王阳明在青年时代,身患沉疴,居于阳明洞中,几乎下定决心离家出世。然而正是因为放不下对祖母岑夫人的思念,而最后选择了重回俗世。关于亲情难舍,还有一个故事:有一次,王阳明在杭州,往来于南屏、虎跑诸寺。其中听说一个寺庙里有一位和尚,坐禅三年,既不开口说话,也不睁开眼睛。王阳明听说后,去见了这位和尚,大声喝问:"这和尚终日口巴巴念什么,终日眼睁睁看什么?"和尚听了大吃一惊,睁开眼睛。王阳明问他:"家中尚有何人?"对方回答:"老母尚在。"王阳明又单刀直入:"起念否?思母否?"对方回答:"不能不起,不能不思。"王阳明立即道:"此念生于孩提,与生俱来,如何可去?此念若去,是断灭种性,与禽兽何异?"结果,一语惊醒梦中人,那和尚流着眼泪谢过他,当天夜里收拾东西,第二天一早就下山去回老母身边了。此事在杭州传为佳话,轰动一时。

正是有了在山洞中的深刻体悟,王阳明才意识到:爱亲是人的本性,也是一切有生命之物的本性。小羊跪乳,乌鸦反哺,连老虎那样凶猛的动物,尚且不肯去吃掉自己的孩子,那么,这已经不仅仅限于人伦,而是一种天性,也就是道了。大道即爱，如果一个人丧失了这种最基本的情感，那无疑也就背离了天道。

只可惜，王阳明的母亲去世得太早，在他少年时代，就已经无法享受那慈祥而温馨的母爱了。父亲为人不苟言笑，他的爱是深沉的，难以察觉的，而继母郑氏夫人，是一个颇为刻薄的女人。为了对付她，小守仁甚至被迫搞了一个恶作剧：

他来到街市上，见到有一个人刚捉住一只猫头鹰，于是上去将其买下来，又花钱请了一名巫婆，告诉她如此如此，做了安排。回去以后，小守仁便偷偷地将猫头鹰放在了继母的卧室被褥中。果然，继母很快发现了猫头鹰，将其轰赶出来。那猫头鹰绕屋而飞，口作怪声，十分难听。

按照当地的风俗，猫头鹰是非常不吉祥的鸟，撞见它的人，会发生不祥之事。继母非常恐惧，正在疑惑，小守仁假装不知道发生了什么，关切地赶来询问。听继母讲述完事情经过，他立即自告奋勇："如果母亲心里不安，我这就去找一名巫者来。"于是，他到门外，将那名事先安排的巫婆叫进来。

那巫婆一进门立即脸色大变，张口便道："此宅中阴气森森，何故？"等见了小守仁的继母，不等其开口，她又说道："夫人年纪轻轻，为何气色如此难看？只怕有大灾大难啊！"这可把小守仁的继母吓坏了，声音颤抖着讲述了发现猫头鹰白昼入室的经过，又声称不管花多少钱，也要辟邪去灾。

巫婆便立即作法，准备好了香炉以后，逐一请来宅中诸神，列祖列宗的名字都报了一遍，巫婆忽然浑身颤抖，连说话的声音也变了。仔细一听，居然是已经故去的小守仁亲生母亲郑夫人的口吻："你这个刻薄、自私的女人，待我儿守仁无礼。我已经禀报了天庭，将取你性命。适才怪鸟，即我所化。"

"啊？"继母听得此言，连忙跪地，不停地磕头，"我错了，以后再不敢了！"

她磕头不止，半晌，那个巫婆才渐渐从异样的状态里醒过来。她自己似乎不知道刚才做了什么，只是郑重地道："适见先夫人伫立当庭，面色甚怒。据言当托怪鸟，前来索命。所幸你已经真心许诺，答应改过，她才勉强饶过你，从屋顶上升到空中去了。你从此以后，千万要善待公子，否则，先夫人恼怒你不遵诺言，则怪鸟再至，恐索汝命，只在顷刻耳！"

这一番话，把继母吓得脸无血色，又烧香磕头，赌咒发誓半天，请巫婆帮忙转达了她的诚意，才酬以重金，让小守仁将其送出府去。

此事过后，继母待小守仁倒是好了许多，只是他和继母之间的感情，始终淡漠。

早早失去母爱，父亲状元公王华又是那么一个古板、威严的人，小守仁全部的情感，便只能寄托在祖母岑夫人和祖父竹轩翁身上。然而几年以后竹轩翁也驾鹤而去，只留下小守仁和岑夫人一老一小，相依为命。

在整个人生成长的各个阶段，始终不渝地支持王阳明做任何事情的，只有这么一位老祖母：不管他做什么，岑老夫人都给予支持，有时候父亲王华实在忍不住，想要管教这个孩子，都被岑老夫人给阻止了，看在他早早失去娘亲的份上，王华也就不再按照自己的要求来管教他了。这样一来，王阳明得以自己发展自己的性格和思想，天马行空，我行我素。

正是这种自由的成长空间，让他有了更多探索的可能，最终一夕悟道。

而不管在北京做官，还是在贵州谪居，王阳明的心里时时刻刻也都在惦记着这位老人家。

相比之下，最应该思念的一个人：他的妻子，从小一起青梅竹马的诸氏，却似乎多年以来，始终都不被王阳明牵肠挂肚。

这是一段从一开始就带着诡异色彩的不幸婚姻：本来王阳明到江西去，就是要迎娶诸氏的。可是他在人生大喜这最重要的一天，一个人从家里跑出去，进入到铁柱宫中闲逛，意外遇到了无为道人。两个人起劲地谈论养生之术，整整谈了一天一夜，第二天一早才被家人来这里找回去。

这是一件人人都知道的公开事情。而王阳明为什么这么做？大概很多人也猜到了：不是他与仙、佛有缘，非要在这么一个重要的日子来这里不可；而是他故意这么做，以一种惊世骇俗的姿态，来对抗他的父亲。对于诸氏，他谈不上满意，也谈不上不满意。但对于父亲王华，一手为他包办的这门婚姻，为他将来在仕途和事业上铺平道路，他却是一百一千个反对。

这也正是王阳明的脾气和个性：他不愿意按照父亲的意愿，去将自己塑造成为一个什么人。他只愿意做真真实实的自己！做官求富，读书明理，这些他都不反对，但他要按照自己的意愿去做，而不是被别人强迫去做！简单地说，父亲所为他做的一切，他都要进行抗争；父亲利用状元郎的身份，可以为他谋取无穷无尽的利益，而他一概视若粪土。

生出来这么一个叛逆的儿子，父亲王华不知道要被他气成什么样子：可王阳明坚持自己的活法，不为所动。所以，他才有后来的公然对抗刘瑾，才有后来的被贬谪。如果是按照王华的意愿，明知道这么做是对的，也一定不会同意儿子这么去做的，那么就不会有后来王阳明的心道了。

在王阳明和父亲王华长期的紧张对立中，可怜的诸氏无疑成为一个无辜的受害者。新婚之夜独守空房，只是她凄冷而漫长的不幸人生的开始。结婚以后，她也很少能看到丈夫的身影：她不能理解的是，丈夫的心底为什么会有着那么一个多姿多彩的奇异世界，而那个世界对于她来说又是何等陌生！

她尽力扮演着一个好媳妇的角色，然而对一个女人来说，最能确立地位的一件大事——生儿育女，她却深深地感觉到了失败。也许是她的原因，也许是王阳明的原因，他们夫妇始终未有子嗣。

后来，王阳明在北京得罪刘瑾，遭遇贬谪龙场的厄运。在当时，这基本上判了王阳明的死刑。

面对王家断后的危险，父亲王华又一次替他做出决定：从王阳明的一个堂弟那里，继承一个儿子过来。

反正这一次有去无回，所以，带着这么一种悲凉的心情，王阳明居然第一次，破天荒没有反对父亲。

就这样，他有了一个儿子，起名叫作正宪。万一他死在了龙场，身后也有人传宗接代。

可是现在他回来了。不但没有死在龙场，而且还升了官，成为反对刘瑾而被提拔的官员之一。他得到了属于自己应该得到的一切荣誉。他重新成为这个家族的骄傲，成为家乡父老乡亲们心目中的英雄。但这样一来，他也必须重新面对他的家庭，面对父亲、妻子和儿子。

近乡情怯。越是离家乡近了，王阳明的内心越是复杂，他那匆匆的脚步也渐渐放慢了下来。

幸而，身边还有一个陪伴他的徐爱。也只有这个聪慧伶俐的年轻人，能够理解他此时此刻的心情。

一路上，为了排遣王阳明的寂寞，也为了缓解他那忐忑不安的紧张心情，徐爱故意提出一些问题，向王阳明请教。

"先生，"二人虽然关系亲密，但徐爱当日既然已经拜了师，所以不论在什么地方，都执学生礼。"请问先生，当日您在龙场，曾经书信召我前往。我虽然因故不能前去，而心实向往之。您那时候一定已经悟出了什么大道理，找不到可以交谈之人，对不对？您那时候究竟悟出了什么呢？"

"这个嘛，说来话长。简单来说，就是我在深深的定中，一天夜里忽然见到了自己在父母未生以前的本来面目。"王阳明从龙场悟道以后，如今又过去了数年。对于自己当日所思所见，犹然清晰如昨，而且更加简洁明了。

"父母未生以前之面目？"这却把徐爱给听愣了。

"是啊，你想想看，我们这个身体，是父母的精血所凝，孕育而成。可是除此以外，我们的身体里还包含着父母所未能赐予的东西，对不对？我们只不过在骨肉上与他们相连，然而我们的这一颗心，其实却是卓然独立的。从什么时候开始，我们和他们分开了？从我们开始用我们的心去思考，去认识我们所处的这个世界开始。那不就是父母未生以前的本来面目嘛！"为了帮助徐爱更好地理解，王阳明给他打了一个比喻。"将你自己想象成一朵大海中的浪花，一滴从天上的云层中跌落地面的雨滴。想一想，什么是你未生之前的本来面目，你不是和这大海，这天地，浑然相连的一个整体吗？你本来就是属于大海，属于天空，属于大地的。你认为自己是在父母的帮助下'来到'这个世界的；事实上呢，你从来都没有'来到'过，也永远不会'离去'；你从来都和这世界、这海洋、这天空和大地没有分开过。一片叶子从树上落了下来，它离开了吗？不，它并没有真正地'离开'，而是融入了泥土，成为肥料，并且第二年的春天在枝头上又会获得新生。"

"浪花？雨滴？落叶？"徐爱喃喃地自语着，仔细地用心去体会王阳明在比喻中所传达的意思。

"我再给你说得明白一些。想象一下,你自己是一条汹涌澎湃的河流,然而现在你遇到了困难:摆在你面前的道路只有一条,前方是一大片黄沙漫漫的沙漠。你该怎么办呢?绕过去是不可能的;可是如果向前流去,很快就会被沙漠吞噬。我问你,你有什么办法能够顺利地穿过去吗?"

王阳明用这个比喻,将自己在去龙场之前的困境描述了出来。这个困境也正是很多人所经历的:

经常是在我们人生的中途,在我们自以为已经有所成就,以为可以去做一番事情的时候。忽然,没有任何预兆地,在我们前面出现了一片沙漠。这是一片足以吞噬我们一切的沙漠,怎样的大河都不可能流淌而过,而又没有任何的路可以绕过去。每个人遇到它都显得束手无策。

应该怎么办呢?

也许我们可以沉淀下来,成为一个湖泊。可是湖泊迟早都会干涸的。

也许我们可以牺牲自己,为后来者铺平道路。可是这片荒漠是多少水都填不满的。

它是不会被改变的,它的出现提醒我们:在到了无路可走的时候,我们必须做出改变!我们必须要丰富自己,提升自己,进入一个更高的层次!

这也正是人和动物的区别:无论什么动物的生命,和我们人类多么接近,它们都是不可能有任何的力量,来实现这种自我的丰富和提升。

而人却不同。在我们的孩提时代,我们基本上和动物处于同一水平。可是后来经过连续不断地成长,我们的智力优势开始凸现出来。最终,我们在到达每个人的人生最高峰的时候,困境降临了。除非你提升,除非你超越,否则没有任何的选择。你没有办法保持现状,要么继续生存下去,要么死亡。

一条恣意奔流的河流,突然遇到了无法逾越的沙漠。怎么办?这个困境超越了我们所具有的全部智慧。对于这个问题,我们的头脑没有办法。

头脑只是用来思索的。任何一个问题的提出,都必然有一个答案。可是问题是:很多问题只是问题本身,它是没有答案的。它只需要被克服,被超越,而不需要什么答案!它只需要你用行动做出回答!

我们的头脑什么都可以分析,可以去思索,但它却存在一个先天性的缺陷：它不能代替行动本身。

一件事情，可以有无数的解决方案，可是如果不去行动，那么这件事情本身是不可能被解决的。头脑只能给我们提供一个方向，指出一个目标，而真正支配我们去向这个方向前进、抵达这个目标的，却不是头脑。

真正的主宰是什么？是我们的心。只有我们的心足够坚强，我们才能坚定不移地走下去，抵达目标。

"先生，我真的想不出来……"

徐爱也是以颇具灵性自居的，可是王阳明提出的这个问题，实在非他所能回答。头脑中转过无数念头，却没有一个能够解开问题的答案。

"不要急，好好想，反正咱们有得是时间。"王阳明不慌不忙，微笑地看着他，"不要用你的头脑思考，用你的心，去认真地想一想。"

"好吧！"于是，徐爱用王阳明教给他的静坐功夫，就在小船上闭目而坐，全身心地沉浸到了思考之中。

而王阳明呢，也不去打扰他，一个人静静地看着两岸繁花满树，蝶舞莺飞，任凭小船顺江而下。

就这么行驶了一段长长的水路以后，忽然有一天，在夜晚的静坐中，徐爱似乎悟到了什么，一下子大叫起来："先生，我想到了！"

"哦？"其时，王阳明正一个人坐在船头上，仰观夜空中的点点繁星。听了徐爱的话，他走入舱中，在他对面坐下来。"说说看，你想到了什么？"

"我把自己想象成那一条河流，在自己汹涌奔流的中途，前方出现了一望无际的沙漠。除了被吞噬，没有任何的选择。我踌躇不前，然而心中清楚地知道，这么枉然地等待下去，也不能避免灭顶之灾。"徐爱仔细地讲述着自己的感受，仿佛那一幕真的在他身上发生了。"我尝试了各种办法，然而一切都是徒劳的。正当我心灰意冷的时候，忽然在某一个时刻，我听到了一个声音，那个声音告诉我，它可以带我过去。它可以带我过去，但是它有一个条件，就是我必须无条件地服从它。不管它要我做什么。那是风的声音。是我在面对无法逾越的沙漠困境面前，唯一能帮助我摆脱的外在力量。除了向它屈服，我想不出来更好的办法。可是我还是怀疑自己：我真的没有别的选择了吗？我真的能够不带任何怀疑地接受它，而心甘情愿将自己交出去吗？我这么犹豫着，头脑中仿佛两个声音在吵架一样，一个在告诉我这么做，而另一个在告诉我那么做。最后的时候，我决定放弃头脑，而听从内心深处做出的决定。我终于选择了完全地放弃自己，向那更高的力量屈服。

"我做了允诺，将自己完全地交了出去。于是，我感觉到自己在发生变化。我的身体不见了，我的四肢百骸都融化了，甚至连我的头脑都融化了。只有我的心还在，还能感知到正在发生的变化。我投入了风的怀抱，我被带上了天空。一瞬间，那感觉是如此熟悉，仿佛我生来之前，就是这样的状态。我轻盈地飞翔着，内心充满欢喜，充满感激。我被这种感觉完全地充满着，这一刻，我与天地合一了。我真舍不得重新落回地面上去，但我还是被风巨人从怀抱里丢到了地面上。我化作了雨滴，跌落地面，重新汇集成为一条河流。而此时此刻，我忽然有了一个发现：原来我早已不费吹灰之力，顺利地越过了那片沙漠。"

听着他的这一番叙述，王阳明不住地点头："不错，很好，你已经找到了父母未生之前的面目，也成功地逾越了横亘在你人生前面的这片荒漠。"

王阳明肯定了他的证悟，然后又将自己的经验说与他听："我在龙场，也是在这么一个时刻，从内心混沌一片的世界中，突然看到了这么一束亮光，沿着那束亮光，我看到了一个闻所未闻、见所未见的世界。那个世界也正是所有圣贤们进入过的世界。现在，你也进入其中了。

"进入这个世界，你就会发现，我们的生命是多么一个丰富而完整的存在。它没有任何的不满足，没有任何的不完美。它不需要从别人那里寻求任何的证明，它只是那么全然地存在着。这是一个多么纯净的世界！在这个世界里是没有任何的尘垢，没有任何的欲望。它一无所有，又无所不包。它不知道什么叫悲伤，什么叫苦恼，什么叫恐惧，它只是快乐、自在，跟从生命本身的节律起舞，每一个节拍都完美而和谐……"

"所以，人是天地万物的精灵。父母只给了我们一个血肉之躯，而真正将这一点灵性注入我们身体的，却是整个宇宙，造物之神。因为这一点灵性，人与动物区别开来。只不过，我们在生下来后，有的人很快被外界的事物所迷惑，被自己贪婪的头脑所驱使，结果就渐渐荒芜了内心。即使一个小小的幼童心里，也被那么多的欲望所占据。唉！圣人之学，本来是为洗涤我们的心灵，让这点灵光透出来而创立，可惜后世的人们，越来越不能理解先贤的良苦用心。人生第一等事，不再是成圣成贤，而变成了升官发财，追名逐利。人人执着于物，岂非可悲可叹！"

他这一番话，如果在去龙场以前，他固然说不出来，而在当时，徐爱一心醉心于文章功名，也听不懂。

但现在一切都不同了。几年过去，徐爱也已经经历了官场上的浮沉，见过了各种各样的人，听王阳明这么一说，他立刻深有感悟："是啊，先生所言极是！孔颜乐处，曾点之志，我以前虽有耳闻，却不曾真正当作一门学问。今日听先生之言，才知道此真孔门绝学，其他不足道矣！"

于是，接下来，在船上的这些天，二人就围绕着"孔颜乐处"、"曾点之志"展开了连续的讨论。

原来，圣人之学，从一开始就被分为两派：一派是偏向于社会伦理，以制定社会秩序，注重管理国家，平治天下的；另外一派，则被认为是偏重于心性的，注重生命情趣，山水之乐的。关于后者，在后人记录孔子言行的《论语》里，有两个著名的人物：一个是颜回，一个是曾点。颜回的故事，人人皆知。他一个人住在简陋的巷子里，过着简单朴素的生活，然而却快乐无比。曾点是另外一个深得孔子赞许的弟子。有一次，孔子和几个弟子一起，让他们各自谈论自己的志向。众弟子各言其志。孔子又让在旁边鼓瑟的曾点起身上前，讲述自己的志向。于是曾点道："在暮春时节，穿着宽大而轻盈的衣服，和五六个成年人，六七个少年人，一起到沂水里去游泳，在高高的雩台上，一边跳舞，一边任凭自然的风将身体吹干，然后一起唱着歌回家。"这个志向，得到了孔子很高的肯定："太好了，我的志向和点一模一样啊！"他不赞同子路、冉有、公西华等人在政治上的抱负，却独肯定曾点。

从这一点上，也可以看出：在世俗的社会里实现政治理想，不过是人生追求的第一步；而最高的境界，还是追求生命之乐，追求人与山水自然的融合，追求人人都摒弃欲望，恢复到赤子情怀。

这事实上也是孔子对生命的肯定。只有一个发自内心热爱生命的人，才能面对滔滔不绝的黄河之水，发出那样的感慨："逝者如斯夫，不分昼夜！"生命和这河水一样，不管你挽留不挽留，不管你贪恋不贪恋，它都以不可挽回的姿态奔向终点。我们无法知晓生命在出生之前的面目，也无法预知它在死亡之后去向何处，唯有这个当下，才值得我们珍惜。

所以，孔子才会说："不知生，焉知死！"孔子很早就意识到，生命是一个奇迹般的存在，人人都拥有这个生命，可是大部分的人并没有意识到，他们拥有这么一个来自造物主的无尽宝藏。那些忽略自己生命存在的人是可悲的，只有在抵达生命终点的时候，他们才会意识到生命可贵，然而一切都晚了。

生命如此来之不易，若能意识到这一点，并且做到在每一个当下，在每一刻，都保持一种赤子般的无邪情怀。在符合自然的时节里，做出合理的举动。那么，这样的人就已经赋予了生命一种超越的色彩，他们通过持续不断地给生命之树提供能量，最终迎来了花开。

这样的人，又并非凤毛麟角，而是一个群体性的存在，他们是那么富有感染力，以至于所有看见他们的人都会情不自禁地快乐起来。

《宋史》里面记载了这么一个人：他叫作邵雍，表面上看起来，他只是一个普通人。一年的耕种，也不过仅仅满足一家人的衣食而已。然而他却是一个快乐无比的人。他给自己住的地方起名"安乐窝"，所以又自号"安乐先生"。他是如何做到安乐的呢？早晨的时候焚香静坐，吃饭的时候喝一点小酒，高兴的时候吟哦诗句。春天和秋天的时候，经常驾车出游。遇到风雨就不出。出游的时候，乘坐一辆小车，自己挽着缰绳，也不管马儿到哪里去。和邵雍同一时代的周敦颐、张载、程明道，也都是逍遥山水的"安乐"之人：周敦颐窗前草不除，张载闻驴鸣，程明道观小鱼、鸡雏……一切是那样地悠闲自得，生机盎然。

学宗自然，归于自得。从颜、曾一派传下来的这个传统，表面上看起来，脱离世俗，隐迹山林；事实上，正是这种生命自得，体验自然的创生之意，才成就了一代代的圣贤哲人。不经历这个向内探索的过程，一个人很容易在外部世界的纷纷扰扰中迷失，此心不明，一团晦暗。

朱熹一生，同样酷爱山水。其自言"平生山水心"，凡到一处，必登临山水，以观天地生生不息之意。

> 胜日寻芳泗水滨，
> 无边光景一时新。
> 等闲识得东风面，
> 万紫千红总是春。

天地创生，春天是一个集中展示万物气象蔚为大观的季节。那种蓬蓬勃勃、无所不在的充沛活力，将一个个生命体张扬开来，不但孕育出新的生命，更将这生机通过各种各样的花开，铺满大地。

一路上，王阳明、徐爱就这么观赏着"天地气象"，鸢飞鱼跃，水秀山青，回到了家乡。

为了迎接王阳明的归来，家中张灯结彩，到处都装饰得焕然一新。所有人中，最高兴的自然是老祖母岑夫人。

瑞云楼前，当王阳明见到白发苍苍的祖母，忍不住泪水滚滚，上去跪下磕头。

"乖孙，快起来。"在岑夫人眼中，已经四十有余的王阳明，仍然和原来那个小守仁并没有什么不同。她颤颤巍巍，扶起孙子，将他拉到自己面前，大滴大滴的泪珠从她满是皱纹的脸上滑落。

父亲王华也已经年近古稀，鬓角斑白，不复再有当年在仕途上意气风发的昂扬姿态。

"不孝儿叩见父亲！"

想到父亲因为受自己之累，过早地结束了宦途，王阳明心里觉得很内疚。然而，在父亲眼里，那一切早成为过去。宦途浮沉，世情冷暖，到了他这个年龄，早已没有什么看不透的。名利过眼，宛若浮云，他已经悟到真正能够使自己这个生命得到尽情绽放的东西，并不能在世间求得。

因此，王华对于儿子所追求的成圣成贤，将第一等事作为毕生倾注心血的事业，就格外关注了。这些年来，在与儿子断断续续的通信中，他已经基本了解儿子的思想，对于他在贵州、江西、北京等各个地方的讲学，也给予了充分的肯定。现在想来，当年强迫儿子学这学那，强迫他按照自己为他设计的人生道路去走，显然是大错特错了。每个人都有自己的生命轨迹，每个人的路都只能由自己去走。他终于明白了。

"我儿快快起来！"将儿子扶起来，王华也是一脸的泪水，从来不轻易动感情的他，也禁不住哽咽失声。父子二人紧紧地拥抱在一起。

接下来，王阳明的儿子正宪，过来给父亲磕头见礼："父亲大人在上，请受不肖儿一拜！"

小正宪也已经长成一个大男孩了，因为不是血肉至亲，和王阳明又只在一起呆过短暂的时间，所以不免有些拘谨；王阳明这个当父亲的，一瞬间也有些不适应。不过他还是摆出做父亲的尊严，在言语上询问了正宪一些问题，例如读什么书、习什么字之类的，正宪都认真地做了回答，他看起来倒还聪明伶俐，对答如流，还是令王阳明满意的。

倒是王阳明的妻子诸氏夫人，多年不见，夫妻之间已经谈不上什么恩爱。她只是上来和丈夫寒暄了几句，就忙着指挥着府上的下人们去准备宴席了。

第一天是王阳明的家宴。从第二天开始，附近一些王阳明的亲戚朋友，就都来探望了。

接下来，地方上的官员、乡绅、名流，旧年故交，也都来王家府上作客。

最后一批来的则是王阳明的弟子。只有和他们在一起，谈论圣贤文章，王阳明才又能暂时超脱尘世，从这忙忙碌碌的应酬和无聊的酒席上抽出身来。

日子过得很快，不知不觉回到家乡已经快一个月了。除了外出应酬，王阳明这段时间就是陪祖母、父亲，教导儿子读书，晚间则在床笫之间，和妻子诸氏唠一下家常，尽一尽做丈夫的责任。

这种充满温馨气息的家庭生活，天伦之乐，不知道是多少人羡慕的；可是王阳明却显然不能适应。多年漂泊，一个人孤身在外，早已习惯了那种寂寞和孤独的日子。突然这么一下子热闹起来，他很快便累得疲惫不堪了。

为了缓解身心，也为了从这种生活中尽早抽身，他便找来徐爱，一起策划来一场游春踏青之行。

大致的日子定下来以后,他首先派人去给黄绾送了信,邀请他前来相会。然而等了很久,却不见回信。

于是,按捺不住的王阳明,就先带上徐爱等学生,离开了家乡,到附近的地方做一番小游。

他们首先去了四明山中。一与山水亲近,王阳明又诗兴勃发,面对白瀑飞溅,高声吟哦:

> 邑南富岩壑,白水尤奇观;
> 兴来每思往,十年就兹观。
> 停驺指绝壁,涉涧缘危蟠。
> 百源旱方歇,云际犹飞湍。
> 霏霏洒林薄,漠漠凝风寒。
> 前闻若未惬,仰视终莫攀。
> 石阴暑气薄,流触溯回澜。
> 兹游讵盘乐?养静意所关。
> 逝者谅如斯,哀此岁月残。
> 择幽虽得所,避时时犹难。
> 刘樊古方外,感慨有余叹!

正如这飞流而下、昼夜不息的瀑布,多少人生的岁月,飞逝而去,不可挽回。人们在尘世间忙忙碌碌,如同这日夜奔腾不息的瀑布,如此急匆匆地,究竟为了什么?

> 千丈飞流舞白鸾,
> 碧潭倒影镜中看。
> 藤萝半壁云烟湿,
> 殿角长年风雨寒。

> 野性从来山水癖，
> 直躬更觉世途难。
> 卜居断拟如周叔，
> 高卧无劳比谢安。

在风雨交加的山中，养成了像藤蔓那样的野性，只喜欢不受约束地生长，却不知道尘世中还有比风雨更加变幻莫测的人心。还不如像周叔、谢安那样看破人生，做一个避世不出的隐者。

> 山鸟欢呼欲问名，
> 山花含笑似相迎。
> 风回碧树秋声早，
> 雨过丹岩夕照明。
> 雪岭插天开玉帐，
> 云溪环碧抱金城。
> 悬灯夜宿茅堂静，
> 洞鹤林僧相对清。

带着沧桑阅尽的心境，进入到寂静清凉的自然世界。整个人的人心顿时豁亮起来，连小鸟似乎也在用清脆的鸣叫声问候，山花也在点首含笑，似乎迎接故人一般。夜晚住在农人的茅屋里，透过屋瓦的缝隙，可以看到天上的星星又大又亮。白天探访山洞，在涧溪中与白鹤偶遇，令人心旷神怡。

> 每逢佳处问山名，
> 风景依稀过眼生。
> 归雾忽连千嶂暝，
> 夕阳偏放一溪晴。
> 晚投岩寺依云宿，

静爱枫林送雨声。
夜久披衣还起坐,
不禁风月照人清。

喜欢在夜晚栖息在山寺中,照例是王阳明的一大爱好。而在四明山中,正好有一个杖锡禅寺,供他和学生们小住。

杖锡青冥端,涧壁环天险,
垂岩下陡壑,涉水攀绝巘。
溪深听喧瀑,路绝骇危栈。
扪萝登峻极,披翳见平衍。
僧逋寄孤衲,守废遗荒殿。
伤兹穷僻墟,曾未诛求免。
探幽冀累息,愤时翻意惨。
拯援才已疏,栖迟心益卷。
哀猿啸春嶂,悬灯宿西崦。
诛茆竟何时?白云愧舒卷。

五年之前,王阳明就想到此一游,然而那时候犹自想着建功立业,所以心情并不如何迫切,也就没有成行。直到今天,终于来了,他的内心却不复再有青年人的壮怀激烈,而是多了一份人到中年所特有的苍凉和无奈。经过在世间的一番挣扎,他终于意识到,很多事情都是无能为力的。如年轻时所想,欲凭借个人的力量去改变一切,是根本不可能的。

离开杖锡寺,王阳明和学生又移居雪窦寺,继续静坐修心。一直到七月间,方恋恋不舍地下山还乡。

转眼间,从春至夏,倏忽而过。王阳明必须赴南京去上任了。动身之前,少不得又是一番热闹。

所有人中,最令他难以割舍的便是祖母岑夫人。这几个月来,他朝夕侍奉祖母身畔，老人家实在大畅老怀，似乎一下子年轻了许多。然而，对这个年龄的老人来说，分别又实在太过残酷。没有谁知道，王阳明这一去南京，什么时候才能回来归省。听说孙子又要远行，老人家天天以泪洗面。

然而动身的时候终于到了。王阳明仍然和徐爱一同动身，家中诸人一齐出来送行。

王阳明先跪别了祖母、父亲，又将儿子正宪叫过来，仔细加以叮嘱，并吩咐自己在家乡的学生，对正宪严加教导。

别过诸人，王阳明和徐爱一同上马，在众人的声声珍重和殷切的叮咛声中，又离开了家乡。马蹄得得，秋风萧瑟，故乡在身后渐渐地远去了……

第十五章

龙潭乐处

不久之后,王阳明抵达南京,正式赴任太仆寺少卿一职。太仆寺是管理马政的机构,寺署在滁州。太仆寺少卿,就是负责舆车与军马驯养的副职,这显然不是什么仕途上的升迁,而更像是一种贬谪。再联想到湛甘泉的出使安南,黄绾的归甲天台,可以看出,当时的情势绝不轻松。

好在,此时此刻的王阳明,已经坚定了自己的人生信念,将全部的身心,都投入到圣贤事业中。从这个角度来说,滁州的闲职,倒颇合心意。

> 凤鸟久不至,梧桐生高冈。
> 我来竟日坐,清阴洒衣裳。
> 援琴俯流水,调短意苦长。
> 遗音满空谷,随风递悠扬。
> 人生贵自得,外慕非所臧。
> 颜子岂忘世?仲尼固遑遑。
> 已矣复何事,吾道归沧浪。

一个人静静地坐在梧桐冈上,终日望着山下的滔滔江水。兴致来了,就抚琴而歌。至于奏出什么样的曲子,不去管它,任凭那乐符自己在琴弦上跳跃,乐声在空荡的山谷里随风飘扬。

人生到底在追求什么?当王阳明的人生在龙场急剧转折以后,这个问题已经自己有了答案:贵在自得。每个人的人生说到底,都只能是自己一个人的一生。这是不可替代的,是独一无二的,唯其如此,才有价值。

当一个人将全部的注意力都放在探索内心世界的时候,并不表示他已经忘记了世俗之事,忘记了作为一个人应该承担的社会责任。颜渊在穷困的巷子里唱歌,却不曾忘记心忧天下;孔仲尼早就对纷乱的世局不抱什么希望了,可是他依然积极在各国之间奔走,不惜被嘲笑为丧家犬。

人生就是如此。一个人最重要的是明白自己该做什么,能做什么。该做的事情一定要去做,即使能力不够,也要付出自己的全部努力。

对于有些事情,我们又必须承认,是无力改变的。这个时候,就不要强求了,不如归去山林,与沧浪之水为伴。

生命并不只有一种意义。为天下牺牲是一种高风亮节,而使自己个体的生命如花朵般绽放,也不负上天创生之德。

> 林间尽日扫花眠,
> 只是官闲愧俸钱。
> 门径不妨春草合,
> 齐居长对晚山妍。
> 每疑方朔非真隐,
> 始信扬雄误太玄,
> 混世亦能随地得,
> 野情终是爱邱园。

在山林里闲适惯了,自由自在,什么事情都不做,偶尔想起来自己还拿着朝廷的俸禄,不免心生愧疚。不过这样的念头只是一瞬间的事情。仔细地想一想,真正要过一种完全与世隔绝的生活,那几乎不可能。世界上真的存在不食人间烟火的隐士吗?真有人能整天与仙人在一起,云游四海,靠餐霞食露而过活吗?那些只不过是美好的想象罢了。

> 无奈青山处处情,

村沽日日办山行。
真惭廪食虚官守，
只把山游作课程。
谷口乱云随骑远，
林间飞雪点衣轻。
长思淡泊还真性，
世味年来久絮羹。

本来做官是王阳明的职业，可是现在他却成为一个纯粹的游客，游山玩水反而成为他的第一等事。那高深幽静的山谷，总在时时刻刻吸引着他。随便骑着马，进入到一个人迹稀少的地方，听林梢风涛，看枝头飘雪，不知不觉心中也变得安静了，变得淡泊和纯净起来。一切的世事，都化作了云烟。

草堂寄放琅琊间，
溪鹿岩僧且共闲。
冰雪能回草木死，
春风不化山石顽。
六经散地莫收拾，
丛棘被道谁刊删？
已矣驱驰二三子，
凤图不出吾将还。

一个人在山中待得久了，和大自然那么默契地融合在一起，每日里探索思考宇宙最深处的秘密。看草木如何在冰雪摧残之下重新在春天焕发生机，看还有怎样的山石峥嵘，连春风也不能将其吹化。这些惊心动魄的生生死死之事，神奇而静悄悄地发生，和如此伟大的奇迹比较起来，所谓承载天道的《六经》，其实不过是一些无用的文字罢了。仅仅删削它们，还远远不够。应该学习秦皇嬴政那样，一把大火将它们统统烧掉。只有几个人在世间奔走，是不能挽回这世局的。人人都被自己的欲望所驱使，人心如铜镜长久地被锈迹所遮蔽。如果不是上天降下瑞凤，龙鱼衔来天书，那还不如一个人在山林终老，又何必去为无法挽回的世局劳神呢？

狂歌莫笑酒杯增，
异境人间得未曾。
绝壁倒翻银海浪，
远山真作玉龙腾。
浮云野思春前动，
虚室清香静后凝。
懒拙惟余林壑计，
伐檀长自愧无能。

天地创生，无非是动与静的融合变化。纷纷扰扰的人世间，大部分的人们都在为了满足自己的各种欲望而奔走追逐，争斗不休。然而，也有一部分少数人，早早看透了名利的虚幻，意识到只有自己这个个体生命的存在，才是真实的。所以，将如何在尘世中安顿自己的这个身子，转变成为如何在山水清明的环境中安顿自己的这一颗心。此心不动，则天地万物，一切不动。

由静入动，是人生最初的阶段；而从动入静，则是人生迈向更高境界的一个必须经历的阶段。并非所有人都能体悟人生的这个必经阶段。此一阶段的证悟，需要多种内因和外因的综合，缺一不可。人人皆可证悟，正如佛家所言：人人皆能成佛。然而能与成之间，还需要一个契机。

现在，王阳明难得有了在滁州这么一个好环境。他决心将这里当作自己心道的试验田，尽可能在这里提供更多的契机，促使更多的人证悟成道。

为了达到这个目的，他不但在滁州又招收了很多学生，而且又广发信件，将自己在贵州、江西、北京、浙江等各地的弟子，能够招来的全部招到了此处。所有这些人加在一起，足有上百人。

王阳明决心以醍醐灌顶的办法，使他们尽快开悟。

这一天，正是山花绽放的暮春，王阳明和众人沿着溪流，一边向山中进发，一边忍不住又诗兴大发：

> 滁流亦沂水，
> 童冠得几人？
> 莫负咏归兴，
> 溪山正暮春。

溯山溪而上，进入到一个峡谷，从上游的溪流飘来一瓣瓣的桃花。越向上走，桃花在水面上聚集越多。片片落红，和清澈的溪水相映成趣。

> 桃源在何许？
> 西峰最深处。
> 不用问渔人，
> 沿溪踏花去。

王阳明此时，心情极佳。不但步步成诗，而且更是句句玄机，随处可以点化弟子，令众弟子如痴如醉。

> 池上偶然到，
> 红花间白花。
> 小亭闲可坐，
> 不必问谁家。

春天出游，看的就是自然创生万物的那种"无心"之美。而这种弥漫着诗意的美丽，经过王阳明朴实无华的文字，三言两语，便将其神韵勾勒了出来，而又浑然天成，不着一点的雕琢痕迹。

> 溪边坐流水,
> 水流心共闲。
> 不知山月上,
> 松影落衣斑。

一个"闲"字,写尽了无限春光,也写尽了王阳明此时的心境。他不拘形式,所要传授给众人的心道,可以在水中,可以在月中,也可以在身边的松影里。正所谓鸢飞鱼跃,无不是道。

如果说,在这之前,王阳明教授学生,主要以宣讲自己的思想为主,那么从这里开始,他将带领他们进入到一个新的阶段:体道。从识道到体道,这里面有一个层次上的提升,也有一个实质上的突破。至于如何体道,自然还是从静坐入手。

这天晚上,就在群山环抱,峡谷深处的清潭旁,王阳明和上百名弟子,环湖而坐,端坐静心。

头顶上是一轮圆圆的月亮,在湖水中投下亮闪闪的影子。春夜柔和的山风从头顶上掠过,鸟雀不鸣,猿猴不惊,连水中的鱼儿,也似乎屏住了呼吸。每个人的心头都有一种奇异的感觉:在这么一个地方,在这么一个时刻,一定会有什么不同寻常的事情发生。

他们都是为了那个时刻而来,他们也都希望自己能够早日和老师一样得到证悟。

一片静寂中,王阳明开始登坛宣讲。正式开始功课之前,他按照惯例,即兴又作了一首小诗:

> 何处花香入夜清?
> 石林茅屋隔溪声。
> 幽人月出每孤往,
> 栖鸟山空时一鸣。
> 草露不辞芒履湿,

松风偏与葛衣轻。

临流欲写猗兰意，

江北江南无限情。

不知道从什么地方，传来幽幽的花香；空寂的山谷里，偶尔传来一声鸟鸣。面对一群聚集在自己身边的学子，不知道怎么，深感肩头责任重大的王阳明，忽然想起了当日孔子在经过河边，见香兰而伤感的一幕。

传说，孔子从卫国回来，失意至极。当他经过河边，见到高贵的香兰居然只能与河草为伍，不由感伤落泪。于是就停下车子，取琴而弹，且弹且唱，便有了这一曲流传后世的《猗兰操》：

习习谷风，

以阴以雨。

之子于归，

远送于野。

何彼苍天，

不得其所。

逍遥九州，

无所定处。

世人暗蔽，

不知贤者。

年纪迈逝，

一身将老。

像孔子那样的人，自己毕生的追求得不到实现，然而到了晚年，还在执着地追求。这不能不令王阳明心生感慨：成圣成贤，决不是一条平坦通顺的大路。然而不管有多少崎岖，也要走下去。

将自己的心情和志向明白无误地传达给众人后，于是，王阳明开始告诉他们此次聚会的目的："我知道你们中有很多人，跟随我已经很久了。我也知道你们和我一样，都是有志于圣贤之学的超凡脱俗之士。然而，我也知道，你们中迄今为止，还没有人真正得到和我一样的证悟。你们没有得到证悟，不是因为你们不努力，而是你们努力的方向错了。你们一直在向外部的世界探索，希望从那些死去的先贤身上，从那些册页泛黄的经书里寻求大道。然而你们却不知道，大道不在别处，它就在我们每个人的内心深处。"说到这里，王阳明又吟哦两句：

"若人识得心，

大地无寸土。"

一切的世间众象，都只不过是表象。连我们这个身体，也会有生和死。而只有这颗本心，是超越的，亘古不变的。在我们身边的这个世界中，千百年来发生了很多事情。如同众人面前正对着的飞流而下的瀑布，每一天，每一时，每一刻，都在发生着无穷无尽的变化。然而这所有的变化，真的有实体吗？人世之间，朝代变换，政权更迭，兴衰过眼，然而这些随风逝去的故事，又去了哪里呢？说到底，每个人的生命毕竟是有限的；如果以有限的生命，投入到对这些无限变化的事物追逐中去，那么终其一生，也不能探究明白多少东西，而生命却会疲惫不堪，以至于早早就耗尽了精力，过早地结束了生命。相反，如果将这个生命当作世界的主宰，将这一切身外物事，都只看作梦境，只作为一个观照者，如同一个剧场里的观众，静静地注视这一切发生，而明了其虚幻的本质，那么，就不会为其所累，反而获得了解脱。

"所以，为了帮助你们证悟，我将你们召集到这里来。从现在开始，我要求你们，放弃过去所做的一切努力，从外部世界转向探求自己的内心。我要求你们按照我所说的去做，停止怀疑和谴责自己，停止去怀疑和谴责这个世界。从现在开始，将自己想象成一棵树，一朵花，一只蝴蝶。总而言之，一个独一无二的存在，是最完美的存在。如果一个人连自己都怀疑和谴责，连自己都不能接受，你能指望接受什么呢？这样的人，连自己都不爱，他又会爱谁呢？

下 部 我心光明

你们来到这里，我知道你们都是爱我的；但我要求你们做一件事情，从现在开始，全身心地爱你们自己。不要再去关注任何外在的东西，从这一刻起，只将目光盯住你的内心，将全部的注意力关注在自己身上。认真地看着你自己，试着感觉你自己，和你自己建立一个沟通，将你自己当作最好的朋友。不论发生什么，都不要忘记：看着你自己！试着做一个观看者，即使当你入睡的时候，那个观者也必须醒着。做、观，一个片刻接一个片刻，努力地坚持下去，不管你在走路、吃饭、还是做其他的事情，不要停止观看。

"下面，按照我的要求来做：首先做一件事情，来观看我们的呼吸。这是最简单不过的事情，但也是最复杂的事情。和我一起做：呼——吸，记住，不要忘记做那个观者：你会发现，呼吸是身体自己会做的事情。当我们呼出气息的时候，我们死亡；当我们吸入气息的时候，我们重生。一呼一吸，一生一死，生死就在我们的身体里交替着。"

"当我们生下来的第一刻，我们吸气；当我们离开这个世界的最后一刻，我们呼气。学着我的样子，一起来做：尽可能地呼出气体，体验那一刻的宁静和和平，那是什么？那是死亡！接下来，大口地吸入气体，体会那一刻身体被充满，生机蓬勃的感觉，那是什么？是生命的活力。观照这两者——生和死。努力超越这二者，成为一个不受他们影响的观照者……"

从这个夜晚开始，王阳明带领他的弟子们，正式踏上了证悟之路……

第二天，王阳明将众弟子又叫到湖边。

"今天，我要教你们做一件非常重要的事情。"王阳明走到岸边，将一块石头搬起来，压在自己肩头。他的身体立刻弯曲了下去。

"你们看到了没有？"他在石头下面，吃力地问众人，"你们看到在我肩头背负了什么东西没有？"

"一块石头。"众人纷纷说。

王阳明走到湖边，一下子将石头丢入了水中，溅起一大片水花。突然而巨大的声响，将众人吓了一跳。

"你们看到了没有？我向湖中丢弃了什么？"

"一块石头！"

众人又纷纷道。

"错了,你们全错了!"王阳明却突然大声说道,"我哪里背负过什么石头?那不过是你们的嫉妒、怨恨、苦恼、贪婪……是你们每个人的欲望纠结在一起,才将我的身体给压弯了。"

众人面面相觑,不曾想王阳明的这个简单举动,蕴藏着这么深刻的道理。

"你们再说说看,我向水里丢了什么东西进去?"

"我们的欲望。"这一次,众人齐声回答,自以为会符合老师的心意。

不料,他们又错了。

"什么?你们难道都是瞎子?要么就是都疯了不成?难道你们没有看清楚,我丢进去的只不过是块普通的石头吗?"王阳明大声地说道。

"啊……"

这一来,众人真的困惑不解了,一个个将疑惑的目光投向老师。于是,王阳明借此契机,开始了新一天的授课:

"你们一定认为我疯了,要不就是你们自己疯了,对不对?因为你们的头脑,无法理解这一切。让你们的头脑疯掉,不要去进行任何的思考,只是随着你们的心意,去随意做你能做到的任何事情。不过,不要忘了继续观照。"

众人愣愣地互相看着,然后,就开始按照王阳明说的做起来……

接下来的几天,每个学生都仿佛获得了新生,洋溢着使用不完的精力。

而王阳明呢,时时和学生讨论,随机点化他们,务必使每个学生都有收获。

最后,这次盛大的集会圆满结束了。由于门人王嘉秀等有要事在身,须先行离去,于是王阳明赠诗作别:

> 王生兼养生,萧生颇慕禅;
> 迢迢数千里,拜我滁山前。
> 吾道既匪佛,吾学亦匪仙。
> 坦然由简易,日用匪深玄。
> 始闻半疑信,既乃心豁然。

> 譬彼土中镜，暗暗光内全；
> 外但去昏翳，精明烛嫱妍。
> 世学如剪彩，妆缀事蔓延；
> 宛宛具枝叶，生理终无缘。
> 所以君子学，布种培根原；
> 萌芽渐舒发，畅茂皆由天。
> 秋风动归思，共鼓湘江船。
> 湘中富英彦，往往多及门。
> 临歧缀斯语，因之寄拳拳。

其他诸生，一一告别，王阳明也都作了叮嘱。剩下的学生，追随王阳明不肯去，于是王阳明在丰乐亭外，挑选了一处地方，作为固定讲学的所在，每日里和诸生在一起讨论学问，静坐体道。

不久后，王阳明在滁州的这一段惬意时光也画上了句号：一道命令下来，他又被调任南京鸿胪寺卿。

刚刚在滁州开辟出一片事业的新天地，这么快又要离去，王阳明的确有些舍不得。而他的众多学生们更舍不得老师，他们一直从滁阳将他送到江浦。在他等候渡江的日子里，众学生赁房而居，时刻伴随左右。

面对众学生一片盛情，王阳明也深为感动。然而他不能让他们一直送下去，于是作诗赠别：

> 滁之水，
> 入江流，
> 江潮日复来滁州。
> 相思若潮水，
> 来往何时休？
> 空相思，
> 亦何益？

> 欲慰相思情,
> 不如崇令德。
> 掘地见泉水,
> 随处无弗得;
> 何必驱驰为?
> 千里远相即。
> 君不见尧羹与舜墙,
> 又不见孔与跖对面不相识?
> 逆旅主人多殷勤,
> 出门转盼成路人。

这首诗写得相当轻松,也相当超脱,而且颇有几分诙谐,将孔圣人和盗圣作了一个有趣的对比。

尽管他这么苦口婆心,最后还是有一批学生,追随他到了南京。

尽日讲学,广揽弟子,成为王阳明在接下来一年多的时间里最主要的工作。

一边给众弟子讲学,王阳明一边在这一时期又发展了自己的学说。

他提出了一个新的命题:"存天理,去人欲。"

听起来,这和朱熹的观点,颇有几分相似。而事实上,王阳明所一味反对的,也并不是全部的朱熹,而只是早年的朱熹。

为了更好地向世人表明自己的态度,这段时间,王阳明又集中精力,编写了一部学术著作:《朱子晚年定论》。

长期以来,王阳明一直以反对朱子、离经叛道的面目出现。这为他赢得了声名,但也为他带来了麻烦。在京师讲学,和湛甘泉等人一齐被攻击,致使被迫离京,便是这么一个直接的反映。而他清楚地知道,不但现在,以后很长的时间内,他的学说都会受到质疑。为了消除一部分阻力,也为了证明自己的学说和朱子并不相悖,他精心完成了这部书。

在《朱子晚年定论》序中,他这么写道:

"洙泗之传，至孟子而息。千五百余年，濂溪、明道始复追寻其绪。自后辨析日详，然亦日就支离决裂，旋复湮晦。吾尝深求其故，大抵皆世儒之多言有以乱之。守仁蚤岁业举，溺志辞章之习。既乃稍知从事正学，而苦于众说之纷挠疲尔，茫无可入，因求诸老、释，欣然有会于心，以为圣人之学在此矣。然于孔子之教间相出入，而措之日用，往往阙漏无归。依违往返，且信且疑。其后谪官龙场，居夷处困，动心忍性之余，恍若有悟。体验探求，再更寒暑，登诸《六经》四子，沛然若决江河而放之海也。然后叹圣人之道坦如大路，而世之儒者妄开窦径，蹈荆棘，堕坑堑，究其不说，反出二氏之下。宜乎世之高明之士厌此而超彼也！此岂二氏之罪哉？间尝以此语同志，而闻者竞相非议，自以为立异好奇，虽每痛反深抑，务自搜剔斑瑕，而愈益精明的确，洞然无复可疑；独于朱子之说有相抵牾，恒疚于心。切疑朱子之贤，而岂其于此尚有未察？"

这一段文字，阐述了他自己学道的经过，同时也提出了一个问题：为什么自己的学说与诸贤吻合，有着明显的道统传承，没有任何值得怀疑的地方，却唯独与朱子的学问不能融合在一起呢？将朱子置于和诸贤对立的地位，究竟是诸贤错了，还是朱子错了？还是出了什么差错呢？

"及官留都，复取朱子之书而检求之，然后知其晚岁固已大悟旧说之非，痛悔极艾，至以为自诳诳人之罪不可胜赎。世之所传《集注》、《或问》之类，乃其中年未定之说，自咎以为旧本之误，思改正而未及。而其诸《语类》之属，又其门人挟胜心以附己见，固于朱子平日之说犹有大相缪戾者。而世之学者局于见闻，不过持循讲习于此，其于悟后之论，概乎其未有闻。则亦何怪乎予言之不信，而朱子之心无以自暴于后世也乎？予既自幸其说之不缪于朱子，又喜朱子之先得我心之同然，且慨夫世之学者徒守朱子中年未定之说，而不复知求其晚岁既悟之论，竞相呶呶以乱正学，不自知其已入于异端。辄采录而哀集之，私以示夫同志。庶几无疑于吾说，而圣学之明可冀矣。"

王阳明发现，原来，朱子的思想，经历了一个从早年、中年到晚年的转变过程。世人所读到的朱子著作,不过是其中年之前,没有定论而写出来的东西。后来到了晚年,朱子已经痛觉前非,只可惜没有机会补过罢了。

这么一来,轻轻巧巧地,王阳明就推翻了世人心目中的朱子形象。而这一翻转,也使得他从朱子的对立面站到了同一面上。

将晚年朱子的一些书信经过摘取,加以编选以后,便形成了这部《朱子晚年定论》,接下来便是付梓了。

然而,正当他下定决心,将全部的精力都放在圣贤事业上,思欲退隐山林,上书朝廷以身体抱病原因,请求致仕的时候,却突然发生了一件事情:

江西各地,民变陡生,当地官员不能镇平。

因为王阳明在江西政绩卓著,也因为他曾以兵法论学,在京师轰动一时,于是,兵部尚书王琼,特地推举了他前去江西平乱。已经对仕途不抱任何希望的王阳明,顿时又被提为都察院左佥都御史,巡抚江西等四省。

从少年时代就梦谒伏波将军庙的王阳明,在四十四岁这一年,梦想终于要实现了!

第十六章

江西事功

离开南京，去江西赴任之前，王阳明决定再回家乡归省一次。徐爱照例和王阳明形影不离，一同返回了余姚。

在家乡，王阳明一边陪伴九十六岁的老祖母岑夫人，一边和徐爱抽出时间，作了一个系统的问答，将自己多年的学问，以师生对答的形式记录下来。毕竟，对于此去江西，平定民乱，他心里并没有底。况且他已经到了这个年龄，常年抱病，身体更加虚弱，真不知道从江西任上，还有没有命回来。

早在龙场期间，王阳明便怀疑朱子关于《大学》的一些内容是经过窜改的。如今，从古本入手，一切便全然不同了。例如，《大学》第一句："大学之道在明明德、在亲民、在止于至善。"朱子便将"亲民"改成"新民"，使后文无了着落。而王阳明却发现，下面的治国平天下于"新民"并无发明。

就这样，从《大学》古本入手，王阳明和徐爱开始了一问一答，命令徐爱将文字记录下来，汇成一书：《传习录》。

"如云'君子贤其贤而亲其亲。小人乐其乐而利其利'。'如保赤子'。'民之所好好之，民之所恶恶之，此之谓民之父母之类'。皆是'亲'字意。'亲民'犹孟子'亲亲仁民'之谓。亲之即仁之也。百姓不亲，舜使契为司徒，敬敷五教，所以亲之也。尧典'克明峻德'便是'明明德'。'以亲九族'，至'平章协和'，便是'亲民'，便是'明明德于天下'。又如孔子言'修己以安百姓'。'修己'便是'明明德'。'安百姓'便是'亲民'。说亲民便是兼教养意。说新民便觉偏了"。

徐爱问："'知止而后有定'，朱子以为'事事物物皆有定理'，似与先生之说相戾，不知道何故？"

王阳明回答说："于事事物物上求至善，这就等于自己怀揣珠宝，却到处去乞讨要饭，岂非笑谈？至善，是心之本体。只是'明明德'到至精至一处，便可以见到这个本体了。所以说，将我们每个人的欲望减到最低，就可以明白天道了。在这一点上，朱夫子倒是没有错的。"

徐爱又问："至善只求诸心。恐于天下事理，有不能尽？"

王阳明道："心即理也。天下又有心外之事，心外之理乎？"

徐爱道："如事父之孝，事君之忠，交友之信，治民之仁，其间有许多理在。恐亦不可不察。"

听了他的话，王阳明叹息一声："像这样的说法，已经把世人蒙蔽得太久了，不是一句话两句话所能说清楚的。我先不说那么多，就按照你所说的来分析：且如事父，不成去父上求个孝的理。事君，不成去君上求个忠的理，交友治民，不成去友上民上求个信与仁的理。所有这些理，都只在此心。心即理也。此心无私欲之蔽，即是天理。不须外面添一分。以此纯乎天理之心，发之事父便是孝。发之事君便是忠。发之交友治民便是信与仁。只在此心去人欲存天理上用功便是。"

徐爱又问："闻先生如此说，爱已觉有省悟处。但旧说缠于胸中，尚有未脱然者。如事父一事，其间温清定省之类，有许多节目。不知亦须讲求否？"

王阳明回答道："如何不讲求？只是有个头脑。只是就此心去人欲存天理上讲求。就如讲求冬温，也只是要尽此心之孝，恐怕有一毫人欲间杂。讲求夏清，也只是要尽此心之孝，恐怕有一毫人欲间杂。只是讲求得此心。此心若无人欲，纯是天理，是个诚于孝亲的心，冬时自然思量父母的寒，便自要求个温的道理。夏时自然思量父母的热，便自要求个清的道理。这都是那诚孝的心发出来的条件。却是须有这诚孝的心，然后有这条件发出来。譬之树木，这诚孝的心便是根，许多条件便是枝叶。须先有根，然后有枝叶。不是先寻了枝叶，然后去种根。礼记言'孝子之有深爱者，必有和气。有和气者，必有欲愉色。有愉色者，必有婉容'。须是有个深爱做根，便自然如此。"

徐爱又问："先生于龙场初执知行合一之训，爱尚有未决处，能否请先生

下部 我心光明

指教？"

王阳明道："试举看。"

徐爱道："如今人尽有知得父当孝，兄当弟者，却不能孝，不能弟。便是知与行分明是两件。"

王阳明回答道："此已被私欲隔断，不是知行的本体了。未有知而不行者。知而不行，只是未知。圣贤教人知行，正是要复那本体。故大学指个真知行与人看，说'如好好色'，'如恶恶臭'。见好色属知，好好色属行。只见那好色时，已自好了。不是见了后，又立个心去好。闻恶臭属知，恶恶臭属行。只闻那恶臭时，已自恶了。不是闻了后，别立个心去恶。如鼻塞人虽见恶臭在前，鼻中不曾闻得，便亦不甚恶，亦只是不曾知臭。就如称某人知孝，某人知弟。必是其人已曾行孝行弟，方可称他知孝知弟。不成只是晓得说些孝弟的话，便可称为知孝弟。又如知痛，必已自痛了，方知痛。知寒，必已自寒了。知饥，必已自饥了。知行如何分得开？此便是知行的本体，不曾有私意隔断的。圣人教人，必要是如此，方可谓之知。不然，只是不曾知。此却是何等紧切着实的工夫。如今定要说知行做两个，是什么意？某要说做一个，是什么意？若不知立言宗旨。只管说一个两个，又有什么实际用处？"

徐爱又问："古人说知、行做两个，亦是要人见个分晓：一行做知的功夫，一行做行的功夫，即功夫始有下落。"

对此，王阳明笑着回答："你却不知，只此一番话，已经失了古人宗旨。我不是曾经说过吗？知是行的主意，行是知的功夫。知是行之始，行是知之成。若会得时，只说一个知，已自有行在。只说一个行，已自有知在。古人之所以既说一个知，又说一个行者，只为世间有一种人，懵懵懂懂地任意去做，全不解思惟省察，也只是个冥行妄作。所以必说个知，方才行得是。又有一种人，茫茫荡荡，悬空去思一索，全不肯着实躬行。也只是个揣摸影响。所以必说一个行，方才知得真。此是古人不得已，补偏救弊的说法。若见得这个意时，即一言而足。今人却就将知行分作两件去做。以为必先知了，然后能行。我如今且去讲习讨论做知的工夫。待知得真了，方去做行的工夫。故遂终身不行，亦遂终身不知。此不是小病痛，其来已非一日矣。我如今说知行合一，正是对病的药。"

徐爱又问:"先生以博文为约礼功夫。深思之未能得略。请开示。"

王阳明回答:'礼'字即是'理'字。理之发见可见者谓之文。文之隐微不可见者谓之理。只是一物。约礼只是要此心纯是一个天理。要此心纯是天理,须就理之发见处用功。如发见于事亲时,就在事亲上学存此天理。发见于事君时,就在事君上学存此天理。发见于处富贵贫贱时,就在处富贵贫贱上学存此天理。发见于处患难夷狄时,就在处患难夷狄上学存此天理。至于作止语默,无处不然。随他发见处,即就那上面学个存天理。这便是博学之于文,便是约礼的功夫。博文即是惟精。约礼即是唯一。"

……

师徒二人,日夜不停地谈论,每天的内容,都被徐爱连夜记录下来,第二天交给王阳明,再订正讹误。

然而,王阳明和徐爱都没有想到,这竟然是他们之间最后一次在一起这么热烈地研讨学问。

从秋至冬,在家里度过这一年的春节后,王阳明还不想动身前往江西上任。最后,还是徐爱等人劝说再三,他才答应动身。并且,他和徐爱约定:一等江西事了,立即归来。而徐爱呢,届时也将辞职归隐山林,和王阳明并众弟子专心向道,从而将圣贤事业推向一个新的高峰。

告别了家人和徐爱等弟子后,王阳明上路了。

在他的船进入江西后,刚经过吉安府的万安县城下,忽然,上百名流民沿江设障,在江面上横起了一道竹栅栏,专门盘查、拦截过往的船只,抢掠财物。很多的船只,到了这里都不敢再前进一步,只能转头而下。唯独王阳明临危不乱,想出来一个办法:命令十多只船聚集在一起,联络成一个方阵。又在船头上插上官府的旗帜,命人擂鼓呐喊,大举而上。

由于他亮出了官旗,上游的流民一见,以为是朝廷派来剿灭他们的,其头目先一哄而散,逃命去了。其余人等则在岸上跪下磕头,纷纷求饶:"我等皆为饥饿所迫,流落在此,衣食无着,请大人饶命!"

"尔等起身!"

王阳明一边命令随行的军士将船靠岸,一边传令下去:"知道尔等皆为善良百姓,迫于饥寒,不得已而为之。尔等不必聚集这里,可先行散去。若再为恶,王法不宥!"

"谢青天大老爷!"

……

一片千恩万谢声中,流民渐渐散去了。江面之上恢复了平静,过往船只也恢复了固有秩序。

很快,王阳明还没有走到衙门,朝廷派来一个青天老爷巡抚江西的消息,已经长了翅膀一样传播开来。

到任之后,王阳明第一件事情,就是命令打开府库,赈济流民,安抚局势。

可是,很快王阳明也发现:因为连年有民变发生,已经专门出现了一些依靠深山密林,占山为寇的职业匪徒。这些人大都是当地百姓,熟悉地理环境。而且通过行贿等手段,在官府里建立了秘密眼线。每次官府有什么行动,不待出城,山上的流寇早已经得了消息,所以屡此出征无功。

通过秘密走访,王阳明得知,衙署中有一个老吏和流寇的首领暗中交往甚密,于是命令人将他押到了自己的卧室中。

"本官接到密报,称你和贼首詹师富、温火烧暗中勾结,这是必死无疑的罪名。你是让我马上杀了你呢,还是你愿意将功赎罪,肯将那些藏在城里通贼的奸民眼线都找出来呢?你自己选择吧!"

"大人,小的愿意从实招来!"

那老吏见王阳明言辞确凿,于是也不再隐瞒,一下子招出了上百人的姓名。根据这个线索,王阳明将城中上百人都抓了起来。

切断了山贼与城中的秘密联系后,王阳明又趁热打铁,立即推行了"十家牌法",即:十家为一牌,开列各户的籍贯、姓名、年貌、行业,日轮一家,沿门沿户进行搜查,盘问,遇到可疑之人,立即报官。如有隐匿,十家一起连坐。

又因为此前作战,都需要从广西等地调集兵马,经常半年一年,还不能等到队伍来到，屡次耽误战机。所以，这一次，王阳明命令各省、各府、各县，都从本地招募兵士。每县十名勇士，江西、福建两省各五六百人，广东、湖南各四五百人。将这些军队集结在一起，从中挑选通韬略者为将领。

将这些军队充实到官军队伍中，作为机动部队。很快，王阳明已经训练出了一支能攻善守的重兵。

于是，他信心满满，带领队伍出发了。当时，山寇正聚集在一个叫作长富村的地方，王阳明一鼓作气，攻克了长富村。山寇不料官兵来得如此之快，退据象湖山。

在象湖山不远的莲花石，王阳明与来汇合的广东军指挥覃桓一起，与敌激战。

这是双方主力部队第一次正面交锋，战斗中，官军合围，胜利在即，然而覃桓却被杀红了眼的山寇所杀，县丞纪用同时阵亡。这一仗，双方各有伤亡，而广东军失去了指挥官，人心大乱。

局面如此不利，便有人出来建议："贼不可平，不如且等秋后，狼兵来到再与贼决一死战！"

王阳明却对战局有着自己的判断。他首先装出听从建议的姿态，在汀州府一带驻扎部队，大犒三军，并且放出流言，说官军已有退意，只等狼兵到来，秋后再重行杀回。山寇听了这个消息，果然只在象湖山一带停留，只等官兵一去，重新展开大肆抢掠。

然而，暗地里王阳明却将各级军官召集在一起，开了一个秘密军事会议。会上，王阳明大发雷霆，狠狠地责罚了众人，并且宣布了军令：下一次战争中有不努力向前，不救兄弟部队者，一律军法从事！

申明军纪以后，王阳明立即约定：在二月二十九日晦日这一天，利用夜间奇袭象湖山，一举擒贼！

战斗打响得异常突然。山寇尚且在睡梦中，已经是四面起火，杀声震天。仓皇中，山寇退上山顶，据险死守。

而面对斗志渐丧的山寇，王阳明却亲自上前督战。他从士兵手里接过弓箭，只一箭，就将山上贼寇的大旗射了下来。

"好箭法！"

众人只道王阳明是一个文弱书生，却不料他还有这么一手功夫。官军士气大振，而山寇却吓破了胆，翻山越崖而去。

接下来，王阳明继续调度：命令福建、广东、江西三路大军，时而分路出击，时而合兵一处。不出一个月，长富村三十多个贼巢被踏平；水竹大重坑的贼巢一十三处，也被全部击破。

王阳明则亲自率领一队奇兵，出其不意，一举捣毁了贼首詹师富、温火烧等人的老巢，大胜而回。

从二月出兵，到四月班师，仅仅如此短的时间，为患数十年的贼寇，一举而平。

平定漳南山寇，还只是王阳明江西事功的第一步。接下来，王阳明短暂回衙署休息，以待安排下一步行动计划。

然而，令王阳明无论如何都没有想到的是，他刚回到衙署，一封来自余姚老家的讣告已经在等着他了。

王阳明用颤抖的手打开了讣告。他有一种不祥的感觉：九十六岁的老祖母该不会归天了吧？

等他定睛一看，却更加吃了一惊。因为那上面写着的却不是老祖母的名讳，而是另外三个清清楚楚的大字：徐曰仁！王阳明一下子跳了起来：

"不，不可能！"

他修炼静心功夫多年，泰山崩于前也不会如此变色。可是这"徐曰仁"三个字却实在把他惊呆了。

徐曰仁就是徐爱，讣告上说，他已经在五月十七日这一天故去了。而那天王阳明正在上杭接受万民欢呼。

这真是一个晴天霹雳：徐爱只有三十岁，而且又是被王阳明推许为王门之中的颜渊，是他的第一高徒。

"不，这不是真的……不是真的……"

王阳明喃喃着，大滴大滴的泪水从脸上滚下来。他真的不明白：为什么上天不选择别人，不选择自己这多病之躯，而偏偏选择了徐爱，选择了这么一个温和、谦恭、聪慧的年轻人。这究竟是为什么？

整整两天，王阳明都沉浸在巨大的伤痛中，不停地流泪。他将自己关在房间里，足不出户，不进任何饮食和茶水。

夜里，万籁俱寂。在令人窒息的寂静中，王阳明挑亮烛火，挣扎着身躯，为徐爱写了一篇祭文：

"呜呼痛哉，曰仁！吾复何言！尔言在吾耳，尔貌在吾目，尔志在吾心，吾终可奈何哉！记尔在湘中，还，尝语予以寿不能长久，予诘其故。云：尝游衡山，梦一老瞿昙抚曰仁背，谓曰：'子与颜子同德。'俄而曰：'亦与颜子同寿。'觉而疑之。予曰：'梦耳。子疑之，过也。'曰仁曰：'此亦可奈何？但令得告疾早归林下，冀从事于先生之教，朝有所闻，夕死可矣！'呜呼！吾以为是固梦耳，孰谓乃今而竟如所梦邪！向之所云，其果梦邪？今之所传，其果真邪？今之所传，亦果梦邪？向之所梦，亦果妄邪？呜呼痛哉！"

原来，徐爱早就有预感：自己将和孔子门下的颜回一样，早早去世！他连续不断地做同一个梦，而这个梦传达的强烈信息却被王阳明忽略了。现在想起来，一切早有先兆。

"曰仁尝语予：'道之不明，几百年矣。今幸有所见，而又卒无所成，不亦尤可痛乎？愿先生早归阳明之麓，与二三子讲明斯道，以诚身淑后。'予曰：'吾志也。'自转官南赣，即欲归家，坚卧不出。曰仁曰：'未可。纷纷之议方驰，先生且一行！爱与二三子姑为饘粥计，先生了事而归。'呜呼！孰谓曰仁而乃先止于是乎！吾今纵归阳明之麓，孰与予共此志矣！二三子又且离群而索居，吾言之，而孰听之？吾倡之，而孰和之？吾知之，而孰问之？吾疑之，而孰思之？呜呼！吾无与乐余生矣。吾已无所进，曰仁之进未量也。天而丧予也，则丧予矣，而又丧吾曰仁何哉？天胡酷且烈也！呜呼痛哉！朋友之中，能复有知予之深、信予之笃如曰仁者乎？夫道之不明也，由于不知不信。使吾道而非邪，则已矣；吾道而是邪，吾能无靳于人之不予知予信乎？"

对王阳明来说，失去徐爱这样的年轻弟子，的确和孔子当年痛失颜回的心情一样，甚至怀疑是老天有意为之。毕竟，像这样聪慧的年轻人，又有着这么好的家世，不去追求功名利禄，而能够一心一意钟情圣贤之学，这样的人在世界上实在太少了。能够找到这样一个衣钵传人，可遇而不可求。

可是，就是这么一个再理想不过的传人，却先行一步离开了。难怪王阳明悲痛如斯！

"自得曰仁讣，盖哽咽而不能食者两日。人皆劝予食。呜呼！吾有无穷之志，恐一旦遂死不克就，将以托之曰仁，而曰仁今则已矣。曰仁之志，吾知之，幸未即死，又忍使其无成乎？于是复强食。呜呼痛哉！吾今无复有意于人世矣。姑俟冬夏之交，兵革之役稍定，即拂袖而归阳明。二三子苟有予从者，尚与之切磋砥砺。务求如平日与曰仁之所云。纵举世不以予为然者，亦且乐而忘其死，惟百世以俟圣人而不惑耳。曰仁有知，其尚能启予之昏而警予之惰邪？呜呼痛哉！予复何言！"

本来，王阳明已经下定决心，江西之事一毕，立即辞官回家，从此隐居山中不出，一心以体道为乐。而他无穷无尽的梦想，都还寄托在徐爱身上。可是这愿望竟然从此只能成为梦幻泡影！

他真的想就这么一死了之，通过绝食去和徐爱相会于地下。但他又知道，如果那样做，徐爱泉下有知，也不会原谅自己！

为了徐爱，为了更多和他一样的年轻人，自己还必须振作起来，努力去像对待徐爱一样地对待每个学生。

他这么凄凄惨惨，病了一场以后，终于还是从床上爬了起来。为争取早日平定山寇，归隐故乡，他又集中全部精力，投入到了训练部队中去。

行伍之法，首在治众。而治众之法，莫过于分数。所以，王阳明本着这一思想，将每二十五人编为一伍，伍有小甲。

五十人为一队，队有总甲。

二百人为一哨，设哨长一人。

四百人为一营,设营官一人,参谋二人。

一千二百人为一阵,设偏将。

二千四百人为一军,设副将。

从副将到偏将,从偏将到营官,从营官到哨长,从哨长到总甲,从总甲到小甲,从小甲到士兵,如臂使手,如手使指。

每伍给一牌,上面写着同伍的姓名,这叫作伍符。

每队给两牌,编立字号。一给总甲,一藏本院。这叫作队符。

每哨有两牌,编立字号。一给哨长,一藏本院。这叫作哨符。

每营给两牌,编立字号。一给营官,一藏本营,这叫作营符。

有了以上符号,征调兵马,即按牌符而行。即使有人想混进队伍里面,也会很快被查出来。

除此而外,王阳明又进一步设计了详细的奖罚制度,将这些具文上报朝廷,朝廷无不应允。

就在王阳明加紧训练部队的同时,其他的山寇也没有闲着。漳南山寇的覆灭给他们敲响了警钟,以横水的谢志珊、桶冈的蓝天凤两大山寇头子为首,决定联合出兵,先破南康,再进广东。

得到消息之后,湖广巡抚都御史陈金,立即上疏奏请,三省兵马一齐夹击桶冈,务求先期克敌。

但王阳明却不同意这么做。他指出:"桶冈、横水、左溪诸贼,荼毒三省。其患虽同,而其势各异。论湖广,则桶冈为其腹心之疾;论江西则横水为腹心之疾;今不去江西腹心之疾,而去湖广腹心之疾,失缓急之宜也。"

经过分析以后,他提出了一个战略:将注意力都吸引在攻击桶冈上,然后先出其不备,攻击横水!

出征横水之前,王阳明先发出公告,招降了一些小股山寇。然后,秘密调动十哨人马,预先定下了出师之期:

第一哨,江西都司都指挥许清,率兵一千,自南康县所溪入,攻白蓝,与本院会于横水;

第二哨,赣州府知府邢珣,率兵一千,自上犹县石人坑入,协攻白蓝,会于横水；

第三哨，南赣守备郏文，率兵一千，自大庾县义安入，合攻左溪，会于横水；

第四哨，汀州府知府唐淳，率兵一千，自大庾县聂都入，合攻左溪，会于横水；

第五哨，南安府知府季斅、率兵一千，自大庾县稳下入，合攻左溪、会于横水；

第六哨，南康县县丞舒富，率兵一千，自上犹县金坑入，径攻左溪、会于横水；

第七哨，赣州卫指挥余恩，率兵一千，自上犹县独孤岭入，径攻左溪，会于横水；

第八哨，宁都县知县王天兴，率兵一千，自上犹县官隘员坑入，进屯横水；

第九哨，吉安府知府伍文定，率兵一千，搜索稽芜等处贼巢，进屯横水；

第十哨，广东潮州府程乡县知县张戬，率兵一千，搜索黄雀坳等贼巢，进屯横水。

这十路人马，分拨定以后，王阳明约期十月初七，十路齐发，又安排了粮饷等事宜，吩咐停当。

虽然这么忙碌，可是这些日子里，衙门里却清静自在，并不闻有什么人声喧哗。每天，王阳明居然还有闲暇和自己的学生一道讲习圣贤之学，偶尔习射游戏，到了夜半时分还在饮酒作歌。

他的行动如此隐蔽。出兵前一天，还和学生作文酬答，至半夜。第二天一早，学生入院揖谢，不见先生。守门者回答：

"大人进来不久就换了衣服，领兵出城而去，不知何往。若论行程，此刻只怕已在二三十里外了。"

以如此神鬼莫测的行踪，自然不会让山寇察觉。所以，当两天后，王阳明兵至南康，这里竟无人察觉。

来到南康后，早有人来报：有两个人，一个叫作李正严，一个叫作刘福泰，与山寇交往甚密。

王阳明立即命令将二人秘密带至自己帐前。二人一见王阳明，即口称冤枉，声称与贼无涉。

"你们不要害怕，我知道你们都是本性善良之人，与贼通也是迫不得已。即使真有干涉，本官也答应你们，一律涉免。"

先将二人安抚住以后，王阳明又进一步劝说他们："虽你二人清白，然久居此地，当见贼之危害。你等二人，家中亦有父母兄弟，妻子儿女。若贼一日不除，则乡亲一日不得安宁。难道你二人就只顾保全家小，而眼睁睁看着贼寇横行，乡邻遭殃吗？希望你们认真考虑一下。"

他的话，深深地打动了二人。当天夜里，二人秘密来到王阳明的榻前，告知："有一个叫作张保的木工，贼巢的栅寨都是他监工的。如果将此人捉来，加以询问，则贼之地利，不足为惧。"

"哦？"王阳明问道，"张保何在？"

"回大人，蒙大人劝谕，小人等已有悔过之心。将这番话去说与张保，他也愿意将功赎罪。现已在帐外，只等大人召见。"

"快请进来！"

当下，二人将张保秘密带了进来。张保一见王阳明，立即跪下磕头，一句话也不敢说。

"张保，贼之栅寨，都出自你手。只这一桩罪名，已经可以灭你九族。不过，你不用怕，本官知道，你靠手艺过活，这些一定是你被迫做的，对不对？蝼蚁尚且贪生，何况你一个大活人？"

"大人真神人也！"张保颤抖着，感动得泪水直流。"小人的确被胁迫才做出这等事情。愿为大人效力。"

"你不必怕，只管将贼巢各条道路，关隘寨口，都明明白白地标出来，贼破之日，为你记一大功！"

"是！"

张保答应着，起身后，王阳明立即吩咐给他端来酒菜，又吩咐人送来笔墨纸砚。一夜间，张保将所有地形图都勾画了出来。

下部 我心光明

有了这张地形图，王阳明第二天一早立即吩咐进兵，以迅雷不及掩耳之势，进入到崇山峻岭之中。

在离山寇大本营三十里外，王阳明扎下营寨，一面吩咐李正严、刘福泰等人率领探子去侦察消息，一边精选了善于登山者四百人，每个人手持火药、爆仗、引火之物，秘密去山后潜伏，攀崖而上。

这天，官兵与山寇之间的战斗正式打响。双方你来我往，战斗甚是激烈。正在这时候，忽然山后的悬崖绝壁上，四百名勇士一拥而上，杀到山顶，顿时爆炸声连天响起，火光熊熊，浓烟冲天。

"不好了！"

众山贼一见，以为后方被偷袭，顿时无心恋战，纷纷退去。王阳明乘势指挥主力部队追击，一日连破七寨。

见势不妙，山寇头子谢志珊下令："各寨剩余人马，一齐向横水集中，在那里与官军决一死战！"

然而他却没有想到，官军来势如此之快。十路官军，一齐杀到，铳炮之声，震撼得山谷动摇。

本来，王阳明的计划是一鼓作气，将谢志珊擒获。不料，忽然天气起了弥天大雾，对面不能见人。

那些山寇都是当地人，转眼在雨雾中就消失了踪迹。一连三天，阴雨不停，雾亦不散，令王阳明徒唤奈何。

与其他两省兵马约定会击桶冈的时间，是在十一月的初一。而现在已经是十月十五日了，时间如此之紧，此地形势却不容有失。对此，也有人建议放弃此地，直接去桶冈，对此，王阳明拒绝道：

"不可！此去桶冈，不过百余里。若迅疾行军，三日可达。而此处之贼寇倘若不灭，等我进军桶冈，此处战事再起，令我等瞻前顾后，如何是好？"

无论如何，必须一举拿下横水，再进桶冈。正在此时，也是天助成功，忽然报来消息，说捉了一个探子，是从桶冈来这里的山寇。

"快将此人押来！"

王阳明大喜，连夜审查此人。原来此人名叫钟景，是受了桶冈那边派遣，到这里来探听虚实的。

更令王阳明喜出望外的是，此人不但尽知桶冈虚实，而且对横水这边的情况、各个巢穴也都了如指掌。

于是，王阳明晓之以理，动之以情，终于打动了钟景，愿意投降。在他的指引下，王阳明精选人马，冒雾出击。

这一来，连横水的山寇也没有想到。从十六日到二十七日，每天都有贼巢被攻破，退无可退。

最后，谢志珊在准备向桶冈逃去的时候被捉了，押到了王阳明跟前。王阳明立即命令就地将其处死。

临刑之前，出于众人意料之外的是，王阳明居然亲自端了酒水，来送谢志珊最后一程，而且还和他谈了一席话。

"我来问你，你不过一介小民，如何能够召集这么多人起事，又有什么本领，让人人为你卖命？"

"大人，我早听说过你的声名，只恨今日相见太晚。反正我也要死了，就告诉你实情吧！"谢志珊一生以英雄豪杰自许，因此并不隐瞒，"要聚集这么多人，当然并不是什么易事。我从小就有大志，所以见了豪杰之士，一定要想方设法去结交他们，或者利用他们好财，或者好色之心。总之，一定会将他们感化。然后，待交情深厚，再邀请他们入伙，没有不答应我的。至于其他之众，那就不是我谢某人召集而来，而是昏庸无道的大明皇帝，自己给我送来的！"

他最后这几句话，王阳明当然知其所指。如果不是官家镇压过狠，年复一年地增加赋税，逼迫老百姓无法过活，又哪里会有那么多的铤而走险者。此前所以年年平寇，年年难平，正因此故。

不过，王阳明也深知，天下大局，绝非自己一个人所能改变。他目前奉命行事，也只能按律行事。

当下，一声令下，谢志珊闭目受刑。王阳明不忍心见这等血腥之事，自己先蹩回到营帐中去，一声叹息："若我朝中官员，都如这贼首一般，为天下求才，又岂会有许多才智之士流落山野，豪杰英雄湮没江湖？"

下部　我心光明

这么感慨一番，外边报已经行刑完毕。于是王阳明一边命令将其首级殓装，一边上书报捷。

自这一月的七日起兵，至二十七日擒得谢志珊，加以诛杀，算起来正好二十天，如此奇功，实在惊人。

接下来，横水既破，下一个目标则是桶冈。距离会师之日，尚有四天，王阳明不及歇息，立即向桶冈进发。

动身之前，几乎没有人知道，王阳明已经悄悄又派出了一支奇兵：以李正严、刘福泰、钟景三人作为说客，连夜前往桶冈而去，直接向大头目蓝天凤呈上一封王阳明的亲笔信，劝其归降。

信中约定，如果蓝天凤肯投降，那么就以十一月初一日上午，在锁匙龙这个地方递上降书。

即使不降，蓝天凤见了王阳明的这一封劝谕书信，再听了钟景等三人的描述，也必然心生迟疑。

三人去后，王阳明胸有成竹，不慌不忙与部队向桶冈进发。一路上，见到因为连年交战，人烟稀少，田地荒芜，他忍不住在马上吟哦道：

处处山田尽人畲，
可怜黎庶半无家。
兴师正为民瘼甚，
陟险宁辞鸟道斜！
胜世真如瓴水建，
先声不碍岭云遮。
穷巢容有遭驱胁，
尚恐兵锋或滥加。

奉王命而出师，自然是正义的；抱着为百姓除去祸害的心，也是没有错的。可即便如此，战争的残酷，还是超出了他的想象。而不管什么样的胜利，都不能消除对老百姓的伤害，苦的永远是百姓！

> 战乱兴师既有名，
> 挥戈真已见风行。
> 岂云薄劣能驱策？
> 实仗皇威自震惊。
> 烂额尚惭为上客，
> 徙薪尤觉费经营。
> 主恩未报身多病，
> 旋凯须还陇上耕。

如果是普通人，立下如此显赫的战功，自然引以为自豪。可是王阳明却不认为是自己的功劳。那些山寇怕的并不是他王阳明，而是大明天子的皇家之师。自己只不过是一个常年抱病的无用之人，有这么一个机会，报答了天子多年的恩德，拿了那么多的俸禄也就可以安心了。

他再一次告诉自己：这次仗打完以后，就上表向朝廷乞求归隐，回家去过隐居山林的逍遥生活！

不过，那只是他的理想，当务之急是平定山寇。而他对此却似乎浑然不当作一回事。

三十日，王阳明提前一天，抵达了桶冈。那边，蓝天凤本来已经下定决心投降，却被从横水逃窜过去的一个头目说动，心里又生出了悔意："横水之败，在于防守不严，令官军深入内里，钻了空子。桶冈的地形，比横水更加险要。锁匙龙、葫芦洞、茶坑、十八磊、新池，五个地方哪一个不是险绝之地。只要加强防守，一定可以阻挡官兵。奈何自做猪羊，以入虎口？"

听了这一番话，蓝天凤又犹豫起来，偏偏王阳明又不断地派人来催促，她更下不了决心了。

便趁着这个空当，降与不降，未决之间，王阳明已经连夜将部队分开，从四面进击茶坑、十八磊、葫芦洞等。

初一这天的早上，大雨滂沱。蓝天凤尚且和众头目在商议，忽然接报：官军四路杀来，已至锁匙龙山下！

"王公用兵,如此神鬼莫测,真神人也!"

蓝天凤叹息一声,知道万万不是王阳明的对手,所以胡乱抵挡了一阵,当天夜里欲趁黑从后面的悬崖下山,却一个失手,摔下了万丈深渊。

坚如铁桶的桶冈就这么被攻破了。第二天,王阳明指挥赶到这里来的各路人马,一日连下十三巢。

从初一至十三日,八十四处巢穴全部被破。算上王阳明三十日抵达这里,总共用了一十四天。

当时,湖广军门派出来的一支部队,前来参加行动,还在路上,就已得到桶冈诸贼被荡平的消息。

原来计划三省合兵,一年的时间,可以平定诸贼。而如今王阳明只用了区区数十日,就克竟全功,如秋风扫落叶一般,实在令人叹服。

不但三军皆服,连地方上的百姓也都将王阳明传说成了诸葛再世,岳飞重生,班师之日,一个个沿途叩谢,摆酒相庆。

不但如此,所经过州县,当地的富户乡绅都自觉出资,为王阳明专门设立了生祠,岁岁供奉。

百里妖氛一战清,
万峰雷雨洗回兵。
未能干羽苗顽格,
深愧壶浆父老迎。
莫倚谋攻为上策,
还须内治是先声。
功微不愿封侯赏,
但乞蠲输绝横征。

毕竟是王阳明,不以军功为骄,反而对这场战争进行了认真的反思:什么样的计策和谋略都是靠不住的,也是微不足道的。只有认真从政治的清明上下手,将内部的吏治抓好了,真正给百姓以活路,保障他们过上幸福的日子,那样一来，又有谁愿意去干这掉头送命的勾当呢？

他是这么想的，也是这么做的，立即给朝廷上书，说明了横水、桶冈一带的情形，请求在这里设立一个县治之所，从别的地方割三个县过来，组成一个新的崇义县，归附江西南安府辖治。

在等待朝廷回复的日子里，王阳明一边缓缓班师，一边沿途游玩。经过龙南，在一个叫作玉石岩的地方，有一个双洞奇观。在这里，王阳明或许想起了自己在龙场的穴居岁月，久久流连，不忍离去。

最后，他干脆将这里命名为"阳明别洞"，并且一口气吟诗三首，题写在石壁上，以为留念：

其一

甲马新从鸟道回，
览奇还更陟崔嵬。
寇平渐喜流移复，
春暖兼欣农务开。
两窦高明行日月，
九关深黑闭风雪。
投簪最好支茅地，
恋土犹怀旧钓台。

其二

洞府人寰此最佳，
当年空自费青鞋。
麾幢旖旎悬仙仗，
台殿高低接绛阶。
天巧固应非斧凿，
化工无乃太安排？

欲将点瑟携童冠，
就揽春云结小齐。

其三

阳明山人旧有居，
此地阳明景不如。
但在乾坤俱逆旅，
曾留信宿即吾庐。
行窝已许人先号，
别洞何妨我借书。
他日巾车还旧隐，
应怀兹土复乡闾。

这里有一个很奇怪的现象：一些在当地人看来并不如何出奇的景观，经过像王阳明这样的大家一赏玩，顿时玩出了境界，玩出了意韵。不仅仅是因为景观本身，更因为像这样的大家，以自己的生命和精神，赋予了这些景观以别样内涵。而这些深沉的内涵，即使在几百年后，后人也仍旧可以从这些景观上面，从周围的气息里面，呼吸领会，这就叫作"心心相印"。

横水、桶冈已平，接下来，王阳明又用了两个多月的时间，将剩余其他地方的山寇全部荡尽。

至此，历时年余，王阳明在江西境内，大获全胜。大小战役上百仗，无一失利，新设宗义、和平二县，从此永绝匪患。

为了表彰王阳明的不世奇功，朝廷下令，将其晋升为都察院右副都御史，荫封一子锦衣卫世袭千户。

面对如此荣耀，王阳明心如止水，不为所动，经过考虑，他认真地写了一封乞病奏疏，却不被批准。

幸而这时候，从家乡来了一个叔父王德声，专程来看他，并且在这儿一住三个月，聊解他思乡之苦。

叔父动身归乡之日，王阳明摆酒饯行，二人挥泪而别。席间，王阳明感慨不已，即席赋诗一首：

犹记垂髫共学年，
于今鬓发两苍然。
穷通只好浮云看，
岁月真同逝水悬。
归鸟长空随所适，
秋江落木正无边。
何时却返阳明洞，
萝月松风扫石眠。

他和这个叔父，岁数相差不大。二人曾经一同就学于龙山公，彼此虽为叔侄，实为至交好友。

临行之际，王阳明又特地将一封家信交给叔父，这是专门为了训诫儿子正宪而写的教子诗：

幼儿曹，听教诲：
勤读书，要孝弟；
学谦恭，循礼义；
节饮食，戒游戏；
毋说谎，毋贪利；
毋任情，毋斗气；
毋责人，但自治。
能下人，是有志；
能容人，是大器。
凡做人，在心地；

心地好，是良士；
心地恶，是凶类。
譬树果，心是蒂；
蒂若坏，果必坠。
吾教汝，全在是。
汝谛听，勿轻弃！

这是王阳明专门写给儿子的，但看起来却适合于任何儿童。每个孩子的天性都是光明如镜的，然而如果不经过雕琢，不注意对其加以保护，任其自行沉溺，渐渐就会蒙蔽上尘垢，最终黯然无光。

和天下所有的父亲一样，王阳明的一片苦心，可以理解。然而令他没想到的是，他对这个儿子的教育并未奏效。或者说，他和这个不是自己骨肉亲生的儿子，在一起的时间实在太少。尤其在孩子成长的关键阶段，他不可能在身边。后来等他归田之时，正宪已经长大，性情也定了下来，难以改变了。结果在王阳明身后，这个正宪就做出了一系列令人吃惊的事情，完全看不到其父苦心教诲的成果，令人徒然叹息。

第十七章

宁藩之乱

正德十四年春天,似乎比以往的任何一个春天都来得颇不平静。从去冬以来,王阳明一直在忙于圣贤事业:刻印《大学》古本、《朱子晚年定论》两书,他的弟子薛侃则继承徐爱遗志,刻印了《传习录》一书。此三书一经问世,王阳明系统的"心道"思想立即远播四方。一时间,天下学子,无不慕名来投,不得已,王阳明只好重修濂溪书院,以作为讲学之所。

一片喧哗声中,王阳明却没有察觉,他在江西的一系列文治武功,已经引起了一个人的注意。

这个人,就是江西南昌的宁王朱宸濠。其祖上乃太祖皇帝朱元璋的十七子。曾因善谋,而与燕王朱棣一同起事。后来朱棣登上了皇位,做了成祖文皇帝,却不肯答应宁王苏杭之封,而只许以川广。宁王苦求不得,害怕招来杀身之祸,于是一个人自南京走至南昌,谎称卧病不起,朱棣不忍加害,遂以江西之地封之。从此,宁王一支在江西世代相袭。

传到这个朱宸濠手上,已是数代之后。其父康王,中年无子。有一次认识了一个歌妓,颇悦其貌,将其接回宫中,人称冯娘娘。正是这个冯娘娘,不久就有了身孕。临盆之日,康王在后花园中小憩,忽然见一条黑色的大蟒从天而降,落到地上,先吞噬一名宫女,又向他直扑过来。一声大叫,醒来后正好传来消息:冯娘娘产下一子!当然了,这个暗喻不祥的孩子就是朱宸濠。

康王不喜欢这个儿子,将他寄养在宫外,这或许也养成了朱宸濠的压抑和多疑的性格。他从小就表现得聪慧无比,熟读诗史,处处都不甘人后。作为一个王族之后,他是少有的勤奋了。可是他的心里并不满足于此,因为从小见弃，所以他的心里始终有一种强烈的欲望，要不顾一切地向上爬，要超过他的父亲，要让天下所有的王公贵族，都来跪在他的脚下。

康王故后，朱宸濠即位。一天，一个叫作李自然的江湖术士，偶见宁王，大为惊讶，屏退左右，秘密告诉他："大王天子骨相，不同凡人也！他日必贵为九五之尊！"从此，宁王将李自然留在身边，待以师礼。

有了李自然这个高参，朱宸濠开始精心策划，一步步实现他的天子之梦：他首先在京师中结交内侍李广，后来又进一步结交刘瑾等"八虎"，一时朝中遍布他的眼线，人人都在皇帝面前称赞他"孝"。

在朝廷中培植势力、谋取声名的同时，朱宸濠又在江湖上网罗死士，为己所用。当时在鄱阳湖上，有几个著名的大盗：胡十三、凌十一、闵二十四，朱宸濠全部将他们拉拢过来，许以高官厚禄，令他们抢劫过往船只，将掳掠得来的财物储藏起来，以待来日起兵，用来充作军资。

当然了，朱宸濠这一番动作，也不是全无人察觉。可是一旦有官员举报，就会被朝中朱宸濠的心腹扣下奏本，然后迅速罗织罪名，将举报之人拿送锦衣卫，重者立即打死，轻者发配边疆。

经过长期的准备，朱宸濠觉得时机渐渐成熟，于是试探性地联通兵部尚书陆完，请他上疏皇帝，要求恢复宁王府上的护卫军队。正德皇帝久被蒙蔽，稀里糊涂就批准了这一道奏章。

等陆完改任吏部，新的兵部尚书王琼一上来，立即意识到这是个大问题，找来陆完商量说：

"祖宗革去藩王的护卫军，原是为了杜绝他们的不轨之谋。如今宁王再三要求，恢复护卫，不知道他要兵何用？只怕异日他一生变心，将来必累及阁下矣！"

这一提醒，将陆完吓出了一身冷汗，连忙去信要求朱宸濠主动提出撤销护卫军队，朱宸濠却置若罔闻。

不但不理会陆完等人的劝告，朱宸濠更借助扩充护卫的名义，公开招募勇士，在府中训练军队。

王琼已经看出朱宸濠必反，于是特地秘密嘱咐王阳明，监视朱宸濠的一举一动。毕竟，王阳明之能，经过此番平寇之战，朝中上下已经尽知。若朱宸濠有什么叛逆举动，第一个用兵阻挡他的，一定是王阳明。

而朱宸濠何尝不知道王阳明的厉害。为了结交王阳明，他想尽了办法，不知道备了多少厚礼，派了多少能言善辩的说客，来王阳明这里刺探虚实。一来他是江西的藩王，二来他的王妃娄氏，是王阳明的启蒙恩师娄一斋的女儿。即使冲着这后一层的关系，王阳明也不好拒宁王于千里之外。

这不，为了答谢宁王，王阳明特地派出了自己得意弟子之一的冀元亨，请他去宁王府上回礼。

宁王很重视王阳明的这次回礼，亲自接见了冀元亨。并且在言谈中，公然谈到了天下之事。

他的话很露骨，可是冀元亨却似乎听不懂他在说什么，只说了一通"格物致知"的迂腐之语。

听他只是说什么道德人心，良知良能，宁王不由得摇头："天下竟有如此痴绝之人！"

其弟子如此，则先生也不会高明到哪里去。宁王遂不再理会冀元亨，赐了厚礼，令其自行回去。

回来后，一见到王阳明，冀元亨立即告诉先生："宁王反志已露，恐怕起事只在旦夕之间！"

不过，王阳明更担心的却是他的安危："元亨，你现在马上离开这里，去我的余姚老家避一避。如果宁王遣人来问，我就说你去做我儿子正宪的老师了。他找不到你，这口气也就不了了之了。"

果然，冀元亨刚一走，宁王就后悔了！王阳明又岂是浪得虚名之人！他的门下弟子，绝不应该是如此痴呆，之所以如此，只有一个目的，就是探得自己口风！他越想越觉得这个冀元亨危险，立即派了人来索要。

可是他晚了一步，冀元亨已经离开了。朱宸濠犹自恨恨不已，由冀元亨而迁怒于王阳明，由王阳明而迁怒到了夫人娄氏身上。

这天，正在饮宴之间，娄氏看丈夫面色不愉，便亲自上来敬酒，关切地问道："不知道王爷何以闷闷不乐？"

"哼，都是你那个好师兄王守仁！"朱宸濠气愤地道，"他自己不来谢我罢了，还派了他的学生来戏弄本王！"

"王爷息怒！"娄氏素来敬重王阳明这个师兄，听了宁王埋怨，连忙替王阳明分辨说道，"王爷有所不知，我那个师兄，为人古怪，早在我父亲门下读书的时候，不要说人情世故，连父子人伦、夫妻之情，他都一概不理！"

于是，她将王阳明和父亲之间的种种冲突矛盾，以及王阳明和夫人诸氏之间的冷淡之情，说了几件。

"哈哈，"朱宸濠听了，不由大笑起来，"天下竟有如此之人，我只道他的弟子是个痴人，原来他自己更是一个大痴汉！"

"我师兄虽痴，他却常说，天下人独有他最清醒，真正痴绝的却是那些在尘世中打滚的人！"

听了娄妃的话，不知道怎么，朱宸濠忽然一下子将酒杯拂去地上。

"王爷，你这是——"娄妃被吓了一跳，连忙去问朱宸濠。

朱宸濠却不耐烦地摆了摆手，说道："罢了，罢了，我的心思，非女流所知。"

娄妃却坚持说道："王爷差矣！我虽为一介女流，却也知道，天下万事，不外是一个'理'字。殿下贵为亲王，锦衣玉食，享用非常。只要循'理'奉'法'，便可永为国家保障，乃至于世世代代，不失荣华富贵！"

娄氏不愧为娄一斋的女儿，这一番话说得字字句句，令人无法辩驳。朱宸濠哑口无言，只能叹息一声：

"唉，你说的虽然一字不错，但你毕竟只知道小享用之乐，而不知道大享用之乐。"

"哦？"娄氏一愣，问道，"什么是小享用之乐？什么又是大享用之乐？"

"小享用，不过是锦衣玉食，口腹之欲。至于大享用，却是身登九五之尊，君临天下！本王如今不过一个区区的藩王，治不过数郡，又岂能谈得上是什么大享用之乐？"

他这番话一出口，娄氏大惊，连忙起身，在他面前跪下劝道："王爷，万不可作此念想。那天子有什么好？总揽万机，劳心费神。内忧百姓之失所，外愁四夷之未服。却哪里比得上一个藩王？衣冠宫室，车马仪仗，不过稍亚于天子，而有奉享之乐，却无政事之责，此真享用也！王爷如今不思享乐，却欲去效天子之劳，这不是求福得祸，又是什么？只怕将来后悔无及啊！"

"哼！"

此时朱宸濠满脑子做的都是天子梦，最恨人家给他泼冷水！如果换了别人，也许这几句话就招来了杀身之祸。不过，对于娄妃，他还是非常敬重的，只是在鼻子里哼了一声，不悦地站起来，拂袖而去。

从这天以后，娄妃便开始日夜忧心丈夫的命运，而朱宸濠却所谋益急，甚至建造了离宫，制作了朝服。

从春入夏，距离这一年朱宸濠的寿辰六月十三日，已经不足一个月。偏偏这个时候，福州发生了民变。

兵部尚书王琼，本来预留王阳明这一张牌，在江西镇压朱宸濠。现在，不得不派王阳明去福州平变。

王阳明一去，朱宸濠更加有恃无恐：所有送往北京的奏章，一律沿途拦截。封锁一切消息，只待起兵。

北京方面，似乎也有了察觉。由于从一个太监家里抄出朱宸濠所赠财物无数，于是，皇帝大怒，抄灭其家。京师中所有藩王亲信，一律驱逐。又派人前往南昌下诏，论革宁王府上护卫。

这就不能不激发起朱宸濠的叛乱行动了。六月十三日这一日，正值江西诸官入贺，所有人中，独缺王阳明。

席间，朱宸濠早已准备停当，令凌十一、闵二十四等人，在外面暗暗埋伏了兵马。众官贺毕，朱宸濠站起身来，大声宣布："诸位，本王有一件事情要在这里公告诸位：昔日，孝宗皇帝为太监李广所误，抱养民间之子，致使我朱家血脉不纯，祖宗香火断绝，已经十四年矣！"

"啊？！"

这番大逆不道的话一出，众人皆惊。刚才还喧嚣沸腾的宴席上，一下子鸦雀无声，人人色变。

"诸位,本王奉太后密旨,命本王早起甲兵,发兵讨罪,共申大义,不知道诸位可肯从否?"

朱宸濠话音刚落,巡抚孙燧一下子站了起来,大声道:"王爷声称有太后密旨,可否拿出一观?"

"哼,不必多言!"朱宸濠本来只是找一个借口而已,哪里有什么密旨?所以,他脸色一沉,大声道:"本王已经准备完毕,即日进兵南京,南面称孤。尔等众人,只说肯不肯保驾?"

"天无二日,民无二王。小人只知道当今上有天子,下有万民,其他之外的一概不知,请恕不能从命!"

孙燧这么倔强,早在朱宸濠意料之中。他知道平日里孙燧就搜集了自己不少谋逆的证据,此人万万留不得。

"来人,推出去,砍了!"

朱宸濠一声令下,早有几个江湖人物,从后面涌出来,上前将孙燧五花大绑捆住,便要押出门去。

"且慢!"旁边,按察副使许逵,也是个正直之士,不顾安危,站出来大声喝道:"孙都御使乃朝廷命官,钦差大臣,谁敢擅杀?"

"哼,连这个家伙一并给我拖出去!"朱宸濠见反对自己的人越来越多,不由地恼怒起来,连声呵斥。

"反贼,你今日杀我等二人,他日天兵一到,你全家受戮,只在早晚。我等当在地下迎接矣!"

二人就这么一边叫骂,一边被推出门外斩首。其他人再没有人敢说什么,只能屈服于朱宸濠的淫威。

于是,众人一齐跪下,口称:"万岁,万岁,万万岁……"

一片奉迎声中,朱宸濠轻飘飘地,穿上龙袍,坐上龙椅,仿佛真的已经坐定了天下,实现了野心。

再说王阳明,在平定福州民乱以后,急匆匆赶回来,准备如期参加六月十三日宁王的寿筵。

偏偏,他走得匆忙,行至吉安,才发现忘记了带大印,于是又命随从回去取。只这一耽搁,他逃过一劫。

行至丰城,已经传出消息:朱宸濠图谋不轨,叛乱起事,自称天子,孙燧、许逵二位大员已经遇害。

乍闻之下,王阳明亦不觉一惊。他对朱宸濠谋反早有戒心,却不曾想如此之快。心痛二位朋友之死,他不由含泪作诗:

> 丢下乌纱做一场,
> 男儿谁敢堕纲常。
> 肯将言语堦下屈,
> 硬着肩头剑下亡。
> 万古朝端名姓重,
> 千年地里骨头言。
> 史官谩把春秋笔,
> 好好生生断几行。

> 天翻地覆片时间,
> 取义成仁死不难。
> 苏武坚持西汉节,
> 天祥不受大元官。
> 忠心贯日三台见,
> 心雪凝水六月寒。
> 卖国欺君李士实,
> 九泉相见有何颜。

平日里的读书人,哪个不是将天下大义、民族气节挂在嘴上,可是真到了危急关头,敢于舍出这颗头颅的人还真不多。只有那些真正明白自己在坚持什么,为什么而殉节的人才能视死如归。

其时,丰城距离南昌仅仅一百二十里,如果朱宸濠侦知王阳明的踪迹,派人来拿，那就危险了。

所以，王阳明当务之急，是必须立即返回南赣征兵。而沿途小县皆不足凭，只有吉安勉强可以暂驻。

抛弃了大船以后，王阳明找了一叶扁舟，和龙光、雷济两个随从，只带随身大印，星夜往吉安进发。

小船刚离开不久，朱宸濠的追兵已至。拿住大船，一问之下，才知道王阳明早已走了许久。

顺利地脱身以后，一路上，王阳明不敢稍有懈怠，仔细地分析着朱宸濠起兵以后的可能行动：第一个可能，是朱宸濠选择上策，乘其方锐之气，出其不意，挥师北上，直趋京师，则国家社稷危矣！第二个可能，是朱宸濠选择中策，出兵直进南京，则大江南北，将俱遭其害，不过不足以动摇国家根本。第三个可能，是朱宸濠选择下策，据守江西不出，待勤王之师四面集中，如鱼游釜中，必死无疑！

根据以上分析，最好的办法，是逼迫朱宸濠选择第三种行动方案。那么不出旬日，其势必败！

如何将朱宸濠拖在江西呢？王阳明推断，朱宸濠没有实际临阵作战，指挥军队的经验。所以，如果散布出虚假的消息，谎称兵部已经发布命令，将发兵进攻南昌，朱宸濠慌乱之下，必不敢出！

因此，王阳明在到了吉安以后，立即展开行动。他首先上疏告宁王之变，请求出兵平叛。

接着，经过与知府伍文定、门人邹守益等商议，决定先发布一篇檄文，传檄四方，以讨宁王，征兵勤王。

又针对朱宸濠身边的两个谋士李士实、刘养正，王阳明采取将其家小都拿在吉安城中的办法，以疑宁王之心。

接着，一个接一个的假消息从吉安源源不断地传向南昌：许泰领军队四万出凤阳、刘晖领军队四万出徐淮，水路并进；王阳明自领军两万，杨旦领军队八万、陈金领军队六万，分头夹击南昌；又，都御史颜咨，率领狼军四十八万，向江西星夜进发，其他各路军马，亦同时起兵，进军南昌……

一方面，王阳明命令丰城城门大开，做出迎接官兵入城的样子；一方面，派了一些携带公文的差人，化妆成村民模样，故意被朱宸濠的人拿获，被押去宁王府上。

这时候，朱宸濠正在和李士实、刘养正日夜商量。他本来听二人劝说，欲直取北京；后来又疑惑不定，准备先进南京；现在，从道路上截获了这么多消息，他更紧张得不行，决心死守南昌。

倒是李士实，对于官兵的行动如此之快，深感怀疑。他仔细地给朱宸濠分析道："朝廷方下诏书，不过令王爷去除护卫而已，安得如此进军之速？此必王守仁缓兵之计。如今王爷既已起事，背负叛名，不求风驰电掣，却在这里困守一隅，岂非坐以待毙？何不分兵两支，一支打九江，一支打南康，以为试探？果然成功，则王爷直取南京，先即大位，天下之贪图富贵者，必纷纷来归，则大业定矣！"

听了他的话，朱宸濠也觉得有理，于是派出了闵二十四等人，各自率兵一万，先打了南康，又取了九江。

连战连胜，得了许多钱财兵马，却不见朝廷有一兵一卒来到，才知道此前果然都是王阳明的疑兵之计。

"谁能为我前往吉安，招降王守仁，功劳不小！"

朱宸濠踌躇满志，然而他还是低估了王阳明。王阳明又岂是肯奉贼驱使之人？闻听宁王派人来劝，王阳明一声叹息："家国有难，我辈当慨然应之，略无彷徨。使天下尽反，我辈固当如此也。"

他将所有宁王派来劝降的说客，一律投入监狱。同时，又给皇帝写了一封言辞恳切的劝谏书：

"陛下在位一年，屡经变难，民心骚动，尚尔巡游不已。致使宗室谋动干戈。且今天下之觊觎，岂特一宁王；天下之奸雄，岂特在宗室？言及至此，懔骨寒心。昔汉武帝有轮台之悔，而天下向治；唐德宗下奉天之诏，而士民感泣。伏望皇上痛自克责，易辙改弦，罢黜奸佞，以回天下豪杰之心；绝迹巡游，以杜天下奸雄之望，则太平尚可图。臣不胜幸甚。"

对于这场叛乱，王阳明看得很透：其罪不在朱宸濠，而在当今天子。是天子行为不端，给了朱宸濠这样的人以野心暴露、私欲膨胀的机会。一个朱宸濠是不足为惧的，但如果无数个朱宸濠站出来，天下就没有办法太平了。

形势紧急，知府伍文定请求王阳明出兵，王阳明却不慌不忙："彼气方锐，未可急攻。可示以自守不出，诱其离穴。然后趁其后方空虚，一举捣毁其巢。其闻讯必然回师，到时候可一战擒之。"

果然，王阳明坚守不出的姿态，又一次迷惑了朱宸濠。于是，朱宸濠以为王阳明不足道，乃出兵远征。

而朱宸濠这一系列动作，娄妃并不知情。外面的消息被严密地封锁着，朱宸濠称帝之事，娄氏一无所知。

这天，朱宸濠早早起来，请娄妃梳妆登上大船，起船而行。娄妃不解，问道："王爷邀妾欲去何处？"

朱宸濠骗她说："太后娘娘的旨意，令各亲王前往南京祭祖，因此特地邀请爱妃一同前往。"

当下，众人登船。忽然天色大变，风雨大作，碗口粗的旗杆顿时折断。

一片风雨之中，朱宸濠闷闷不乐。李士实劝道："事已至此，覆水难收。天道难测，不足为虑。"

于是，十万大军，一齐进发。江面上千帆如云，前后船只相连六十余里，杀气腾腾，直奔南京。

不久，消息传来：安庆守将杨锐，死死拖住宁王。宁王大军包围安庆，誓欲破之，取杨锐人头。

得到消息，人人都欲去安庆救援，独有王阳明拍额相庆："此时进攻南昌，正其时也。南昌一下，大势定矣！"

于是，他立即调动兵马，在丰城聚集后，以十三哨军队，进逼南昌：第一哨，吉安府知府伍文定、统部下官军四千四百二十一名，进攻广润门，就留兵防守本门、直入布政司屯兵、分兵把守王府内门。第二哨，赣州府知府邢珣、统部下官军三千一百三十名，进攻顺化门，就留兵防守本门、直入镇守府屯兵。第三哨，袁州府知府徐琏，统统部下官军三千五百三十名，进攻惠民门，就留兵防守本门，直入按察司察院屯兵。第四哨，临江府知府戴德孺，统部下官军三千六百七十五名，进攻永和门，就留兵防守本门，直入都察院提学分司屯兵。第五哨，瑞州府通判胡尧元、童琦，统部下官军四千名，进攻章丘门，就留兵防守本门，直入南昌卫前屯兵。第六哨，泰和县知县李楫，统部下官军一千四百九十二名，夹攻广润门，直入王府西门屯兵。第七哨，新淦县知县李美，统部下官军二千名，进攻德胜门，就留兵防守本门、直入王府东门屯兵。第八哨，中军赣州卫都指挥余恩，统部下官军四千六百七十名，进攻进贤门，直入都司屯兵。第九哨，宁都县知县王天兴，统部下官军一千名，夹攻进贤门，就留兵防守本门，直入钟楼下屯兵。第十哨，吉安府通判谈储，统部下官军一千五百七十六名，夹攻德胜门，直入南昌左卫屯兵。第十一哨，万安县知县王冕，统部下官军一千二百五十七名，夹攻进贤门，就把守本门，直入阳春书院屯兵。第十二哨，吉安府推官王暐，统部下官军一千名，夹攻顺化门，直入南新二县儒学屯兵。第十三哨，抚州府通判傅南乔，统部下官军三千名，夹攻德胜门，就留兵防守本门，随于城外天宁寺屯兵。

这边，王阳明调拨兵马已定。那边，城中已经大为惊慌。朱宸濠久攻不下，正在郁闷。忽然听说南昌形势危急，不顾李士实、刘养正等人苦苦哀求，立即回师，欲火速回救南昌。

他万万没有想到，王阳明进军如此神速。为了攻克南昌，王阳明给军队下了死命令：一鼓附城，再鼓登城，三鼓不克，诛其伍，四鼓不克，诛其将。这等严厉的军纪之下，自然人人争先。

只一夜间，南昌城破，各路兵纷纷进城，将宁王留在城中的太监、心腹等上千人，一并拿获。

宁王府上，留下的家眷上百人，眼见情势不妙，上吊的上吊，自焚的自焚。一瞬间，火光冲天。

王阳明进城以后，顾不得身体多病，立即升堂，将协投宁王的一众大小官员，安抚停当，一律赦免。

又闻听宁王的军队已经回师疾趋南昌，正在鄱阳湖上面摆开阵势，战船连绵，铺天盖地。

众人都劝王阳明，既然下了南昌，正好凭城而守，静候援军。如果此时与宁王死战，显然不智。

"不然！"

王阳明行事，却总在众人意料之外。他对众人说："尔等有所不知，贼势虽强，却人心不齐。那宁王又没有经验，未逢大敌。其驭众之道，不过以高官厚禄，诱惑人心而已。今进不得进，退不得退，其气已沮。若我出一支奇兵，击其惰归，一挫之下，其人心必然涣散，不战自溃！"

果然，交战这天，江面上风浪大起。王阳明吩咐的兵将，不下数路。有的诱敌，有的断后；有的正面交锋，有的侧面突袭。一时间，喊声震天，不知道四下里有多少兵马。宁王所倚仗的，不过是闵二十四、凌十一等一众江湖人物，虽然不怕死，却哪里见过这等阵势？慌乱中，不知道官军来了多少人，一战之下，立即溃败。而官军十多路并进，一齐掩杀，所过之处，宁军皆降。

经过这一战，朱宸濠肝胆俱裂。不得已，只好火速从南康、九江城中增兵。却不料二城空虚，被王阳明只以少数兵马，轻松袭取。

如今的朱宸濠只能在鄱阳湖上和王阳明进行最后的决战了。战局未开，王阳明已经稳操胜券。

最后的战役打响了。一开始，因为朱宸濠亲自督战，以重金赏众人，叛军乘势发起猛攻，官军大溃。

关键时刻，王阳明亲自仗剑站在船头，传令下去："无论何人，只要敢有一后退者，立斩无赦！"

在他的指挥下，官军人人用命，再借助炮火之威，终于又抢回了上风。朱宸濠抵挡不住，只好后退。

王阳明知道朱宸濠已经是穷途末路，于是一鼓作气，连夜又吩咐各路军马，以火为号，一齐合战。

这天早上，鄱阳湖上一片平静。蒙蒙烟雨中，朱宸濠伫立船头，心事重重。不知道什么时候，娄氏从后面走过来，将一件袍子轻轻地披在了他的身上。

"爱妃……"朱宸濠回头见是娄氏，想起她曾经多次苦劝自己，不由心中悔恨。"我自幼熟读史书,只道是昔人亡国,多因为听从妇人之言,故而一意孤行。不听贤妃之言,致有今日之败,奈何,奈何?"

"王爷,现在说这些有什么用?"娄妃惨然道,"我已经修书一封,交给我师兄王守仁,请他网开一面。若王爷此时罢兵,尚有回转余地。"

"贤妃不必去为难你那师兄,王守仁正欲成就不世奇功,哪里肯轻易罢手?况且,我所犯的是谋逆大罪,落在无道天子手里,也是死路一条。不如拼个鱼死网破,大不了玉石俱焚而已!"说到这里,他一声长叹,"只是本王连累了爱妃,心下实在不忍。事已至此,本王无能保护于你。你这就去投奔你师兄处罢,他念在昔日同门情谊,一定不会为难于你。将来每逢本王祭日,爱妃肯在我墓前浇上几杯薄酒,也算不辜负夫妻一场。"他言及此,言语哽咽,泪如雨下。

"王爷,你我多年夫妻,焉不知我一番情意?夫妻本是同林鸟,王爷决意一死,我又岂能独生?"当下,娄妃暗暗打定主意,在朱宸濠身前,跪拜了三拜,含泪嘱咐道:"王爷保重,勿以妾身为念!"

她起身后,几步来到船边,忽然将身子一纵,已经投入水中。朱宸濠不料会有如此变故,连忙吩咐:"快救人!"

便在此时,一声惊天动地的炮响,王阳明的十几路兵马,已经一齐杀来。顷刻之间,湖面上千帆点点,杀声震天。

"大势去矣!"

朱宸濠哪里还有心思再战,立即抛弃大船,带着几个宫女上了小船,丢下众军,逃命去了。

这边,主帅一去,叛军大乱。湖面上火光冲天,王阳明派人大声晓谕众人:"逆濠已经被擒,愿降者不杀!"

于是,一些江湖人物纷纷逃去,剩下的十有八九缴械投降。朱宸濠的诸子及随行宫眷,心腹李士实、刘养正等一百余人,全部被擒。

水面上,浮尸百里,一片狼藉。到处都是哀哀的哭声,衣甲、器械散落得不计其数。

朱宸濠却也没有逃远。在他可能逃经之处,王阳明早埋伏下了人马。万安县知县王冕化妆成渔翁,将朱宸濠候个正着。

一切都在王阳明意料之中,唯独娄氏投水自尽,是他计算不到的,当下,急命人在江中搜索。

所幸,很快就找到了娄氏的尸体。于是,王阳明亲自主持,将其厚葬在湖口县城之外,人称"贤妃墓"。

从朱宸濠六月十四日正式起事,至七月二十六日这一天被擒,一共四十二天。而从王阳明吉安出兵,至于今日,才不过十四天。这么一场轰轰烈烈的叛乱,被他举手投足之间,荡于无形。

这么一场旷古未有的胜利,人人皆向王阳明称贺,王阳明却独不以为喜,而是又一次生出归隐之意:

> 甲马秋惊鼓角风,
> 旌旗晓拂阵云红。
> 勤王敢在汾淮后,
> 恋阙真随江汉东。
> 群丑漫劳同犬吠,
> 九重端合是飞龙。
> 涓埃未尽酬沧海,
> 病懒先须伴赤松。

小小的一个宁王,几个江湖大盗,并不在王阳明的眼中。他所深忧的,是来自北京方面的掣肘。不世奇功当然人人羡慕,但王阳明深知,随之而来的,必然是朝中的嫉妒、排挤和打压。

他静静地等待着,一场来自朝中的大风暴正在向这里压近。而最令他担心的,是他在这场风暴中,将完全处于被动挨打的境地。风雨如晦,人心叵测,曾经面对宁王何等轻松自如,现在王阳明却也心中没了底:在这场即将席卷而来的风暴中,他能够屹立不倒,再一次全身而退吗?

第十八章

致良知教

尽管王阳明对于人心欲壑之不可测早有思想上的准备,但他所担心的事情还是发生了:宁王朱宸濠造反的消息一传到北京,当今天子正德皇帝的第一反应居然不是惊慌,而是兴奋莫名,曾经以朱寿大将军的名义进击蒙古小王子而大获全胜的他,终于又有了名正言顺出师征讨的机会。

很快,正德皇帝又给自己下了一道新的任命:威武大将军镇国公。他迫不及待地带着一班亲信的太监张忠、魏彬等人离开了北京,一路向南进发。连续数次都被群臣阻挠的南巡之行,终于开始了。

可能连正德皇帝也没有想到,王阳明会这么快就收拾掉了朱宸濠,平息了叛乱。这未免令皇帝和一众太监扫兴。不过,开弓没有回头箭,正德皇帝决心南下,于是又提出了一个冠冕堂皇的理由:

"元恶虽擒,逆党未尽。"

就这样,正德皇帝一行又继续南下。而此前王阳明已经上疏一道,声言将在九月十一日亲自押俘北上。刚行至草萍驿,忽然闻听皇帝已经离开了北京,大举南下,不由地大为惊讶,叹道:

"如今战事方平,怨恨少歇。然民间凋敝,民力已竭,又如何能当得起御驾亲征,天子骚扰?"

他闷闷不乐,然而事情已经不可挽回,不得不星夜向徐淮进发。临行之时,他提笔在墙壁上题诗二首,以抒愤懑:

一战功成未足奇,

亲征消息尚堪危。
边烽西北方传警，
民力东南已尽疲。
万里秋风嘶甲马，
千山斜日度旌旗。
小臣何尔驱驰急？
欲请回銮罢六师。

千里风尘一剑当，
万山秋色送归航。
堂垂双白虚频疏，
门已三过有底忙。
羽檄西来秋黯黯，
关河北望夜苍苍。
自嗟力尽螳螂臂，
此日回天在庙堂。

　　边关之上，蒙古军队犹自虎视眈眈；朝政不明，民生已经苦不堪言。在这个时候，皇帝正应该反思己过，重新肩负起祖宗留下的这副担子。可是皇帝却显然不是这么想的：只为了一个区区的宁王，皇帝显然用不着这么急忙赶路。他所惦记的，还是巡幸江南，以纵情游玩，娱乐耳目！

　　此番前去，王阳明在心里暗暗拿定主意：自己什么奇功都不要提了，就是拼死一谏，也要请皇帝立即北归。不要再无谓地损耗民力，以端肃自己的行为来挽回天下人心，否则，天下就危险了！

　　这么一路忧虑着，王阳明星夜兼程而行。而正德皇帝一行人等，在淮徐之地接了王阳明的奏疏，也在展开商量。

　　张忠等人撺掇正德皇帝南巡，打定主意要在江南肥美之地，狠狠地捞上一笔。如今叛党尽被王阳明剿灭，无贼可擒，那么岂非白来一趟？找不出更好的名目，又如何继续从这里南行？不过，毕竟是奸佞小人。张忠等人一商量，竟然有了一个荒唐主意，于是来向正德皇帝建议："陛下，依奴才之见，不如给那王守仁传一道旨意，叫他将朱宸濠且放归鄱阳湖中，陛下御驾一到，亲手擒之。这样一来，天下皆知威武大将军之英名，他日史书之上，也好大笔标名，千秋万代，供人传诵！"

"如此甚好！"

正德皇帝自然不会放过这么一个炫耀自己才华的机会，于是立即以威武大将军的名义，给王阳明发去一道命令。

王阳明刚至严州，前来传令的锦衣卫千户已经到达，先派了人来告诉王阳明："威武大将军就是今上，令牌一到，恰如圣驾亲至。请王守仁立即安排接驾事宜，不得延迟！"

"这倒奇怪了。"王阳明装作不明白其中事理，"大将军说起来不过是一品的官级，如何比得上皇帝？而且文武有别，大将军亦不能统帅百僚，我如何要去见他？不迎也罢，敬请自便！"

这下将那个锦衣卫千户的鼻子都气歪了。不过，王阳明也知道所谓"威武大将军"正是皇帝本人。最后，他还是在众将的陪同下，出去以隆重的礼节迎接，为其安排了行宫，以作休息。

到达以后，按照惯例，照例要给传令的宫中锦衣卫送程仪。中军来问王阳明："以送多少为宜？"

"五两。"

"是不是太少了一点？只怕他嫌少不肯收。"

"不要去理会他。"

果然，这五两程仪，又一次将那个锦衣卫千户气得够呛，一文不受，此日一早即来向王阳明辞行。

"下官在正德初年，即已下过锦衣狱中，贵衙门的大小官员，我差不多都见过，然而如公这等轻财重义，却实属凤毛麟角。"一见面，王阳明就装得很亲热，给他戴高帽，"昨天我本来是秉礼而行，却不料公不纳一文，可谓高风亮节，令我深感惭愧。我别无他长，只会写几个文字而已。他日当为公作传写

下部　我心光明

记，务求后世知有公之人，不令天下寒心。"

他这么一番言辞，使得那个锦衣卫千户憋红了脸，却一句话都说出来，只能恨恨地上马离去了。

这么回去添油加醋，正德皇帝见自己的将令竟然不能从王阳明那里索取来一个朱宸濠，自然大怒。

于是，惯于捏造事实、设计整人的张忠等人，立即编造出来一个莫须有的事实："王守仁早与宁王有交，曾遣其门下弟子冀元亨，前往宁王府上，许借兵三千。后见宁王兵败，这才袭取宁王，以掩己罪。"

这一招甚为狠辣。古往今来多少英雄豪杰，立下盖世奇功，却因为莫须有的罪名而遭奸人所害！

所幸，太监中有个叫作张永的，平日和王阳明颇有交情，极力为其辩护，并主动申请查访其事。

等王阳明一到杭州，张永已经在那里等待了。二人秘密相见以后，张永立即将实情告诉了他："你献捷太早，阻止圣上南行。圣上龙心不悦，所以才默许许泰、江彬等人以此条罪名参劾。"

"我个人的安危算不了什么，可是圣上只知游玩，却不知道江西之民，经此大乱，再加上旱灾频发，已经困苦至极。如果圣上大军一至，催饷纳粮，民众被穷迫所激，必然生乱。如果聚集山谷，滋生祸患，到时候如何应之？"王阳明深谋远虑，他所考虑的这个局面，自然不是久居宫中的正德皇帝所能想到的。

张永听了，也叹息不已。"唉，你虽然说得对，但圣上此行已经至此，断无回转之理。群小之所以设计陷害大人，不过迎合圣上心意。你如果顺应圣上，其或许还可早日回返。否则，这么僵持下去，只怕激怒小人，为祸更甚！"

这个局面，王阳明显然不愿意看到。于是他提出：不愿居功，情愿将功劳都让出去，只要容自己乞休而去！

将一众人犯都交给张永，王阳明果然上了一道奏疏，声言抱病，暂时避居在西湖的净慈寺中。

净慈寺里，钟声悠悠，翠竹森森。然而在这一方世外逍遥之地，王阳明却再也找不到内心的清静光明：

>一日复一日，
>中夜坐叹息。
>庭中有嘉树，
>落叶何浙沥。
>蒙翳乱藤缠，
>宁知绝根脉。
>丈夫贵刚肠，
>光阴勿虚掷。
>头白眼昏昏，
>吁嗟亦何及！

战事初起之时，他没有一点时间去考虑个人问题，而如今闲了下来，却被那愁绪如树根般重重缠绕。人生这么美好的岁月，不能拿去和学生们一起共研圣学之道，而只能一个人在这里叹息！

人在寺中，心在寺外。他年轻的时候，就喜欢在这里消闲避世。如今重回故地，却再也没有了那份心情。

>老屋深松覆古藤，
>羁栖犹记昔年曾。
>棋声竹里消闲画，
>药裹窗前对病僧。
>烟艇避人长晓出，
>高峰望远亦时登。
>而今更是多牵系，
>欲似当时又不能。

下部　我心光明

曾经在多年前,他就对这里的僧人说,自己要去隐居山中,不问红尘了。可是再次归来,依旧不得清闲,只能徒惹寺僧笑话。不过,这一次他可是真的生出归隐之心,准备抛却尘世了。

> 百战归来一病身,
> 可看时事更愁人。
> 道人莫问行藏计,
> 已买桃花洞里春。

战争的时候,顾不得去想什么立功不立功的问题,一心只想拯救国家,安抚百姓。结果现在成就奇功,反而使得整个世事,都呈现出更加清晰、也更加令人绝望的面目。难道这就是人心?难道这就是生命的痛苦?人心之恶,人性之浊,王阳明此前并没有去作太多的注意。像刘瑾那样的十恶不赦之辈,毕竟是少数。

多年以来,因为一心成圣成贤,抱着这个美好的愿望,所以王阳明的眼里,满街都是圣人,个个都是尧舜。可是此次经历了这么一番风波,连当今的天子都要和他这么一个小小的官员争功,要把平定叛乱的声名安在自己头上!这个世界还有什么希望?人心又还哪里有半点光亮?

不过,其时毕竟大乱初定,江西的局面还需要王阳明去收拾。于是张永在正德皇帝面前反复劝说,最终使正德皇帝相信了王阳明的一片忠心,这才重新下了一道诏书,命令他立即返回江西。

就这样,王阳明怀着难以言说的复杂心情,再次起程了。江面之上,风雨沉沉。酒入愁肠,更添寂寞:

> 醉入江风酒易醒,
> 片帆西去雨冥冥。
> 天回江汉留孤柱,
> 地缺东南著此亭。

> 沙渚乱更新世态，
> 峰峦不改旧时青。
> 舟人指点龙王庙，
> 欲话前朝不忍听。

带着一身的凄凉，王阳明回到了江西。而他的悲惨命运还没有就此结束。他前脚刚到，后脚许泰、江彬、张忠等人也到了南昌。

他们这一伙是来搜捕宁王余党的，也是来大发横财的。只要他们看上了什么富家的房屋，乡绅的居所，井上的财物，不分什么缘由，都立即抢掠过来，一有反抗，就是"宁党余孽"。不但如此，他们随行带来的两万北军，在大街小巷上更是耀武扬威，摆出来一副天朝兵马的姿态。

面对他们的咄咄逼人，王阳明一退再退。他暗暗命令百姓，移居乡下，闭门不出，街道为之一空。他又拿出自己的供奉，结交北军，帮助他们中的水土不服者问医用药，厚殓死者。

在他的授意下，当地百姓也渐渐理解北军离家之苦，于是凡遇北军，一律致敬或者献上酒食。

这时候已经十一月，因为此次战乱，死伤无数。于是王阳明下令：家家设祭。如家中有人在军中，一律给假三日。

顿时间，南昌城内城外，披麻戴孝，一片哭声，哀乐满天。北军离家已久，听此哭声，无不落泪。

眼见王阳明渐渐将北军的人心收买，而许泰、江彬、张忠等人却没有搜捕到多少"宁党余孽"。于是，他们几个在一起合计，又出了一个新主意，欲借此来羞辱王阳明。

这天，三人将王阳明邀请到教场之上，那里北军正在演练兵马。三人早在此等候王阳明，一见其到达，立即邀请比试箭法。

"先生初平山寇，次擒宁逆，必定身负盖世绝艺。我等只恨不能亲见，今日就请先生当面赐教。"

口头上这么客气，其实存心是要王阳明在众军之前出丑。众北军不知何意，听说王阳明要显露箭艺，一齐欢呼。

这种情形之下，王阳明显然想推辞也不可能了。不过，许泰等人只知道王阳明是一个读书人，却不知道他青年时代就专门跑到边关之外，跟当地的游牧民族学习骑马射箭，以伏波将军作为自己的人生偶像。

连当年的孔夫子，也是从小学得一身精妙的箭法，又岂是四体不勤、五谷不分的无能之辈？

当下，由许泰、江彬、张忠三人先射。三个人中，最多的一个中了三箭，其他都中了两箭。

而轮到王阳明，却嫌一百二十步外的靶子还有些近了。又命令人后移二十米，一百四十步外，箭如流星，一连三箭，箭箭中的！

每中一箭，众军便是一声喝彩；连中三箭，北军便喝彩了三声，最后一齐折服："王大人真好箭法！"

不要说三位大人，就是在两万北军中，箭法能够比得上王阳明的，也只不过区区几人而已。

经过此番比试，许泰等三人不但没有羞辱到王阳明，反而更增加了他在北军中的声望。三人无计可施，只好胡乱杀了一些百姓，冒充叛党人头，然后灰溜溜地带着军队离开了南昌。

这时候，正德皇帝在淮阳玩得腻了，早到了南京。于是许泰等三人赶到南京，向正德请功：

"幸赖天子洪福，逆党已尽！"

"卿等辛苦！"

正德皇帝根本不将此事放在心上，立即又拉着三人一道，游览南京名胜。

这一年的正月，正德皇帝在南京登殿，大摆宴席。众人皆贺天下太平，只有许泰等三人齐道：

"天下虽平，然尚有江西王守仁在。他收买军心，早晚必反。请陛下解除他的兵权，以防不测。"

"哦？"

正德皇帝虽然疑心王阳明，不过一直有张永在他耳边说王阳明如何忠心耿耿，他也疑惑不定。"尔等所言，以何为证？"

许泰等三人，此前三日早已多次矫诏给王阳明，欲骗他离开江西，以擅离地方之罪名治他。每次都被王阳明识破，所以这一次，他们又故技重演："陛下不信，可以给他下一道诏书。若其心中无鬼，自然来见；若他贪恋兵权，有所图谋，一定会害怕离开老巢，蹈宁王覆辙！"

正德皇帝听他们说得有鼻子有眼，也坐不住了，果然发了一道诏书下去。王阳明起初又以为是许泰等所为，幸亏又是张永来了一封急信，言明内情，王阳明才连忙起身，离了南昌，飞赴南京。

然而他走到芜湖地方，又被张忠等人连发矫诏给拦住了。连续半月，进不能进，退不能退。

不得已，他只能一个人悄悄地上了九华山。当年曾经在这里访仙问道，何等潇洒，今日却几无所遁。

爱山日日望山时，
忽到山中眼自明。
鸟道渐非前度险，
龙潭更比旧时清。
会心人远空遗洞，
识面僧来不记名。
莫谓中丞喜忘世，
前途风浪苦难行。

二十二年之前，在这里可以和道士、仙家一起谈论养生之道，而现在泉林犹在，山洞已空。

他沿着自己旧时经过的地方，一个地方一个地方地走过去。只见在半山岭上，正好有一个道人在那里静坐。

"何时到此？"

"记不得了，大概三年前吧。"

下 部 我心光明

于是，王阳明又起了羡慕之心，这才是真正的清静岁月，这才是学道之人应该保持的唯精唯一之心啊！

> 莫怪岩僧木石居，
> 吾侪真切几人如。
> 经营日夜身心外，
> 剽窃糠秕齿颊余。
> 俗学未堪欺老衲，
> 昔贤取善及陶渔。
> 年来奔走成何事，
> 此日斯人亦启予。

算算从平定宁王之乱，一直到现在，这段时间自己都在做什么啊？除了和许泰、江彬、张忠等人缠斗，几乎连自己引以为自豪的圣贤事业也放下了！而且如今自己的门人冀元亨还连累在狱中！

这些在眼前忙忙碌碌的事情，没有任何意义。只有能够启迪生命的大道，才是值得追求的啊！

他在这里前行不得，张忠等人却在皇帝面前百般挑唆。幸而张永一在替王阳明开脱，秘密入奏："王守仁奉诏而来，已至芜湖半月。只因被许、江等人所阻，不能前行。此人忠心，绝无可疑。"

于是，王阳明的冤情又一次被开脱。不久，一道诏书下来，令王阳明兼江西巡抚一职，立即返回。

带着难以言说的心情，王阳明重返南昌。虽然暂时逃过了一劫，可是他却感觉到，自己已经深陷一张无形的大网，不论如何挣扎，都不可能从这无边无际的黑暗中逃脱出去。与其日夜担惊受怕，不如任其自由。他相信，自己的命运是老天安排的，而不是什么宵小之辈可以随意摆布的。

为了表明自己的心迹，也为了抒发心中的苦闷。一日，在衙署中，他写了首儿歌《啾啾吟》，令小儿传唱：

知者不惑仁不忧，
君胡戚戚眉双愁？
信步行来皆坦道，
凭天判下非人谋。
用之则行舍即休，
此身浩荡浮虚舟。
丈夫落落掀天地，
岂顾束缚如穷囚！
千金之珠弹鸟雀，
掘土何烦用镯镂？

东家老翁防虎患，
虎夜入室衔其头？
西家儿童不识虎，
抿竿驱虎如驱牛。
痴人怼喧遂废食，
愚者畏溺先自投。
人生达命自洒落，
忧谗避毁徒啾啾！

　　智慧的人，不会被虚幻的表象所迷惑；仁爱的人，不会去为无关紧要的小事忧愁。天地给了我们生命，不是让我们来紧缩双眉，忧心忡忡地生活在这个世界上的，只要我们迈开大步，每条路都是坦途。我们的生命，飘飘荡荡恰如一艘小船，然而只要我们鼓起精神，就可以行驶出没入天地之间。不要畏惧那风高浪急，不要因为自己的懦弱而束缚了手脚。那些所谓的功名利禄，不过是我们给自己套上的枷锁。世间还有什么比猛虎更凶猛可怕呢？东家的老翁日夜担心，却被老虎夜里闯入家中咬去了头；西家的小童不认识老虎，见了老虎将其当作牛犊，骑在上面拿鞭子用力抽打它，却安然无恙。世间之事就是这样：

下部　我心光明

我们越害怕什么，什么越降临到我们头上；而我们一无所惧，洒脱自在，那么即使灾祸临头，也会变化成为幸运。上天既然赐给了我们生命，就会关照我们。明白了这个道理，抛弃所有的忧愁和烦恼，静静地听那虫儿鸣叫吧！

从这首儿歌中，不难看出，经历了宁王之乱后，在一系列的变故中，百死千难挺过来的王阳明，思想上又进入到了一个崭新的境界。如果说此前他在龙场所悟只是"心道"，那么他此时所悟已经是"天道"了。

自从离开龙场以来，他始终在宣讲"心道"，鼓励人人都努力自内心深处被尘垢蒙蔽住的那一点光亮释放出来，这样无数的光亮聚集在一起，就可以成为熊熊燃烧的火焰，可以驱散所有的黑暗、丑陋和邪恶。

然而现实却是这么冷酷无情。自正德皇帝以下，以至于文武百官，平民百姓，每个人都在为着自己忙忙碌碌。每个人都在为自己打着如意算盘，每个人都想着如何有利于自己，而不顾损害别人。

与这么复杂的人心比较起来，平定宁王一个小小的叛乱，实在不算什么。更多的时候，王阳明是在思索：自己那种满眼看去，人人皆是圣人的做法，是不是太过于乐观了一些？不错，每个生命都是一个完美无缺的存在。有的生命善良，有的生命邪恶，也只是因为所秉天地之气不同。

可究竟如何才能引导人人向善呢？良知是人人都有的，是构成所有的人的生命的本体。这一点，他始终坚信不疑。可是如何才能将这一点良知扩大开来，变成现实生活中实实在在的行动呢？

从龙场以来，王阳明提出了几种解决的方法：静坐观心，去大自然中陶冶情操，见性悟道。

可是那些功夫都只在内心里做，省察克己，是必需的；可是如何去沟通与外部世界的关系呢？

以前，他只知道一味地批判朱子，可是现在想起来，朱子的格物功夫，还是很有必要的。最起码在与这个现实的世界联系上，格物提供了一条具体可行的操作办法。而比较起来，自己的安心之道，却流于空虚了。

那么，究竟应该如何在人的内心与现实的外部世界之间建立一个联系呢？如何将这一点良知不断地在现实生活中扩大，如何将生命本身内在的圆满、超越的冲动，在外部世界中体现呢？

王阳明在苦苦地思索着。他的所有学问，都是从现实中得来。这一次自然也不例外。他仔细地回想，一点一点地剖析着。自己之所以在这次宁藩之乱中，能够表现如此出色；而在面对许泰等群小的压力下，依然能够保持本色，不被其恐吓所吓倒，所赖以坚持的究竟是什么呢？

答案当然是两个字：良知。

良知只有一点，可是为了应对无穷无尽的风雨，就必须将这一点良知扩大起来，并不断发用。

他曾经用擦去镜子上的尘垢来比喻恢复我们本来的良知。那么，用什么去擦呢？就是事功。

不断地通过在事功上的磨炼，镜子上的尘垢就会越来越少。良知充沛，乃至完全地显现出来，就会具备更强的应对世事的能力。

不但要将自己的这一点良知擦亮，而且要帮助更多的人去做到这一点。人心蒙蔽，不是一朝一夕的事情；人的欲望之多，贪婪之深，也远远超过预想。所以王阳明又对自己的心道重新进行了定义：致良知。

致，有多方面的含义：一方面是寻找，是擦亮心中的镜子；另一方面是发用，是在现实的实践中去作为；还有，它包含着帮助别人去寻找、发现良知，去不断的摒弃欲望，最终战胜自我。

通过这次鲜血淋漓的战争，王阳明亦得出了一个结论：在我们每个人的心中，都潜伏着可怕的敌人。而这任何一个敌人，都比现实生活中宁王的叛乱要严重上十倍、一百倍！

现实中的叛乱，可以轻易剿灭，可是心中的欲望，又怎样才能剪除呢？又能依靠谁呢？

像许、江之流的小人，包括像正德皇帝在内的大人物，每个人的一生，不都在和自己的欲望作战吗？

不幸的是，大部分的人都在和自己欲望的作战中，良知的城池早早被攻陷了！

不是说我们作为人，可以没有欲望。人活着就会有欲望，但我们必须有战胜欲望的信心和勇气。我们应该去利用这些欲望，而不应该被这些欲望所控制，更不能被其毁灭。

从这个道理上说，朱子当年提出的存天理，灭人欲，也自有其一定的道理。不过，不应该是"灭"人欲，那样一来，未免太过残酷。应该将"灭"字改为一个"去"字，不断将其删减，直至最低。

每一秒钟，甚至每一个当下，我们都会有源源不断的欲望产生。是满足一千个欲望，还是克服一个欲望？

如果每个人都只为了满足自己的欲望而活，那么这个世界就会彻底陷入混乱和疯狂，就会失去希望；如果每个人都能克制自己的欲望，哪怕只是克服一个小小的欲望，那么这个世界就会一点点地变得美好起来。

作为天地之灵的人，就因为有这一点点克制欲望的能力，所以才与其他的禽兽之类区别开来。

让每个人都意识到自己是一个人，并且行动起来，用良知战胜欲望，这就叫"致良知"。

从龙场开始，到如今经历了这么多的风雨，百死千难中悟出来的这一套"心道"，至此圆满。

这天，王阳明刚在衙署里处理完公事，忽然从外面来了一个人，自称"海滨生"，非要见他。

这个人一进来，王阳明就忍不住笑了。只见他头戴五角形冠，身着道家长袍，脚上却穿了一双麻鞋，手捧长笏。

不但他本人如此，跟在他身后的，还有一个小孩子，只有八九岁模样，也是如此装扮，不伦不类。

这父子二人，见了王阳明，很是傲慢。其父亲一言不发，进来就踞坐上位。

于是，王阳明问道："何冠？"

"有虞氏之冠。"

"何服？"

"老莱氏之服。"

"那么，阁下是学习老莱子了？"

"正是。"

经过这么一番问答，王阳明已经基本上摸清楚了他的路子，于是接着话锋一转，嘲讽地问道："可是我看阁下，虽然穿着老莱子的衣服，却不过只是表面上做文章，哗众取宠，以引人耳目罢了。这和小孩子以诈跌而哭，以求引起别人的注意又有什么不同呢？有虞氏、老莱子所教，皆大人之学，只怕非你这等如顽童辈所能了解。"

听了这几句话，那人无话可说，于是重新将位子移动了一下，坐到中位，和王阳明面对面。

"实不相瞒，某乃泰州王银，曾经以贩盐为生。后做一梦，天坠云下，众皆哭泣，而某独一手托起，众皆跪谢，口称圣人。于是我便起了成圣之心，赴曲阜观孔夫子庙而立誓，攻读数年，以五经总义而讲学四方。闻听先生讲良知之道，与我之学相近，特来拜谒。昨入南昌，已先在梦中拜先生于此厅堂之上。"

"这么说，你对梦看得很重了？"王阳明只听他这么说，就知道他修行未够，尚未真正得道。

"孔子不也经常梦见周公吗？"王银问。

"你又不是孔子，如何知道他经常梦见周公？"王阳明反问，"你所根据的记载，又出自何处？"

"这……"

"即使他真的见了周公，那也不是在梦中。"王阳明的话听起来更费解了，"真人无梦，唯其为真人，所以才能见到周公。我在龙场之时，经常在静坐的时候见到孟夫子，然而却从未入梦。"

王银沉默了一会儿，又挪动椅子，从王阳明的对面移到了下位。

这一次，他再次发问："我来之时，已知先生之功。平乱民，镇宁叛，此不世奇功也！然而以先生之大才，堪比当年道衍先生，却为何不思如道衍先生一般，辅一代明君，而改换天下，以拯万民于水火之中。当今之世，君不为君，臣不为臣，小民之心，尽被功利所毒。先生以为只凭良知二字，可以拯救天下吗？"

这几句话，可以称得上大逆不道了。然而王阳明听了，却依旧不为所动，只淡淡地道："君子思不出位，我之所学，只求问心无愧，令每个人心有所安，如此而已。至于天下之事，非我等所宜问。"

"先生差矣！"王银却激动起来，大声道，"我王银虽然只是一个草莽匹夫，却也懂得和尧、舜一样，心怀天下苍生。若非如此，则圣人发明这一门仁学，教化万民，岂非白费了心血工夫？"

"你怀有伟志，欲效圣贤，这一点我很欣赏。"王阳明点了点头，直言不讳地告诉他，"但你却似乎不懂得什么是真正的圣贤之道。你可知道，舜在深山之中，与鹿豕、木石游居终身，忻然乐而忘天下。"

"那是因为当时尚有尧在啊！"王银被他问得有些措手不及，随口回答了一句，却惹得王阳明哈哈大笑起来。

"鱼跃鸢飞，天机流转，看来你虽然读了一些经书，却还不懂得什么是孔颜之乐，曾点之志，又何谈圣人之学？"

于是，王阳明吩咐他："这样吧，你且回去，于集市上寻找一种叫作'乐'的东西，然后再来见我！"

他出了这一道古怪的题目，分明是要考察一下王银的悟性。而王银心高气傲，立即答应了。

领着儿子出了衙门以后，一连几天，王银都在集市上转悠。他的异常举动，更引来好多人围观。

终于，这天王银在经过一个鱼肆前的时候，见到肆前一个大铁盆，里面满满一盆鳝鱼，互相叠压缠绕，奄奄一息。忽然，只见从众鳝之下，一条小泥鳅钻了出来，扭动着身子，或上或下，或左或右，一通乱窜。众鳝鱼受了惊吓，又疯狂地扭动身子，于是一盆鳝鱼都恢复了生气。

原来，这是鳝农最常用的办法：只要放入一条泥鳅，搅来搅去，就会减少鳝鱼的死亡数目。

目睹此景，王银忽然心中一动，眼前似乎出现了幻觉："哎呀！这一条小小的泥鳅，竟然可以存活这么一大群鳝鱼，这是多么大的功劳啊！然而它自己知道自己的功劳吗？看它悠然自得的样子，又怎么肯定它不是在享受自己的乐趣呢？它也许根本意识不到，自己救了这么多鳝鱼，更不会意识到，这些鳝鱼将来会不会报恩于它！也许，这就是阳明先生所说的真'乐'吧！"

正在他出神的时候，忽然之间，天地变色，一阵大雨劈头盖脸地落了下来。风雨交加中，王银面前似乎产生了幻觉：只见那小泥鳅从盆中跃起，竟然化身一条苍龙，直飞上天。在它的周围，风云变色，雷雨大作。顷刻之间，地面上的水已经没过膝，大水冲入盆中，一盆鳝鱼都抖擞精神，从盆中顺水游出来。那条小泥鳅又不知道什么时候回来了，摇头摆尾，带领群鳝游入大海。

睹此情景，王银不由脱口而出，吟成一诗：

> 一旦春来不自由，
> 遍行天下壮皇州。
> 有朝物化天人和，
> 麟凤归来尧舜秋。

他重新整束行装，来到衙署见王阳明，一身的狂傲之气尽去。见了王阳明，执弟子礼，恭恭敬敬地道：

"大丈夫以天地万物为一体，为天地立心，为生民立命，不离于物，亦不囿于物。银今真知何为'乐'也！"

听他讲述了自己的见闻，王阳明亦为他如此快地开悟而高兴，于是道："你既入我门下，我就为你改一个名字，就叫王艮如何？艮者，止也。今后，你不论行何道，且不可忘'止于乐'三字，如何？"

"多谢恩师！"

于是，王艮在王阳明门下，成为一名杰出的弟子。他后来的成就，也远超过同门的许多人。

以一个"乐"字而悟道，成为王艮一生的根基所在。他从中发明出"百姓日用即道"，核心主旨，仍是一个"乐"字。

人心本自乐，

自将私欲缚。

私欲一萌时，

良知还自觉。

一觉便消除，

人心依旧乐。

乐是乐此学，

学是学此乐。

不乐不是学，

不学不是乐。

乐便然后学，

学便然后乐。

生命本来就是一场欢乐的舞蹈，我们之所以不能尽情起舞，是因为我们的私欲束缚了自己。一旦良知开启，将私欲的蒙蔽去除，那不过如同睡了一觉一样，第二天起来依旧恢复到本真面目。人生乐事，又不仅仅只是像野兽一样自然地活着。山川大地，宇宙自然，无处不充斥着创生之乐。人体内的生机只有与这活泼泼的大自然融合在一起，才能化作永恒。

继王艮之后，又陆续有许多弟子加入王门：陈九川、夏良胜、万湖、欧阳德、魏良弼、李遂、裘衍……

有了这么多新入门的弟子，王阳明的圣贤事业一下子又热闹起来。他也顾不得再和许、江、张等人的对抗，委曲求全，上了一道"遵奉大将军钧帖"：总督军务的威武大将军，都督府太师，镇国公朱寿，以及许泰、江彬、张忠等人，一律居功。奏疏一上，从皇帝到群小，皆大欢喜。

令王阳明忧心忡忡的正德皇帝，终于在这一年的冬天，决定要北归京师了。却不是他良心发现，而是因为玩得过火，在一次游湖中失足落水，身子着了寒，必须离开南京，回宫中调养。

不出所料，朱宸濠等一行人最终被全部处决。震惊朝野的宁藩之乱，至此终于拉上了大幕。

第二年的三月,正德皇帝因为伤寒复发,不治驾崩。新上来的皇帝改元嘉靖,一上来就处死了许泰、江彬、张忠等人。又下了诏书,表彰王阳明在宁藩之乱中所立下的显赫战功,宣其进见。

其时,王阳明刚从白鹿洞讲学归来,接到圣旨,立即收拾行装,准备北上。听说他要离开,南昌百姓无不来为他送行,人人垂泪。王阳明和众人一一道别,又嘱咐众学生不可荒废圣贤事业,叮咛再三,这才恋恋不舍地上路了。至此,王阳明这一段江西事功,画上了圆满的句号。

第十九章

弦歌诵读

带着对新皇帝的无限期望和对新朝的无数憧憬，王阳明满心欢喜地出发了。然而，刚走到钱塘，又一道圣旨下来：国丧多费，不宜宴赏。这是一个冠冕堂皇的借口，也是朝中臣子阻挠王阳明进京的一个有力手段。

王阳明这一次是彻底地心灰意冷了。既然北京的那道大门已经永远对他关闭，他也不再抱有幻想，正好借此机会，上疏请求归省。这已经是他上的第四道奏疏，前几次因为军务繁忙，未被批准。这一次，新皇帝再也找不出什么借口来挽留他，于是给他封了一个南京兵部尚书，赐蟒玉，以为荣耀。

终于，王阳明又踏上了归程。衣锦荣归，在普通人眼中，这是何等的成功，而在他自己看来，却不过是终于放下了肩头的担子，可以从此恢复作为一个闲人，逍遥于山水，以颐养天年而已。

> 百战归来白发新，
> 青山从此作闲人。
> 峰攒尚忆冲蛮阵，
> 云起犹疑见虏尘。
> 岛屿微茫沧海暮，
> 桃花烂漫武陵春。
> 而今始信还丹诀，
> 却笑当年识未真。

性喜山水，自甘淡泊，却被迫一生都在尘世琐事里打滚，劳心劳神，甚至还不得不以抱病之身，亲临战阵。命运对于他的捉弄，也真的是令人啼笑皆非了。虽然以白发之身归来，不过，那寄情山水，逍遥自在的梦想终于可以实现了。多年的习惯，一下子还不能改掉，适应新的生活，也需要一段时间。其实那早在青年时代，就已经有道人给过启示，只是当时不懂得罢了。

> 归去休来归去休，
> 千貂不换一羊裘。
> 青山待我长为主，
> 白发从他自满头。
> 种果移花新事业，
> 茂林修竹旧风流。
> 多情最爱沧州伴，
> 日日相呼理钓舟。

卸掉了羁绊生命自由的重重枷锁，那份轻松和愉悦是千金都买不来的。新的生活就要开始了，人间的一切烦恼和忧愁，从此都将随风而去。不必再忧心国事，也不必再心怀天下万民，每天只要睡到自然醒来，等着伙伴来叫自己去修理钓舟，去江面上垂钓，与风花雪月为伴！

这是多么富有诗情画意的生活，多么令人神往！这不就是传说中神仙的过活，和天上之乐吗？

回到余姚老家，照例家乡的人们已经在沿途迎接。王家府上因为在替老夫人守丧，所以不曾披红挂彩。不过，家中诸人还是早早地在外面迎接，而作为一家之主的龙山公王华，更是在众人的搀扶下，翘首以待多时。

远远地，王阳明就停了轿子，从轿中下来，快步上前给父亲见礼。

"父亲，不孝儿回来晚了！"

"我儿不必自责，快快起来！"龙山公连忙扶起儿子，"你军务在身，不能归省，老夫人在天之灵，也不会怪你的！"

父子见面，见了彼此那一头白发，忍不住心中一酸。王阳明从小身体不好，积弱多病，那是不用说了；而龙山公却实在已经到了风烛残年：已经七十六岁的他，又是哀痛母亲去世，又是担忧儿子在江西那边战场上的情形，两相夹攻，心力交瘁。本来挺直的腰背，如今已经深深佝偻下去。

父子相见，一阵唏嘘落泪，旁边众人亦无不落泪。一会儿，擦干眼泪，王阳明才与众人一一相见。

这时候，正宪已经十三岁，长成了一个大孩子。不过，身材是高大了许多，性情却像小猫咪一样，没有一点男子汉气概。

妻子诸氏，在这几年的时间里，一个人肩负起整个家族，里里外外操劳，更是老得厉害。对于她，王阳明只有满腔愧疚。

这么喧哗了一阵，众人都进入屋内。龙山公则单独将王阳明叫到了自己的房间内，和他叙话。

"我儿，你可知道，宁藩初叛时，有多少的流言，都是关于你和宁藩结交，助逆起事的吗？"龙山公想起当日的情势，似乎心绪还难以平息。"人们争相来我这里询问，我却都只一句话：我儿素在天理上用功，必不为此！"

"知我者，父亲大人也！"王阳明感动不已，他只知道自己在前线冒死抗逆，顶了极大的风险，却不料在后方，父亲却也不得安宁。

"这还只是开始，后来，又传来消息，说你已经和孙、许两位大人一同被宁藩杀害，曝尸城门！"说到这里，龙山公眼圈一红。"你知道我当时怎么回答他们吗？还记得当日你被刘逆所害，我是怎么说的吗？"

"儿得为忠臣，家门之幸也！"

"正是！"龙山公点了点头，"虽然你派了冀元亨来家中，以教宪儿读书为名避祸，我就知道你早有准备，必不会遇害。不过，为了堵众人之口，我也只能作此说法，而心中坚信，我儿必不被害！"

喘息了一会儿，他又继续道："等再后来，传来消息，我儿在前方举起大旗，遍传檄文，以讨宁藩。这边更是流言四起，纷纷说什么宁藩派来刺客，要取我这个老头子的头去作为要挟。哼，我儿为国除贼，我正恨不得豁出去这把老骨头，同我儿一起上战场去杀贼，又岂惧几个宵小之辈！"

他这番话，说来轻松，可是当日府中上下，老夫人新丧，前方消息又堵塞不通，流言满天，龙山公顶受了多大的压力，简直难以想象。一思及此，王阳明忍不住双泪长流，再一次给父亲跪倒："都怪孩儿，连累了父亲！"

　　"你这是什么话？"龙山公连忙扶起儿子，"什么连累不连累，我还要感谢你给王家列祖列宗增了光呢！我这一生，说起来得意之事，是考中了一个状元，但最令我得意的，还是生了你这么一个好儿子！"

　　"父亲……"

　　王阳明再度情不自禁，和父亲拥抱在一起。父子二人，又是一阵抱头痛哭。

　　从父亲房中出来，王阳明又立即去瑞云楼前，在祖母岑夫人的房间里一个人黯然落泪。母生不及养，祖母将自己带大，却又死而不能葬。自己的这一生，也实在是够可怜的了！如今祖母、母亲已经相会于天上，只剩下自己和这座瑞云楼，他不由地又一次泪洒衣襟，着实哭了一回。

　　这么过了几天，王阳明的心绪才渐渐平静下来。陆续接待了几拨来访的宾客，接下来，他又开始忙碌父亲龙山公的寿诞。

　　庆诞之日，王府上下，一片忙碌。这也是龙山公十数年来所过的最隆重的一个生日。不但乡亲们都来了，连朝廷也下了旨，派了当地的官员带着礼物来上门。这么隆重的事情，王阳明自然不得不将自己的蟒袍穿上，玉带系于腰间，真是羡慕坏了无数青年人，发誓以他为榜样。

　　而忙忙碌碌的一天过去后，第二天一早，王阳明聚集学生讲学，未曾开言，却先念了一偈：

> 昨日蟒玉人谓荣，
> 晚来解衣还就寝。
> 依旧一身旧骨头，
> 何曾添得分毫光。
> 荣辱原不在身外，
> 乃人自迷心自失。

从百死千难中归来，带着一身风雨沧桑，伤痕累累，王阳明的劝诫可谓肺腑之言：名利诚可贵，生命价更高。只有那些虚幻的东西散去，表象勘破，才会露出我们身体里的这一堆旧骨头。一切的得失，一切的荣辱，其实都不在世间，而只在我们的心田。是我们将自己的心遮蔽，从而掩盖了良知。

而王阳明如今归来，就是要重新引领人们，来将这一点良知开凿出来，并且随着生命的活动，发用到万事万物上面。

在家中小住了一段时日，他的门生们又渐渐聚集。人们仰慕王阳明的声名，从大江南北，每天都有源源不断的学生向这里涌来。

王阳明讲学的方法，照例选择在山水佳胜之处，随时见悟，以开心性。他又带领众学生回到了自己当年游览过的牛峰山，并且嫌这里名字不好，改了一个新鲜的名字：浮峰。

廿载风尘始一回，
登高心在力全衰。
偶怀胜事乘春到，
况有良朋自远来。
还指松萝寻旧隐，
拨开云雾翦蒿莱。
后期此别知何地？
莫厌花前劝酒杯。

二十年前的时候，他曾经在这里尽情游玩。二十年后，山还是这山，人的面貌却全变了。多病之身，已经没有力气爬到山顶。不过这满山的春色，还是令人心旷神怡。

日日春山不厌寻，
野情原自懒朝簪。
几家茅屋山村静，

夹岸桃花溪水深。
石路草香随鹿去,
洞门萝月听猿吟。
禅堂坐久发清磬,
却笑山僧亦有心。

越是在喧嚣的尘世中待久了的人,越留恋山中这难得的清幽和寂静。沿着洒落草香的小径,去追蹑鹿踪;在长满藤萝的山洞前,听从深处传来的声声猿鸣。夜晚,经过一天的劳累后,在庄严的禅堂里安歇下来。听着一声接一声的清脆磬声,心渐渐安静下来,最后归于空寂。

伴随着江西事功最后的评定,王阳明被封为新建伯,食禄一千石,荫封三代。以一个书生而封侯,他的成就已经远远朝过父亲,更超过历代祖先。

其父龙山公王华,这一年七十七岁,在儿子封为新建伯不久,他似乎也心满意足了。这位一生享尽荣华,也看尽世态的老人,终于走到了人生的终点,弥留之际,老人已经说不出什么来,只是拉着儿子的手不停地落泪。

父亲归天之后,王阳明一边料理父亲丧事,一边上书请求辞去封爵,所有赏赐,统统不要。

然而,他没有想到,自己的这一姿态,并没有得到朝中群臣认可。反而因为他功劳太大,名声亦传播于大江南北,引起了一部分人的嫉妒。于是便有人开始上书,将他的心学攻击为伪学、邪说。

只不过,这些小小的诽谤都已经不能再令王阳明有丝毫的心动了。在赠送给门人的一首诗中,他这么写道:

珍重江船冒暑行,
一宵心话更分明。
须从根本求生死,
莫向支离别浊清。
久奈世儒横臆说,

竞搜物理外人情。

良知底用安排得，

此物由来是浑成。

只有生与死才是对我们每个人性命攸关的，其他的什么浊和清，什么对和错，其实都不能左右我们。

正是因为有了这份自信，有了这份从容，王阳明才能真正做到宠辱不惊。

随着王阳明在家乡讲学，弟子越来越多，声名越来越大，在朝中也引来了更多的非议。

这时候，正好朝中发生了一件被称作"大礼议"的事情：新即位的皇帝欲给其生身父亲献尊号，群臣中有人建议为"皇叔"，有人则建议上"皇考"，一时分为两派，争执不下，被下狱一百多人，杖击而死十余人。

一个小小的尊号之争，何以会引起这么大的风波？这实际上是新皇帝和守旧大臣之间的斗争，也是新朝制度和旧朝制度之争。

这么大的一件事情，将王阳明的很多弟子都卷了进去。而作为老师的王阳明，却独置身事外，不为所动。他又一个人去了山中，在碧霞池边静坐。

一雨秋凉入夜新，

池边孤月倍精神。

潜鱼水底传心诀，

栖鸟枝头说道真。

莫谓天机非嗜欲，

须知万物是吾身。

无端礼乐纷纷议，

谁与青天扫宿尘？

所谓的礼也好，义也好，都不过是死的制度，而人却是活的。为什么人要被制度束缚死呢？

与其死死地守着什么制度，还不如到山中听听鸟鸣，看看游鱼，那才是生命的最本真的呼唤和展示。

不去关注一个个活生生的生命，却为了区区一个封号，居然杀了那么多人，浪费那么多时间和精力，真不知道这样的争执有什么实际上的意义。

就这样，不去理会纷纷谤怨，王阳明一心讲学，传播其"致良知"之学，他的学生也达到了空前规模：仅仅从地域上统计，湖广三人，广东三人，直隶三人，南赣二人，安福二人，新建一人，泰和一人。弟子中，有一个老者，叫作萝石，以诗名闻于当世。他听说了王阳明的名气，用拐杖在肩头上挑着一瓢一笠，并其诗卷，前来见王阳明。初狂傲不已，后来折服，执弟子礼。

这么多的弟子，来了以后就居住在王阳明的周围地方。每到开讲时分，约二三百人，环地而坐，鸦雀无声。

据说，会稽郡守南大吉，也曾经想过以弟子礼来侍奉王阳明。然而他对王阳明的良知之说，却始终不能开悟。一日，他来见先生，问道："大吉自郡会稽以来，临政之时，每有过失。然而先生为何不发一语？不曾以一信见教？"

王阳明听了，微微一笑，对他说："我早就教导过你，只是你自己不知道罢了。"

"哦？"南大吉疑惑地问道，"请先生明示。"

于是，王阳明问道："你处理政事，难免有不能决断的地方。当此之时，你如何处置决断？"

"唯凭良知。"南大吉脱口而出。

"此非我之教导吗？"

王阳明一语点破，南大吉顿时开悟，于是心悦诚服地拜入门下。为了帮助老师更好地讲学，他又主持修建了稽山书院，作为王阳明讲习之所。

不知不觉，已经是王阳明回到家乡的第三年的秋天。这一年中秋，王阳明决定宴请众弟子，仿效滁州体道，趁此机会点化几个可造之才。因为他似乎有一种不祥的预感：自己的身体越来越差了！

宴请的地点，依旧是设在碧霞池边。作为地主的南大吉，早早命人在这里备下了美酒佳肴。

一轮大大的月亮升起来，清冷的月华从头顶上倾泻下来，将整个碧霞池照得一片光辉灿烂。

众人坐定以后，请王阳明上坐。王阳明长须飘扬，一身的仙风道骨，真有神仙之姿。入座后，王阳明静默半晌，不发一言。众人正在疑惑，他却仰观天上明月，心有所感，随口吟出一偈：

> 昔镜未开，
> 可得藏垢；
> 今镜明矣，
> 譬如此月。
> 一尘之落，
> 自难住脚。
> 入圣之机，
> 诸君勉之！

吟罢，王阳明对众人说道："昔日孔子在陈，思鲁之狂士。我近来常自思这一生，觉得如果用一个字来形容，则非一个'狂'字不可！世人皆目我为异，我却以为，要做一个狂者，亦需要大勇气，大智慧！诸君不见，当世有多少读书人，一生将精力投注在富贵名利之场中，如拘如囚，纵然给他大刀利斧，他却也不能破却自身樊笼。对此等人来说，虽欲狂而不可得也！何谓夫子之教？我用了一生的时间，才明白这个道理！"

王阳明说到这里，停了片刻，缓缓道：

> 一切俗缘，
> 皆非性体。
> 豁然脱落，
> 方见本心。

"尔等中不乏聪明才智之士,然就历练而言,能够比得上我的只怕还没有。轻灭世故,此为通病。希望尔等多加实践,在百难千险中入细微之境,仔细体会,终会见得此中真意,通达至道。今天,我在这里宴请诸君,不谈大道,只求至性。希望你们可以人人都脱落形迹,洞见本心。"

于是,接下来,他也仿效孔子当年,令弟子击鼓,一边命令众人将自己的志向逐一地讲上来。

酒至半酣,人人都少了最初的拘束,加上阳明先生鼓励,渐渐地也就放开了。有人开始唱歌,有人起舞。

一片喧嚣,却更映得山谷清寂。头顶上的月亮,也似乎在给众人助兴,一会儿朗空万里,一会儿云层四合。

面对着这么多的学子,面对着澄净的圆月,晶莹的池水,斯时斯景,令王阳明忍不住又诗兴大发:

> 万里中秋月正晴,
> 四山云霭忽然生。
> 须臾浊雾随风散,
> 依旧青天此月明。
> 肯信良知原不昧,
> 从他外物岂能撄!
> 老夫今夜狂歌发,
> 化作钧天满太清。

当日在龙场,王阳明中夜悟道,也是这么一般地兴奋,也是这么长歌作啸。可是那时候他是孤独的,只有一个人。而如今他已经拥有了这么一群追随者,一群共同探求大道的心灵知音。

> 处处中秋此月明,
> 不知何处亦群英?

下部 我心光明

> 须怜绝学经千载，
> 莫负男儿过一生！
> 影响尚疑朱仲晦，
> 支离羞作郑康成。
> 铿然舍瑟春风里，
> 点也虽狂得我情。

孔颜之乐，曾点之志，在多少读书人那里，只是书本字里行间上的记载。可是今日王阳明却和他的弟子们重现了这一幕！不但重现，而且更有阐发，更为后人留下了神往不已的狂者姿态！这个中秋之夜，过得委实痛快。只不过在王阳明的人生里，留给他的这样的夜晚已经不多了。

第二十章

天泉证道

嘉靖六年，是王阳明生命中的倒数第二年。这一年也是他生命中回光返照，最后一次的喷发。

去年的十一月，王阳明新添了一个儿子。这是他和继室张氏所生，而他的原配夫人诸氏，已经去世一年多了。

这个叫作正聪的小家伙，对王阳明来说，无疑是上天的恩赐。老来得子，还有什么比这更令人激动的吗？只是他忽略了一点：正聪的出生，对全家人可能都是喜讯，却唯独对已经十九岁的正宪来说，是一个不折不扣的噩耗。这意味着他这个螟蛉义子的正统地位宣告终结。

不过，当时王阳明顾不上这一点，他全身心都沉浸在喜悦里，在这个小小的骨肉上，寄予了全部期望。

> 自分秋禾后吐芒，
> 敢云琢玉晚圭璋。
> 漫凭先德余家庆，
> 岂是生申降岳祥。
> 携抱且堪娱老况，
> 长成或可望书香。
> 不辞岁岁临汤饼，
> 还见吾家第几郎？

他一心期望小正聪将来光大王氏门庭，却没有想到，在正聪之上，还有一个虎视眈眈的正宪！

将来这一对兄弟，因为继承王阳明的荫封和王氏家族的财产问题，将闹出一系列纠纷。只不过，那时候王阳明早已魂归九泉了！

这一年的六月，还没有来得及听小正聪开口叫一声"爹爹"，王阳明就接到了朝廷的诏书：出征广西思田！

对于已经五十六岁、常年抱病的王阳明来说，这道诏书无疑催命鬼符！

朝中有那么多的能臣贤将，为什么不用他们，而非要用自己去上战场厮杀？

可是再仔细一求证，却是广西那边，四省兵马合力出征，不能克贼，朝中上下，一片慌乱。

最后，还是阁老张璁、桂萼力荐，朝廷才不得已同意起用王阳明，授予其两广及江西湖广军务。

军情如火，王阳明推辞不得，只能抓紧最后的时间，安顿家事，将家中事务尽托付于诸弟。

而关于书院，他也作了安排：由两个学生，一个叫作王畿，一个叫作钱德洪，作为教授师，代师授徒。

一切都安排停当，在距离出征广西前的最后一天，王、钱二人和王阳明一道来到了天泉桥。

夕阳在山，余晖淡淡，将王阳明在桥头上的影子拖得长长的，仿佛一个横亘在天地间的巨人。

等二人来后，王阳明却似乎没有察觉，而是在沉思什么。二人一句话也不敢说，只能静静地侍立着。

"哦？你们来了？"

良久，王阳明才发现他们，令他们席地而坐，王阳明则在二人中间，为他们做学问上的调解。

无善无恶心之体，

> 有善有恶意之动。
> 知善知恶是良知，
> 为善去恶是格物。

这是王阳明近来常说的四句话，也是他对自己一生思想的总结，是自龙场以来的心学总诀。

如今，围绕着这四句诀，王氏门下最重要的两个弟子，发生了争执，所以王阳明决心为他们调解。

"你们谁先说？"

"先生，请听我这里也有四句话。"王畿聪明伶俐，立即接过话头，将自己的四句话抛了出来：

> 心是无善无恶之心，
> 意是无善无恶之意。
> 知是无善无恶之知，
> 物是无善无恶之物。

听了他的话，王阳明不置可否，却指着地上三人的影子反问："汝中，你看我们三个人，与这地上的影子，谁为实相？谁为幻相？我这里有一偈，你能解否？"

> 有心俱是实，
> 无心俱是幻；
> 无心俱是实，
> 有心俱是幻。

"老师，您的意思是不是说，从我们的本心来看这个世界，一切皆是虚幻；从这个世界来看我们的本心，则一切都是实相？"

"你说得很对。"王阳明点了点头,"我们的这颗本心,的确无善无恶,本来无一物。本心既空,则一切皆空。从此以后,你就从这个角度上去说,那些有利根的人,只消你一点破,立可开悟。"

旁边,钱德洪有些坐不住了。王畿话音刚落,他立即接过话头去,说道:"老师,我这里也有几句,请老师指教!"

> 心体即天性,
> 无善亦无恶。
> 唯人有习心,
> 善恶两端见。
> 渣滓不得去,
> 本体亦受蔽,
> 为善去恶后,
> 内外俱明透。

他和王畿所走的,正是截然不同的两条路子,他是一味地往实修上走,而不像王畿,流于玄空。

这颇有点像禅宗里的神秀和慧能,一个是勤奋苦修,一个是直见本心。王阳明创立的这一门心学,既然无法摆脱禅学的影响,那么,在他的门下,早晚会出现神秀和慧能那样的争论。

不过,王阳明也不是一味地袒护王畿。事实上,对于钱德洪这样向实处用功的弟子,他似乎看得更重一些。

这时候,已经入夜,头顶上一轮月亮正好照着三人,每个人身上都披了一层清冷的月华,闪闪发光。

"洪甫,我也来问你一个问题,你看这头顶上的明月,是照得你多一些,还是我和汝中多一些?"

> 何处明月不照人,

>何人心中无月明。
>
>月映万川只此月，
>
>万古人心只一心。

"先生，我明白了！"钱德洪听老师这么一说，果然立即有所领悟，高兴得手舞足蹈起来。

"汝中，洪甫，你二人都没有错，只不过一个人走了一个极端！"最后，王阳明给出了一个不偏不倚的公正结论："如果只依着汝中的路子，就会一味流于空虚，那么不久就没有人行那实在事了；至于洪甫，如果一味地只用死功夫，就会执迷于物，又走到了朱夫子的老路上去！"

"如果用汝中的路子，来接渡利根之人，直从本原上悟入，一悟本体，即是功夫；如果用洪甫的路子，渡钝根之人，其不免有习心在，本体受蔽，故且教在意念上实落为善去恶，功夫熟后，本体亦明尽了。所以，你二人正好相取，不可相病。汝中须用洪甫工夫，洪甫须透汝中本体。"

最后，他再一次阐发了自己的心学四句教，一字一句，念出十六个字：

>"年来立教，
>
>亦更几番。
>
>立此四句，
>
>更无遗念。"

这已经不是在论学，而是在托付自己的身后之事了。王畿和钱德洪二人听了，不由一齐落泪。

第二天一早，王阳明便辞别众人，带着一身的疾病，踏上了前往广西平乱的道路。

他已经记不清楚，这是他多少次离开家乡了。每次离开，都不知道何时能够归来，每次的离开，他也都当作一次永远的诀别。但这一次，他以五十六岁的多病之身而出征，那种一去不回的凄凉感觉，尤其强烈。

一路上，对于经过的每一处地方，他都仔细地看在眼里，记在心里。莫非他已经强烈地预感到，这是一趟有去无回的单程旅行吗？

忆昔过钓台，驱驰正军旅。
十年今始来，复以兵戈起。
空山烟雾深，往迹如梦里。
微雨林径滑，肺病双足胝。
仰瞻台上云，俯濯台下水。
人生何碌碌？高尚当如此。
疮痍念同胞，至人匪为己。
过门不遑人，忧劳岂得已！
滔滔良自伤，果哉末难矣！

钓台是他十年前献俘经过，因军务太忙而错过的地方。然而十年的时间过得也太快了，仿佛只在一弹指间！宁藩之乱，曾经那么一场扣人心弦的生死大战，如今却似乎已经成为过眼烟云。如今战事又起，自己以老迈年纪，多病之身，还能像当年那样挥洒自如，谈笑间令强敌灰飞烟灭吗？

在行军途中，不时有学生闻讯赶来迎接。在学生安排的宴席上，王阳明仍不忘记劝他们勤奋向学：

兹山秀常玉，之子囊中锥。
群峰灏秋气，乔木含凉吹。
此行非佳役，谁为发幽奇？
奈何眷清赏，局促牵至期。
悠悠伤绝学，之子亦如斯；
为君指周道，直往勿复疑！

一路上，王阳明似乎颇为轻松，但他已经在内心思忖，如何平定思田之乱，一劳永逸地解决问题了。

进入广西以后，他放慢了脚步，一边前行，一边不时地停下来了解情况，尤其注意倾听那些田间地头的民谣：

> 今年匪贼狂，
> 百姓上山去躲藏；
> 今年匪贼狂，
> 我俩逃难走哪方？
>
> 躲虎又逃狼，
> 鸡飞狗跳墙，
> 风传土官调兵勇，
> 满圩人散像鸭帮！

朴素的语言，道出了百姓最真实的心声：为祸一方的不仅仅是山贼，还有当地的土官兵勇！

事实上，王阳明了解到，真正造成当地战争频繁的缘由，就是朝廷将土官改为流官这一制度。

从根本上找到病症以后，王阳明立即开出了方子：不须一兵一卒，和平解决多年民乱问题！

果然，他一到任上，第一件事情就是将当地用来对付山民的部队，全部从防区撤离出来，解散了部分军队。又在邕州衙门右边空地设立训练场，操练士兵，并建造"射圃亭"，专用于指挥察看操练。

当地儒士岑伯高，慕王阳明之名而来，王阳明便使其深入诸寨，宣传政策。很快，田州府土目卢苏、思恩府土目王受，这两个最大的土官，也是此次民乱抗击朝廷的主力，都委托岑伯高向王阳明表达了归附之意。在和他们派出的代表谈判后，王阳明和他们约定：限二十日内到南宁"诚心投顺"。

据史载，正月二十六日，卢苏、王受率部到南宁城外，分屯四营。二十七日，卢、苏作负荆请罪状，率大小头目数百人到军门投见，以书面、口头的形式禀告前情。

"很高兴你们能够识得大体，不负所约！尔等冤情，我已深知！"王阳明先安抚了众人一通，然后话锋一转，"然而，你等不遵朝廷法度，为祸地方，骚扰二年有余，以至于上烦九重之虑，下疲三省之民。死罪虽然可以宽免，而活罪实不容赦过。否则，难以泄军民之共愤！"

他最后下了一道命令："将为首二人卢苏、王受，刑责一百杖，其他人等，一律赦免！"

这已经是最轻的处罚，一百杖也只是象征性的。行完刑后，王阳明又亲自带着金创药到城外军营中去安抚二人。

于是，二月初八，卢苏、王受一行人感激涕零，别了王阳明，将自己的队伍解散，复归本地。

从十一月底到任，到现在完成平定思、田二州民乱，不过两月有余，而且不费一矢，不折一卒，王阳明深表满意。

他立即给朝廷上表，一边讲述自己平乱经过，一边提出经过深思熟虑的永久性解决方案：一、宜仍立土官以顺其情；二、分土目以散其党；三、设流官以制其势。

又请田州仍立岑氏后为土官知州，更其府名为田宁，取"田石倾，田州兵；田石平，田州宁"之谣。

至于思恩，则岑浚之后已绝，不必复有土官之设。

这一系列的措施，很快将当地的局面稳定下来。百姓皆感念王阳明恩德，其声名远播四方。

当时，危害当地的土著之乱，除了土官，还有两个著名的所在：一个叫作八寨，一个叫作断藤峡。

这两个地方，自大明开国以来，一直不服，为乱已经二百余年。朝廷曾经屡次派出大军，屡战屡败。

王阳明决心亲征八寨和断藤峡。正当他准备出师的时候，忽然一支部队自告奋勇来到了城外。

这支部队，却是从贵州的水西赶来的。为首一名女子，三十多岁，风华绝代，一身的红衣红甲。

"奢香后人闻听先生在此征战，特地赶来助阵！"

消息一报给王阳明，他几乎是迫不及待地就出城来迎接了。贵州，水西，那是他的结拜兄弟安贵荣所在的地方啊！

而等他来到军前，只见为首的女子，大大的眼睛，俊俏的面容，这是多么熟悉的一张脸啊！

"阿萝？！"他简直不敢相信自己的眼睛。这女子可不正是阿萝，当日的少女，已经绽放成熟，风韵十足。

"先生，一别二十年，先生不来看望我和兄长也就罢了，却连书信也没有一封，我们想得您好苦啊！"阿萝虽然已经为人妻，为人母，不过言语间还是那么调皮，脸上也依稀可见当日古怪精灵的神态。

"说来话长，只怕三天三夜也说不完。"王阳明不知道应该如何向她解释，自离开贵州以来，这一系列的变故，从江西到京师，再从浙江到南京，又回到江西……二十年恍如流水，而人生能有几个二十年！

要把这么多的事情讲给她听，只怕三天三夜也讲不完。所以，王阳明只能压下话头，笑着问道："阿萝，你怎么突然到这里来了？是奉了你哥哥的命令吗？安大哥怎么样？他现在可好？"

他如连珠炮般，一口气提出一连串的问题。是啊，他太想知道自己走后的情形了！尤其是安贵荣，虽然音信不通，南北相隔，却着实牵挂！

"我大哥他……已经在四年前去世了……"阿萝眼圈一红，提起哥哥之死，显然颇为伤心。

"什么？！"王阳明心里猛然一紧，两行眼泪忍不住滂沱而下。"安大哥他……去了……"

"是的，那时候你正在江西作战，我大哥听了急得不行，说什么都要亲自带兵去助你一臂之力，可是却得了重病，竟然一直没有好起来，唉……"

"安大哥，你怎么就这么走了，没有等到兄弟我去见你最后一面。"王阳明不禁又痛哭失声。"本来，我此次来广西，就是想公事一了，立即去看望你

下 部 我心光明

的。可是,你怎么没有等到我,却撇下兄弟我自己先去了?"

他越说越激动,控制不住自己的情绪,哭得好不伤心,半晌方才止住。

"好了,先生,人死不能复生,别再难过了,保重身体要紧。"阿萝轻轻地安慰他。

"对了,阿萝,你还没有告诉我,你怎么来了?"

"我听说先生来这里平乱,这两个地方可不好对付,所以我就来助阵了。"

"阿萝,你和安大哥对我真的太好了!"

当下,有了阿萝带来的这一支部队,再加上湖广军队,还有已经归降的卢苏、王受等人相助,王阳明突出奇兵,只用了三千人,就轻而易举地荡平了八寨和断藤峡。百年民乱,一月而平。王阳明作诗纪念道:

破断藤峡

绕看干羽格苗夷,忽见风雷起战旗。
六月徂征非得已,一方流毒已多时。
迁宾玉石分须早,聊庆云霓怨莫迟。
嗟尔有司惩既往,好将恩信抚遗黎。

平八寨

见说韩公破此蛮,貔貅十万骑连山;
而今止用三千卒,遂尔收功一月间。
岂是人谋能妙算?偶逢天助及师还。
穷搜极讨非长计,须有恩威化梗顽。

两寨俱平,王阳明又立即上书,请将八寨、断藤峡改立为卫所,增设县治,增筑守镇城堡等。

廓清政治之后,接着,王阳明又将更多的精力用在教育上。他认为,当地风俗凋敝,一个根本的原因,在于教化不兴。

因此,战事一停,王阳明立即着手,在当地兴建书院。这也是阿萝多年以来的一个梦想：亲手帮助王阳明建立一所书院！

从头到尾，王阳明全程指导，阿萝带领人组织施工，从最初的设计到奠基、上梁、布置、落成……

在书院落成之日，开学典礼这天，王阳明亲自主持。众多学子黑压压坐了一片，外面也挤满了乡亲。王阳明端坐上面，照例吟诗一首道：

> 理学不明，
> 人心陷溺，
> 士习日偷，
> 风教不振。
> 人失其心，
> 肆恶纵情。
> 随相侵暴，
> 荐成叛逆。
>
> 爰进诸生，
> 爰辟讲室。
> 决蔽启迷，
> 云开日出。
> 各悟本心，
> 匪从外得。

于是，王阳明以"诞敷文德"之意，给书院起名为"敷文书院"。又亲自制定了学院规矩。

转眼间，进入八月天气。这一年的天气出奇地热，而王阳明的肺疾和足疮一齐发作，苦不堪言。

所幸，身边有阿萝在。每日里，一天劳碌以后，阿萝都一定要亲自来帮助王阳明洗脚，用各种药材煮成温凉的药液，精心为他搓洗。

对于她这份情意，本来王阳明是承受不起的。然而一来二人都已经不是小孩子了，二来阿萝一片心意，他也拂逆不得，只好顺从地接受了。

九月，朝廷下了一道诏书，奖励他的奇功，派行人冯恩带来银两、丝绸、酒羊等来军中犒赏。

炎热退去，王阳明的脚疮在阿萝的护理下，渐渐好转。于是，他便和阿萝一道，出来巡游各地。

这天，王阳明和阿萝坐船行至伏波庙前，不由地想起当年梦中之诗，连忙命令靠岸，入庙拜谒。

"阿萝，你知道吗？我在十五岁的时候，就曾经梦到过这一幕：在这个庙中，向伏波将军磕头，许下心愿！"

他似乎又回到了少年时代的梦境，心潮澎湃，因而赋诗二首：

其一

四十年前梦里诗，此行天定岂人为！
徂征敢倚风云阵，所过须同时雨师。
尚喜远人知向望，却惭无术救疮痍。
从来胜算归廊庙，耻说兵戈定四夷。

其二

楼船金鼓宿乌蛮，鱼丽群舟夜上滩。
月绕旌旗千嶂静，风传铃柝九溪寒。
荒夷未必先声服，神武由来不杀难。
想见虞廷新气象，两阶干羽五云端。

"先生，我虽然听不懂你在说什么，不过，我想问你一个问题。"阿萝所想，却和他不同。"当日，你在梦里来此，是只有你一个人呢？还是身边也有我这么一个小女子作为陪伴？"

"这个，哈哈。"王阳明无论如何也没有料到，她会有此一问。他不知道如何回答，只好笑了起来。阿萝也跟着笑了起来，似乎早料到这一幕……

从伏波庙回来以后，阿萝就要和王阳明告别了。离别之时，王阳明亲自将阿萝送出城外，叮嘱她以奢香夫人为楷模，在水西做出一番有益百姓的事业来。

阿萝含着热泪，恋恋不舍地上马离去了。走出去很远，她回过头来，还发现王阳明站在那里，冲她挥手。

这是二人之间最后的诀别。这也是王阳明和贵州最后的作别。虽然在那里仅仅两年，可是这两年却是他一生中最重要的、最值得回味的。

阿萝走后，王阳明本来已经好转的病情突然加重。他立即上书朝廷，请求病归。然后不等回复，旋即动身。

或许意识到这是自己生命中最后的一段旅程，所以，经过江西南安，这个道学初兴，周敦颐传授二程《太极图说》《通书》的地方，也是朱子在这里讲学传道的圣地，王阳明还是停了下来。

他先游览了山色，又在道源书院讲了半天的学，第二天起程，前往丫山灵岩寺，参禅悟道。

灵岩寺里，平日香火鼎盛，游人如织。然而这天却山门紧闭，静悄悄地连钟磬之声都不闻一响。

王阳明坐着轿子，好容易上得山来，自然不肯轻易离去。敲开门后，僧人告诉他，寺中一个高僧，刚刚坐化，所以不见外人。不过那个高僧也很奇怪，临坐化时，将僧室紧锁，只留下一句话："姑俟我至！"

王阳明多年以来，禅坐静修，已经到了何等地步，所以一听之下，顿时笑道："固候我也！"

众随从都觉得此言不祥。王阳明却不顾众人劝阻，一定要寺庙方丈带他去那位坐化的高僧禅室。

方丈拗不过他，也知道这里面隐藏着玄机，于是答应了他的要求，将他带到禅室前，开了门。

王阳明启门而入，却见室中空无一人，满室异香。在坐禅的蒲团上，遗落着一张布满尘土的薄纸。

他轻轻地拿起来，拂去尘土，一行文字映在眼前：

> 五十七年王守仁，
> 启吾钥来拂吾尘。
> 若问前生身后事，
> 开门人是闭门人。

这一首偈语，显然专门为等候王阳明来而作。上面的墨迹尚有洇湿，显然是新写上去的。

面对此偈，王阳明如痴如醉，久久不语。一瞬间，他的一生涌上心头：儿时关于他和瑞云楼；少年时夜拜伏波庙；青年时江西铁柱宫中访仙问道；后来被刘瑾追杀，于福建山中重逢；再后来龙场悟道……一桩桩，一件件，五十多年的人生岁月重叠在一起，同时呈现眼前……

怪不得他一生喜欢游历名山大川，怪不得他对于红尘俗事，天生就有一种厌倦，怪不得他对于圣贤事业如此热心……

明白了，明白了，原来在他出生之前，那颗种子就已经包含在他的生命中，从远古的时代一直到今天，这颗种子一直在流传，从孔子、颜回、曾子、孟子，到周敦颐、二程、朱子、陆九渊，再到他，再到他身后的弟子……

一代一代，这颗伴随宇宙天地而生成的心，就这么传播着，在不同的时空里，在每一个轮回里，一次次绽开生命，一次次绽放光荣，谱写一段段光照天地宇宙的崭新史诗……

此心不死，圣贤不灭。王阳明只有一个，然而这颗心却有无数的化身。月映万川，佛现千面。道只有一个，然而万物之中，又皆有道……

王阳明就这么呆呆地伫立着，思索着，一直站了很久，始终一言不发。

然后，他就将那张纸在火上焚毁了，匆匆下山，复回舟上。

这一夜，王阳明的小船没有进发，就静静地停在灵岩寺下面的江面上。从灵岩寺里传来的钟声，也响了整整一夜。

黎明时分，昏迷了一夜的王阳明睁开眼睛，将守候在外面的弟子周积叫到跟前，轻轻地说了一句："我去矣！"

"先生，"周积的眼睛早哭得红肿，哽咽着，小声问先生，"请问有何遗言？"

"我心光明，复何言哉！"

王阳明微笑着，只说了这么一句话。然后，他就将眼睛慢慢地闭上，似乎入睡了一样……头顶上的天空中，一颗灿烂的大星悄然隐去……

后　记

每个人都要自己度过一生

近年来，一个颇为有趣的文化现象，就是王阳明和他的心学被重新"发现"。

事实上，这也算不上什么新鲜事。王阳明和他的心学自诞生之日起，就在当时造成了轰动，引得上至朝廷下至山野的一大批读书人追随。后来阳明心学传到日本，又引发了日本的读书人对其顶礼膜拜，并最终影响了日本的明治维新，一直到今天还在影响着日本的企业界和企业家。

此外，阳明心学在韩国、在亚洲，以至于传播到西方，无不引起重视，形成一股热潮。

究其原因，就在于阳明心学的简洁、有力，富有穿透性而注重实操性。

如同禅宗的"立地成佛"一样，阳明心学对每一个初接触的人来说，都仿佛是一道穿越迷雾的阳光，是一声打破一切迷思的当头棒喝。尤其阳明心学对于执着于追求外物、被自己所创造的工业文明所"物化"的现代人来说，不啻是剂拯救人生、清洁和疗愈伤痕累累心灵的良药。

现代人生活于无处不在的压力之中：在一个倡导竞争法则的现代社会中，犹如置身黑暗而残酷的丛林，强者自强，而弱者自弱，弱肉强食的恐惧和焦虑感觉，以及人类自身所特有的孤独感觉，令人倍感压力。

但这种压力真的存在吗？如果真的存在，它是什么样子，又在哪里呢？

王阳明一针见血地指出：其实一切的根由和源泉，就在于人人生而有

"心"。

"心"是什么？是指我们这个有血有肉的心脏，但是更指统摄我们整个血肉躯体的精神，也就是我们所说的灵魂，王阳明称之为"灵明"或者"良知"。

人人生而具有灵魂或者"良知"，这是上天对我们的恩赐，也是公正。但有的人很快就被物欲所蒙蔽，原本如明镜一般的"灵明"锈迹斑斑，最终至于荒芜。有的人则很快警觉到这一点，转而减少自己的欲望，不断地通过内心的欲望减少和外在的事功磨炼，擦拭心镜，复而光明。

王阳明的伟大，还不仅仅在于他是一个思考者，一个揭示者，他更是实践者。

他从十二岁就开始立志成圣贤，十六岁的时候边关骑射，二十多岁的时候访求大道，聚徒讲学，三十六岁的时候对抗刘瑾，后来在龙场悟道，开始传播自己的心学，一边传播，一边在江西等地从事事功的磨炼。不管是管理一县，还是平定为祸多年的匪害，以及平定宁王叛乱，他都做得那么出色。他真正做到了"知行合一"，诠释了其含义，彰显了其力量。他用自己的一生，证明了一个"人"可以怎样度过一生！

王阳明是值得我们崇拜的，我们每个人都可以将其当作偶像，但是他绝非仅存在于书本中，在高高的祭坛上接受供奉，他是活生生的，他从来都不在别处，而就在我们身边。我们可以学习他，但不能成为他。正如王阳明发现自己不能成为圣贤，因为人人都是圣贤；我们不能成为王阳明，因为我们每个人都是王阳明。我们的心和他从来都是相通的……

我们有心，但我们更要听从这颗心的启示，去在现实的人世中磨炼。

中国的儒学，从来都是一种实践哲学。中国的圣贤，也从来都不是高高在上，而是行走在人群中的。王阳明在龙场山洞里悟出来的道理，就是任何人都要面对死亡，而从死亡到来的这一刻反观自己的人生，这一生的意义只能由我们自己去赋予。我们是积极入世，乐观豁达地度过一生，还是消极悲观，怨天尤人地度过一生，只是取决于我们自己。

这个世界并没有所谓的面目，真正的面目只在于我们每个人的这颗心。

我们的心是什么面目，我们决定怎么去度过一生，这世界就会是什么样子。如果我们是积极乐观的，这个世界就欣欣向荣，一派的生机蓬勃；如果我们是消极厌世的，那么这个世界就了无生机，一派的黑暗寒冷。天堂和地狱都是有的，但不在别处，就在于我们这颗心怎样去营造！

今天的我们，距离王阳明的时代已经过去了五百多年，但是王阳明和他的心学却仿佛并没有被时间的流水冲刷而褪色，反而益发地光辉灿烂。我们向外面的世界探索得越多，我们产生的欲望越发枝蔓丛生，我们的身心越发疲惫，我们对王阳明和他的心学就越发地需要。这就像病人需要医生和良药，而王阳明就是那个医生，心学就是那剂良药！

2015年，习近平总书记在参加全国两会讨论时指出，"王阳明的心学正是中国传统文化中的精华，也是增强中国人文化自信的切入点之一"。这是代表一个国家对王阳明的重新"发现"，也是中华民族走向伟大复兴的一个良好开端。因为一个国家、一个民族，说到底是由"人"组成的，而只有每个个体的人的觉醒，了解到生命的真相和自己所拥有的这颗心，能够赋予自己的人生以积极向上的追求和奋力入世的意义，从而焕发出巨大的生命能量和充沛的生机、活力，一个国家和民族才能真正获得前进的不竭动力，才能够真正为全世界做出贡献！

每个人都要自己度过一生，圣贤如此，王阳明如此，我们也是如此！